經學研究叢書・經學史研究叢刊

中庸釋疑

黃忠天　著

原序

一九七七年春，蒙政治大學中文系唐麗紅學姊引入天德齋舍（今更名為奉元書院），始得從學前清遺老愛新覺羅毓鋆師，從此遂與儒家結下不解之緣，影響平生思想與觀點甚鉅。是年九月復在唐學姊囑託之下，毅然接下政大孔孟學會會長一職（時會長一職乏人問津）。猶記任內於慶祝十五週年社慶感言一文中（刊載於社團刊物《正風》第四期），提及余於高中時代每與儒家哲學背道而馳，雖曾修習大學聯考必考之「中國文化基本教材」，書中亦選編《四書》之精華，然吾於《論》、《孟》篇章書眉，頗多「批判」與「詆毀」字眼。直至從毓鋆師讀《論語》半載後，始覺往日之荒唐淺學。

在齋舍中所習以四書五經為主，亦兼及子史古文諸學。大抵週一為《易經》，以《來注》為主，亦兼及船山易學；週二為《四書》；週三為《春秋》，以《繁露》為主，亦兼及《公羊義疏》；週四為《詩》、《書》、《禮》，蓋擇要講授；週五為子書，以《老子》、《莊子》、《荀子》、《韓非子》為主，每年輪流講授；週六、週日照例休息；寒暑假上述課程均暫停。不過，時或開設《孫子兵法》、《資治通鑑》、《昭明文選》等課程。回首大學生涯，晝讀政大，夜就齋舍，如斯四年，其中《四書》一門，於毓師處聽講尤逾三通（一年一通），於治學根柢工夫之培養，獲益匪淺。

一九九六年秋，余忝列國立高雄師範大學國文系教席，始陸續講授《易經》與《學庸》諸課程，每有所得，輒信手箚記書眉及空白處，猶恐靈光一閃，追憶無及，徒留悵憾也。如此，日久所積竟略有可觀，想早日將一愚之得，統整鋪寫，就教方家，惟師範院校課事繁

重，致遲遲未能動筆。幸《易經》部分，得於二〇〇〇年撰成《周易程傳註評》一書，凡八百餘頁。惟《學庸》部分，仍付諸闕如。

二〇〇一年三月，欣逢恩師黃慶萱先生七秩華誕，同門賴貴三教授等倡議以論文集為老師暖壽，並極力邀稿，遂勉力撰成〈《中庸》「愚而好自用」章辨疑〉一文。自是而後，往往利用課餘閒暇，陸續撰寫有關《中庸》論文，積三載歲月，遂終底於成，於是而有《中庸釋疑》一書。

夫《中庸》本《小戴禮記》之第三十一篇，自宋儒特加提倡，而為世人所重，至朱熹作《中庸章句》，乃與《大學》、《論語》、《孟子》並列為《四子書》。迨元仁宗皇慶二年（1313年）下詔科舉，其中《四書》用朱子注。從此，學者幾靡有不讀是書者。明·薛瑄云：「《四書集註章句》、《或問》，皆朱子萃群賢之言議，而折衷以義理之權衡，至廣至大，至精至密，發揮先聖賢之心，殆無餘蘊。」惟考諸其《中庸章句》而窮研之，則其中引而未發，留待後人者尚多。而智者千慮一失者，亦不能曰無。本書撰作動機，即欲針對前人於《中庸》一書，三十餘處未發或偶失之處，從辨疑、匡謬、析論、考證諸方面，略抒管窺之見。書中多引歷代大儒，如鄭玄、孔穎達、朱熹等，乃至於宋、元、明、清暨民國以來前賢偉論，以相佐證、比較，冀能探賾索隱，顯微闡幽，以契合《中庸》之奧旨。

去歲十一月中旬，余應邀至南京東南大學參加「二〇〇三年中國人文教育高層論壇」，會中旨在提昇高等教育之人文素養，希冀藉由「經典」之閱讀，以強化大學之人文教育。足見大陸自一九八〇年改革開放後，逐漸掙脫其意識形態之樊籬，漸能從五四運動以來，向以批判傳統文化、打倒孔家店之迷霧中，尋回正確之方向，經典閱讀竟又奇蹟似如火如荼地展開。反觀台灣五十年來，在經學研究與發展上，雖相較於大陸，保有較良好之傳承，惟在科技文明衝擊、本土意

識過度揄揚下，面臨日益艱難之挑戰。幸賴中央研究院文哲所經學組林慶彰老師等人，與大專院校從事經典教育諸先進苦心提倡與耕耘，民間文化與宗教團體極力推廣讀經與講經等活動，尚能傳承文化之命脈，而位居寶島南方之港都，亦在高雄師範大學文學院成立第一所以經學為導向之研究所，展開經典人才培育工作。相信經典之學習與研究，海峽兩岸終將如冬盡春回，我中華傳統經典之普世價值，必能重新喚醒沈酣久矣之人心。

《四書》為研究儒家最重要之典籍，而《中庸》體大思精，更為孔門傳授之心法，藉由《中庸釋疑》此一小書之付梓，冀能提供《中庸》解讀時多元之思維角度，俾能在前人之基礎上，繼續將《中庸》學之研究，發揚光大。

黃忠天
謹誌於高雄師範大學經學研究所
二〇〇四年二月歲次甲申

再序

　　《中庸釋疑》一書，原於二〇〇四年初問世，唯初刊僅試印三十本。如今，歲月悠悠，轉眼又過十載，其間陸續補撰並改寫許多篇章，如「《中庸》作者及其成書」、「栽者培之」、「壹戎衣而有天下」、「修道以仁」、「所以行之者一」、「或生而知之」、「屋漏」等等，累積有關《中庸》釋疑解惑之處，竟已達六十五則矣！

　　本世紀以來，隨著長沙馬王堆漢墓帛書，湖北荊門郭店戰國楚簡，以及上海博物館戰國楚簡等等文獻的出土，對《中庸》的研究，均提供了許多助益，而能獲得學術上的突破，並有助於《中庸》疑義的澄清。其中有如《中庸》作者問題，自北宋歐陽脩首疑其非子思所作，自茲以降，《中庸》作者遂眾說紛紜，學者憚精竭慮，千年聚訟，不得其解。如今隨思孟學派作品大量的出土，雖仍未能證據確鑿逕謂子思所作，然藉由出土文獻，昔司馬遷《史記·孔子世家》所云：「子思作《中庸》」的說法，益發可信。

　　又如「慎獨」一辭，傳統以來均依鄭玄、朱熹作「謹慎獨處」解。如今，藉由上述文獻的出土，學者孜孜的考證，終於解開了千古之迷，糾正了千年來解說的錯誤，原來「慎獨」者，乃「重一」之謂也。有關此一問題，前人之述備矣！不敢掠人之美，謹徵得友人北京清華大學歷史系廖名春教授同意，附錄其大作於本書該單元之後，以備讀者參考。

　　古云：「十年磨一劍」，本書從初刊迄今，就時間言，蓋亦近之。惟若就某於奉元書院隨愛新覺羅毓鋆師修習《四書》言，近四十載矣！則又遠超過十年磨劍之光陰。其間師友殷殷期盼本書早日重新

付梓，以享諸同好。惟十年來公私冗務纏身，僅能利用餘暇撰寫，進度甚為緩慢，竟延宕至今日。如今重修增補之，大致將歷代以來有關《中庸》一書問題，蒐羅悉備，並加以考證釋疑。希望有裨於經典同好，探賾索隱，進而身體力行，知行合一，藉以發皇儒家修養最高心法——《中庸》。蓋執此一書，終身奉行不渝，亦足以安身立命矣！

　　本書得以付梓，固非一人之力。若非先師愛新覺羅對我《四書》學啟迪沃灌，新竹教育大學中文系陳惠齡教授四十年來問學輔仁，奉元書院同門切磋討論，臺灣・高雄師範大學國文系、經學研究所，以及清華大學中文系等校系提供教學場域，臺北萬卷樓圖書公司張晏瑞副總、吳家嘉執編、林秋芬校對等大力協助，則本書或無以順利出版，謹表達個人由衷地謝忱！

黃忠天

謹誌於臺灣・新竹・絜園

二〇一五年元月歲次乙未

目次

凡例

一　《中庸》原為《小戴禮記》之一篇，並未分篇分章，孔穎達《正義》，始分《中庸》為三十三章，惟其分章純依疏解方便，非謹嚴合理，朱熹不改章數與次序，但依內容又另行分解，層次較孔穎達更為分明。故本書為便於說明，亦依朱熹所分之章節次序。惟各章名稱則大致取各章首句為之。如「費隱」章、「素位而行」章等等，並於目次頁每章章名下，另以括弧注明原朱熹所分第幾章，以供讀者查考之便。

二　本書非就《中庸》全書逐章闡述，旨在就《中庸》疑義，前人未發或發而未之盡處，予以闡釋考辨。凡於無疑之篇章或前人論述業已詳備者，例不為文贅述。

三　為使讀者掌握所討論諸問題，本書每於論述前，照例先引問題所涉之《中庸》原文，再進行考釋辨析工作。

四　本書行文，原為求簡明，故多採淺近文言，後思及經典現代化與普及化之要求，遂改用語體文寫，惟部分篇章於語體改換之際，或未盡如意，致有部分文白夾雜現象，尚祈讀者見諒。

五　限於學殖，書中或仍有闕誤疏漏者，尚祈四方博學君子不吝指正，是幸！

壹
《中庸》作者及其成書問題

一　前言

　　中華文化以儒、道、釋三家思想為主要內涵，其中又以儒家思想影響最為深遠。自漢代獨尊儒術，罷黜百家，於是《易》、《書》、《詩》、《禮》、《春秋》等五經，乃至於解釋五經的傳記如《三禮》、《三傳》，以及《論語》、《孝經》等儒書，亦廣為時人所傳習，並深刻影響歷代中國及鄰近各國思想文化與學術。

　　《中庸》對儒家心性理論體系的建構具有重大的意義，再加上它深邃博厚的思想，所以向來是研究中國思想史者所必讀的經典。雖然《漢書‧藝文志》著錄有《中庸說》二篇，《隋書‧經籍志》載有南北朝宋‧戴顒《禮記中庸傳》二卷和梁武帝蕭衍《中庸講疏》一卷，以及不著姓氏所撰《私記制旨中庸義》五卷，顯見漢魏以來已有人注意到它的重要性，並紛紛註解《中庸》。不過，由於歷代絕大多數的學者所認知的《中庸》，是作為《禮記》四十九篇當中的一篇，以致未能引起學者特別的注意。直到唐代李翱《復性書》闡發《中庸》的思想，並力求建立儒家心性理論體系。再經宋代學者的推闡與朝廷的重視，《中庸》到宋代出現前所未有的盛況，學者註解《中庸》更如雨後春筍，如胡瑗《中庸義》、喬執中《中庸義》、司馬光《中庸解義》、程顥《中庸義》、游酢《中庸解義》、郭雍《中庸說》、楊時《中庸解》等等，竟有十數種之多。

　　到朱熹作《中庸章句》，將此書與《大學》、《論語》、《孟子》並列為《四書》。元代以後，隨著朱熹《四書集注》列為科舉考試的用書，從此，《中庸》遂成為家喻戶曉，人人誦讀的經典。

　　依據林慶彰先生所編《經學研究論著目錄》統計自一九一二年以迄一九九七年，海峽兩岸三地對《禮記》各篇研究數量，[1]其中《中庸》的研究以五百一十八篇居研究之首，相較於《禮記》其他各篇研究數量泰半在屈指可數的狀況下，《中庸》研究數量之多，實在令人咋舌。其中應與《中庸》在哲學史上的重要性、義理思想的豐富性、章句理解的困難性、作者成書的爭議性等四項議題有很大的關係。

　　由於《中庸》一書為瞭解儒家人性論的重要典籍，其作者與成書年代自然便成為所有研究中國思想的學者所關注的焦點。從司馬遷《史記》提出子思作《中庸》後，漢唐學者幾無異辭，惟自宋代歐陽脩對子思作《中庸》提出質疑後，遂掀起千年的爭論，其間學者殫精竭智、耗費時間，聚訟紛爭，始終沒有定論，成為中國經學史上的學術公案。不過，天佑中華經學，如今隨著《郭店楚簡》、《上海博物館藏戰國楚竹書》等相關文獻陸續的出土，長久以來紛擾的學術爭議，應可藉此澄清一些問題而做出結論。

二　《中庸》作者問題

　　有關《中庸》作者問題，從北宋・歐陽脩以降，眾說紛紜，莫衷一是，茲歸納幾個主要的說法如下：

1　《經學研究論著目錄》將《大學》與《中庸》歸入《四書》類，本文則還原與《禮記》各篇合併統計其研究數量。

（一）子思所作

1　傳世文獻的記載

　　根據傳世的文獻，最早記載《中庸》為子思所作的是《孔叢子》。如《孔叢子·居衛第七》：「宋君聞之，不待駕而救子思。子思既免，曰：『文王囚於羑里作《周易》，祖君屈於陳、蔡作《春秋》，吾困於宋，可無作乎？』於是撰《中庸》之書四十九篇。」[2]《孔叢子》舊題為漢·孔鮒（約前264-前208）所撰。孔鮒為孔子的八世孫，秦、漢之際曾為陳涉博士。此書自宋代以來與《孔子家語》均被認為是「偽書」，以致向來不被重視。不過，近年來隨著相關文獻的出土，已使學界對此兩書的真偽問題，重作考慮。[3]雖然《孔叢子》與《孔子家語》從內容到作者均頗有爭議，但其中有關孔子等言行事蹟，多有出自先秦孔門後學所遞相傳授錄存者。因此，《隋書·經籍志》曾說這兩書頗傳孔子思想，[4]應有幾分可信。宋代汪晫曾輯《子思子全書》一卷，除《中庸》外，餘皆採自《孔叢子》，而郭店楚簡《魯穆公問子思》等篇記子思言行，在風格上，又與《孔叢子》相同，故《孔叢子》有關部分作為先秦時期「子思之儒」的可信史料，已受到學界的重視。

2　舊題〔漢〕孔鮒撰：《孔叢子》（臺北市：中國子學名著集成編印基金會影印國家圖書館藏明萬曆五年無錫周氏刊本），頁26。

3　如1973年河北定縣西漢墓出土竹簡有《儒家者言》，內容與今本《孔子家語》相近，李學勤先生將其稱為竹簡本《家語》，看作今本《家語》的原型，認為今本《家語》很可能陸續成於孔安國、孔僖、孔季彥、孔猛等孔氏學者之手，是漢魏孔氏家學的產物（〈竹簡《家語》與漢魏孔氏家學〉，載《孔子研究》1987年第2期）。

4　如〔唐〕魏徵《隋書·經籍志》云：「《孔叢》、《家語》並孔氏所傳仲尼之旨。」（臺北市：鼎文書局，1983年），頁939。

除《孔叢子》一書外，西漢・司馬遷也曾提到《中庸》是孔子之孫孔伋所作。如《史記・孔子世家》：「孔子生鯉，字伯魚。伯魚年五十，先孔子死。伯魚生伋，字子思，年六十二。嘗困於宋，子思作《中庸》。」[5]《史記》號稱「信史」，因此，漢魏以來的學者均依從司馬遷「子思作《中庸》」之說。班固《漢書・藝文志》載有「《子思》二十三篇。名伋，孔子孫，為魯繆公師」文中雖未提及子思作《中庸》，但《中庸》當在《子思》二十三篇之中。[6]到了東漢經學大師鄭玄云：「名曰《中庸》者，以其記中和之為用也。庸，用也。孔子之孫子思伋作之，以昭明聖祖之德也。」[7]鄭玄為兩漢經學之集大成者，他的說法可以代表漢人普遍的概念；《隋書・音樂志》曾引沈約說：「《禮記》〈中庸〉、〈表記〉、〈坊記〉、〈緇衣〉皆取《子思子》。」惟唐初陸德明《經典釋文》曾引劉瓛之論，以「《緇衣》為公孫尼子所作」[8]，由於二說不同，以致有些學者對沈約的說法，採取保留的態度。[9]晚清・黃以周（1828-1899）《子思子・自序》曾以「《毛詩譜》引《中庸》一事，《史》、《漢》注引《中庸》兩事，《文選注》引〈緇衣〉兩事，《意林》所采《子思子》十餘條，一見於〈表記〉，另一見於〈緇衣〉」為證，贊成沈約以《禮記》一書中的〈中庸〉、〈表記〉、〈坊記〉、〈緇衣〉四篇，皆取於《子思子》之論。黃氏更將〈中庸〉等四篇均收錄於其所輯《子思子》內

---

5 〔漢〕司馬遷：《史記》（臺北市：鼎文書局，1997年），頁1947。

6 《漢書・藝文志》中雖另有《中庸說》二篇，但未註撰者。

7 〔唐〕孔穎達：《禮記正義》（臺北市：藝文印書館影印嘉慶20年南昌府學十三經注疏本），頁879。

8 〔唐〕陸德明撰、黃焯彙校：《經典釋文彙校》（北京市：中華書局，2006年）卷24，頁448。

9 如程元敏：〈《禮記・中庸、坊記、緇衣》非出於《子思子》考〉，收錄於《張以仁七秩壽慶論文集》（臺北市：臺灣學生書局，1999年）。

篇。胡玉縉則以沈約之說，證以唐代馬總、李善所引述的內容，發現〈表記〉、《緇衣》兩篇，疑所稱「子云」、「子曰」、「子言」者，皆《子思子》之言。[10]阮廷焯則本於黃以周所據《詩譜》、《史記索隱》、《後漢書注》、《意林》、《書鈔》、《文選注》及《路史》所引佚文資料及考證結果，贊成沈約之說。[11]由於上述諸家的考證，因此，沈約的說法，得到近代學者較多的認同。至於《郭店楚簡》與《上海博物館藏楚竹書》出土後，沈氏之說對於子思學派作品的判讀，更起了很大的作用。

　　雖然北宋·歐陽脩對子思作《中庸》的質疑，曾引起宋代以降若干學者的附合。不過，由於宋代大儒如程頤、朱熹等人仍依從漢人的說法，如程頤說：「《中庸》之書是孔門傳授，成於子思。」[12]朱熹也說：「《中庸》何為而作也？子思子憂道學之失其傳而作也。」[13]隨著程朱的說法及其著述成為元明清科舉考試的指定用書，其影響深遠，所以子思作《中庸》之說，幾成為漢代以降，兩千年來大多數學者的共識。

2　出土文獻的推定

　　雖然兩千年來大多數的學者受到孔鮒、司馬遷、鄭玄、孔穎達、程頤、朱熹諸家說法的影響，對子思作《中庸》一事的看法，幾無異辭。當然與上述諸人或距離《中庸》成書時代較近，或說法較早，或

10　胡玉縉：〈輯子思子佚文考證〉，收錄於《許廎學林》（臺北市：世界書局，1963年），卷6，頁164。

11　阮廷焯：〈子思子考佚〉，收錄於《先秦諸子考佚》（臺北市：鼎文書局，1980年），頁13-14。

12　〔宋〕程顥、程頤：〈河南程氏遺書〉，《二程集》（北京市：中華書局，2004年），頁160。

13　〔宋〕朱熹：《四書集注》（臺北市：世界書局，1980年），頁17。

人品學識受到敬重等等有關，自然能獲得學者的信賴。不過這種訴諸權威專家的方式，並未能實質說明《中庸》的作者與成書年代，而根據傳世的文獻，也僅能判定《中庸》成書早於《孟子》，尚無法證明子思作《中庸》。因此，要解決《中庸》作者問題與成書年代，仍必須借助於近年出土的長沙馬王堆帛書、郭店楚簡與上海博物館藏戰國楚竹書之篇章內容記載，並深入研究，方能取得更具體而有說服力的佐證資料，以下即試從《中庸》與郭店楚簡兩者的關係來論述。

一九九三年十月中國湖北省荊門市沙洋區四方鄉郭店村一座戰國時期楚國貴族墓葬，出土一批竹簡，內容包括道家著作兩種四篇，即《老子》三篇、《太一生水》一篇；儒家著作十一種十四篇，即《緇衣》、《魯穆公問子思》、《窮達以時》、《五行》、《唐虞之道》、《忠信之道》、《成之聞之》、《尊德義》、《性自命出》、《六德》、《語叢》四篇。郭店墓葬時間，據推斷為西元前三五〇至三〇〇年，約在戰國中期偏晚，墓中竹簡書寫時間應更早些。由於這批文獻提及子思與魯穆公二人，因此，竹簡書寫的上限大致可定於子思與魯穆公同世之年，即西元前四一五年至四〇二年。[14]

丁四新先生《郭店楚墓竹簡思想研究》曾說：「《中庸》為子思的代表作，最能反映他的思想。《中庸》的思想似是綜合《大學》與簡書《性自命出》等篇而來。《中庸》開篇云『天命之謂性，率性之謂道，修道之謂教』，與《性自命出》的思想相一致。《中庸》首章論喜怒哀樂之未發、已發，與《性自命出》心取性情的思想相通，然而《中庸》倡言中和之道，卻是《性自命出》所沒有的，由中和到中庸，雖然我們還不能斷言《中庸》晚出於《性自命出》，但卻可以說

---

14 據錢穆先生《先秦諸子繫年》的考證，子思約生於西元前483-402年。魯穆公開始執政於西元前415年。

《中庸》的思想比《性自命出》更豐富。」[15]

　　姜廣輝先生也提到：「《性自命出》與《中庸》思想脈絡一致。而『天命之謂性』或『性自命出』這類思想並不見於其他先秦古籍。又因為《中庸》較《性自命出》更為凝煉而概括，所以《性自命出》應早於《中庸》。如果說《中庸》一書為子思所作，那我們可以據此推斷《性自命出》亦為子思所作。」[16]

　　上述二說中，丁四新與姜廣輝兩位先生同時點出了《性自命出》與《中庸》思想脈絡的一致性，而且以《中庸》思想的豐富與凝煉，其成書或在《性自命出》之後。丁先生逕謂《中庸》為子思的代表作，姜先生則逆向推斷《中庸》若為子思所作，則《性自命出》亦當為子思所作。

　　再試舉郭店楚簡中的《五行》來與《中庸》相較，在馬王堆帛書與郭店楚簡未出土以前，儒家學派的思孟學派，其中「五行」學說，久為學術之謎，更成為荀子強烈批評的焦點。如《荀子・非十二子》說：

> 略法先王而不知其統，猶然而材劇志大，聞見雜博，案往舊造說，謂之五行，甚僻違而無類，幽隱而無說，閉約而無解，案飾其辭而祗敬之曰：「此真先君子之言也。」子思唱之，孟軻和之，世俗之溝猶瞀儒，嚾嚾然不知其所非也。遂受而傳之，以為仲尼、子游為茲厚於後世，是則子思、孟軻之罪也。[17]

15　參見丁四新先生：《郭店楚墓竹簡思想研究》（北京市：東方出版社，2000年），頁198。

16　參見姜廣輝：〈郭店儒簡研究的參考座標〉，收錄於《郭店楚簡與早期儒學》（臺北市：臺灣古籍出版公司，2000年），頁19。

17　王先謙：《荀子集解》（臺北市：藝文印書館，1977年），頁229-232。

由於《中庸》和《孟子》中並無「五行」二字，以致往昔學者對此莫
得其解，或逕以「金木水火土」來比附「仁義禮智信」五常，藉以疏
釋思孟學派的「五行」[18]。不過，一九七三年湖南長沙馬王堆出土的
帛書《老子甲本》卷後古佚書中有《五行》一篇，一九九三年湖北荊
門郭店出土的簡書有《五行》一篇，兩篇內容大致相同，而且極詳盡
闡述「五行」——仁、義、禮、智、聖形成的過程與內涵。龐樸先
生斷定《五行》篇所論的「仁、義、禮、智、聖」，即為思孟學派的
「五行」學說，[19]並獲得了多數學者的認同，李學勤、郭沂等人甚至
認為《五行》作者當為子思。於是藉由《五行》篇的出土，這長久
以來的學術謎團，終於獲得解答。不過，《五行》篇，究竟是子思
親撰，或是子思的後學追述，亦或是孟子後學所撰，仍未有明確答
案。[20]

雖然《中庸》和《孟子》並無「五行」二字，但書中卻不乏「五
行」思想，例如《中庸》第三十一章說：「唯天下至聖，為能聰明睿
知，足以有臨也；寬裕溫柔，足以有容也；發強剛毅，足以有執也；
齊莊中正，足以有敬也；文理密察，足以有別也。」朱熹曾將「寬裕
溫柔」以下四者，分屬仁、義、禮、智四種德行。即「寬裕溫柔」
指「仁」，「發強剛毅」指「義」，「齊莊中正」指「禮」，「文
理密察」指「智」。若從《中庸》本章來看，「聰明睿知」則當指
「聖」而言。《中庸》這段話顯然與《五行》篇：「德之行五，和謂
之德；四行和，謂之善。善，人道也；德，天道也」相關；《中庸》

---

18 如郭沫若、章太炎等人。參見郭著：《十批判書》（臺北縣：古楓出版社，1986
   年），頁133-134。

19 參見龐樸：〈竹帛《五行》篇與思孟五行說〉，載於《哲學與文化》26卷第5期
   （1999年5月），頁469。

20 今人鄭吉雄：〈試論子思遺說〉，亦曾探討相關問題，可茲參看。收錄於《文史
   哲》總335期（濟南市：山東大學，2013年第2期），頁63-79。

將「聖」放在第一順位，也與《五行》篇中，以「聖」為五行的最高層次相同。而且文中隱然以「聖」德，來統攝「仁義禮智」四行。因為能躋「至聖」的境界，必能兼具「仁義禮智」四德之美，擁有「有容」、「有執」、「有敬」、「有別」四種能力。

再如繼承子思思想的孟子，其〈公孫丑上〉談到：「惻隱之心，仁之端也；羞惡之心，義之端也；辭讓之心，禮之端也；是非之心，智之端也。」此「四端」之說，當亦為「五行」學說的推闡或影響。尤其在《孟子·盡心下》更提到：「仁之於父子也，義之於君臣也，禮之於賓主也，知之於賢者也，聖（人）之於天道也；[21]命也，有性焉，君子不謂命也。」文中亦明確地將仁、義、禮、智、聖五者並列而論。

除了上述例證，《中庸》言及「君子不賞而民勸，不怒而民威於鈇鉞」，《性自命出》亦有「未賞而民勸……未刑而民畏」之語；《中庸》有「君子慎其獨也」之說，《五行》篇亦有「能為一，然後能為君子，（君子）[22]慎其獨也」之論，從篇章思想的比對，均可看出思孟學派與郭店楚簡的關係。從郭店楚簡《性自命出》心性論思想與《中庸》完全相同；《五行》、《中庸》、《孟子》書中所呈顯《荀子·非十二子》批判思孟學派的「五行」思想相類，在在說明郭店楚簡中的儒家典籍，正是從孔子到孟子之間失落近二千五百年思孟學派的作品。

《郭店楚簡》與《上海博物館藏戰國楚竹書》均各自出土有《緇衣》一篇，雖然兩簡本的《緇衣》與傳本《禮記·緇衣》的章序明顯不同，但三篇的內容卻大同小異，顯見《緇衣》在戰國時代應已成篇

21　朱熹《四書集注》：「或曰人衍字。」清·俞樾《群經評議》：「《集注》曰或云人衍字，其說是也。」
22　郭店竹簡本無「君子」二字，馬王堆帛書本有。

而流傳。郭店楚簡中《緇衣》與《魯穆公問子思》、《窮達以時》、《五行》、《唐虞之道》、《忠信之道》、《成之聞之》、《尊德義》、《性自命出》、《六德》、《語叢》等篇同時出土，上述典籍幾乎均屬子思或其後學的作品。沈約既認為〈中庸〉、〈表記〉、〈坊記〉、《緇衣》均皆取之《子思子》一書，當郭店竹簡有《緇衣》一篇，而其他諸篇的思想與內容又與子思的關係如此的密切，所以自《郭店楚簡》公佈後，許多學者如饒宗頤、廖名春、郭沂、葉國良等等均贊同沈約的說法。[23]甚至李學勤更認為郭店楚簡《緇衣》、《五行》、《成之聞之》、《尊德義》、《性自命出》、《六德》諸篇很可能即《漢志》著錄的《子思子》。[24]

依據《韓非子‧顯學篇》所說：「孔墨之後，儒分為八」，又說「自孔子之死也……有子張之儒，有子思之儒」。當此之時，人人自謂得孔子的真傳，因此各家必然紛紛纂輯孔子言行，傳授後學。如《孔叢子‧公儀篇》載「穆公謂子思曰：子之書所記夫子之言，或者以謂子之辭也。子思曰：臣所記臣祖之言，或親聞之者，有聞之於人者。雖非正其辭，然猶不失其意焉。」從《韓非子》、《孔叢子》的記載中，足證孔子沒後，身為孔門嫡裔的子思，確實能繼志述事，在學術上卓然有成，故能與他儒分庭抗禮。相較於其他諸儒，子思更能發為著述，並見諸篇籍。試想在戰國初期名見經傳的儒家諸流派中，要找到比子思學派更有資格、更有可能撰寫《中庸》以及《郭店楚

---

23 參見饒宗頤：《饒宗頤二十世紀學術集林》（臺北市：新文豐出版公司，2003年），卷3，頁42-46。李學勤：〈荊門郭店楚簡中的《子思子》〉，《文物天地》第2期（1998年），頁28-29。廖名春：〈郭店楚簡儒家著作考〉，《孔子研究》第3期（1998年），頁71。郭沂：《郭店竹簡與先秦學術思想》（上海市：上海教育出版社，2001年），頁419-420。葉國良：〈郭店儒家著作的學術譜系問題〉，《臺大中文學報》第13期（2000年12月），頁1-3。

24 李學勤：《李學勤文集》（上海市：上海辭書出版社，2005年），頁426。

簡》這些篇章的人，恐怕是不容易。因此，結合傳世文獻與出土文獻，我們毋寧相信孔鮒、司馬遷、鄭玄諸人所說子思作《中庸》的說法。

（二）子思所作惟部分為後人所增

《中庸》為孔伋所作，基本上為歷代絕大多數學者的共識。惟自宋代以來，學術思潮興起「疑經」、「改經」的風氣，尤其在歐陽脩首先對《中庸》作者問題提出了質疑之後（詳見下文），於是關於《中庸》作者的梳理，遂眾說紛紜，成為學術思想史上的公案。其中有一說即認為《中庸》雖為子思所作，然部分是子思門人或後人增益而成。主張是說者如日本武內義雄（1886-1966）、馮友蘭（1895-1990）、徐復觀（1904-1982）等等。上述諸人的觀點，或許受到南宋·王柏的影響或啟發。王柏並不否定《中庸》為子思所作，但他指出今本《中庸》是裒集古本《中庸》兩個部分而成，他在〈古中庸跋〉說：

> 愚滯之見，常覺其文勢時有斷續，語脈時有交互，思而不敢言也，疑而不敢問也。一日偶見西漢《藝文志》有曰：「《中庸說》二篇」。顏師古注曰：「今《禮記》有《中庸》一篇」，而不言亡其一也。惕然有感，然後知班固時，尚見其初為二也。合而亂之，其出於小戴氏之手乎？[25]

王柏主要從《中庸》一書的文氣、語法的斷續不一，對今本《中庸》提出質疑，後來又受到顏師古的啟發，認為僅為一篇的今本《中庸》，應是糅合了古本《中庸》其中的兩篇而成，於是重訂《中庸》

---

25 王柏：《魯齋集》（北京市：中華書局，1985年），卷5，頁95。

的篇章，將《中庸》分為「中庸」和「誠明」兩部分，並以類相從，欲恢復古本《中庸》一書的舊觀。

不過，古本《中庸》是否即等同於《漢書·藝文志》中的《中庸說》二篇，或《中庸說》乃古本《中庸》的解詁，由於《中庸說》久佚，難以推估。不過，王柏的觀點卻對於後代學者產生了若干影響，如武內義雄撰《子思子考》，便提到《中庸》上半與下半之間，不僅思想與內容不同，即文章亦迥然有異，故推定上半尚保留了子思的舊貌，大約作於戰國初年；下半思想已起急激的變化，約作於秦代晚年。[26]

馮友蘭則認為《中庸》可分為三段。首段自「天命之謂性」至「天地位焉萬物育焉」；末段自「在下位不獲乎上」至「無聲無臭至矣」，多言人與宇宙的關係，似就孟子哲學中神秘主義傾向加以發揮，其文體亦大概為論著體裁。中段自「仲尼曰君子中庸」至「道前定則不窮」，多言人事，似就孔子的學說加以發揮，其文體亦大概為記言體裁。由此異點推測，則此中段似為子思原來所作的《中庸》。首末二段，乃後來儒者所加。他又說：「《中庸》有『今天下車同軌、書同文、行同倫』之言，所說乃秦統一中國後之景象；《中庸》又有『載華嶽而不重』之言，亦似非魯人之語；且所論命、性、誠、明諸點，皆較《孟子》為詳明，似就孟子之學說，加以發揮者。則此篇又似秦漢時孟子一派的儒者所作。」[27]馮友蘭的看法除了受到王柏的啟發外，也受到清·袁枚、葉酉、俞樾等從《中庸》遣辭用語與時代背景不符觀點的影響，懷疑今本《中庸》有後人的攙入。

---

26 即朱子《章句》第二至第十九章屬於上半，二十章以下屬於下半。參見武內義雄：《子思子考》，載於江俠庵編譯：《先秦經籍考》中冊，收錄於《民國時期經學叢書》第四輯（臺中市：文听閣圖書公司，2009年），頁450-475。

27 馮友蘭：《中國哲學史》（北京市：中華書局，1961年），頁477。

除此之外，徐復觀也曾撰文，論證《中庸》成書年代，他說：
「今日之《中庸》，原係分為兩篇。上篇可以推定出於子思，其中或
也雜有他的門人的話。下篇則是上篇思想的發展。它係出於子思之
門人，即將現《中庸》編定成書之人，如後所述，此人仍在孟子之
前。」[28]徐氏並認為上篇「鬼神之為德」的第十六章、「舜其大孝也
與」的第十七章、「無憂者其惟文王乎」的第十八章、「武王周公其
達孝矣乎」的第十八章，與下篇的第二十八章是禮家所雜入的，不必
與《中庸》有關，但依然是孔門遺簡。

今本《中庸》是否有可能如上述學者所說，雖為子思所作，然部
分是子思門人或後人增益而成？依據先秦典籍的形成有三個特點，其
一：典籍往往非出於一時一地一人之手。其二：典籍的定型每每須經
歷一段較長的時間。其三：典籍增補的部分常常置於原始部分之後。
如此《中庸》一書，或不免亦雜有子思門人或後代學者的話語。不
過，若缺乏足夠的證據，所有的論述僅能當作一種假設，難以辨其是
非，進而成為定論。而且若以傳統上「先河後海」的精神，即使一書
或不免雜入門人或後學者的話語，倘若無法具體辨明所改易處者究為
何人，並無礙於暫將作者歸給始創之人來統攝。因此，即使《中庸》
為子思所作，但部分為門人或後學所增補修改者，仍可視為子思所
作。

（三）孔子所作

若干學者受到歐陽脩的影響，認為《中庸》非子思所作，並以其
篇中多孔子之言，遂懷疑為孔子所撰作，子思不過稍加整理，述而不

---

28 徐復觀：《中國人性論史》（臺北市：臺灣商務印書館，1969年），頁103。

作，主張此說法者，如宋・羅從彥[29]（1072-1135）。明・陸深《儼山外集》曾引羅氏之說如下：

> 羅仲素云：《中庸》之書，孔子傳之曾子，曾子傳之子思，分明是有一本書相傳到子思，卻云：「述所授之言著於篇」。[30]

上述羅從彥的說法，似針對同時代前賢呂大臨所說：「此書，孔子傳之曾子，曾子傳之子思，子思述所授之言，以著於篇」[31]加以補述。惟呂大臨文中的「此書」但說《中庸》的成書過程，是子思追述孔子、曾子之說而寫定成書，並未直指《中庸》為孔子所作。惟羅從彥則逕云：「分明是有一本書相傳到子思」，等於是將《中庸》的著作權判給孔子，子思祇是「述而不作」。主張此說者尚有清代的毛先舒（1620-1688）與翟灝（？-1788），如翟氏引毛氏《聖學真語》云：

> 《中庸》當是夫子自撰之書，子思為綜次而引信之耳。其中即有所作，大抵亦是傳述夫子旨義；而要之夫子語為多，不必標「子曰」者，才屬夫子也。大凡古人書，多有元是一人言，中間更起曰處，《禮記》尤多，如〈哀公問〉、〈仲尼燕居〉是也。即《中庸》「哀公問政」及「其成功一也」，後亦更起「子曰」。後世文章家如太史公、東坡，猶存此

---

29 〔宋〕羅從彥（1072-1135），字仲素，號豫章先生，南沙劍州劍浦人。生於宋神宗熙寧五年，卒於宋高宗紹興五年，年六十四歲。早年師從吳儀，以窮經為學。後師從程顥、程頤的弟子楊時，學成後築室山中，倡道東南，往求學者眾，其較著者如朱松（朱熹之父）、李桐（朱熹之師）等等。

30 〔明〕陸深：《儼山外集》，收錄於《四庫全書》第885冊（臺北市：臺灣商務印書館影印文淵閣《四庫全書》本），頁56。

31 〔宋〕呂希哲：《呂氏雜記》，收錄於《筆記小說大觀》十八編（臺北市：新興書局，1977年），頁178。

法。子貢曰：「夫子之言性與天道，不可得而聞也」，疑夫子言性、天道而筆之於傳者，殆《十翼》與此書也。[32]

毛先舒以《中庸》為孔子自撰之書，子思祇是綜次整理，即便有增飾潤澤之處，亦無非是傳述孔子旨義，因此認為該書與《十翼》均屬孔子言性與天道之書。

翟灝亦云：

> 按《中庸》之書，非聖人不能造端發凡。子思及侍孔子日淺，且年方幼，深粹之旨又有非他人所能口耳遞授者，大抵聖人在日，原有聞道弟子，若顏、曾之徒，略為撰述。子思學既成，得其傳本，慮其言簡義奧，非中人所可共語，而上達者復難其人也，乃以他所親聞及遞聞之師友者，參諸己意，廣為推證，斷章撮指，更相反覆，務欲明所難明，使天下後世學者，咸得知聖人微妙極至之境，以綜為此書。觀篇中所述《論語》、〈文言〉、〈繫辭〉、《大戴記》、《曾子》等文，多不更標曰字，而其辭或參差不齊，證諸《孔叢》〈公儀〉篇子思對魯穆公語，正是相應。子思之曾復綜次，固粗堪為左驗也。[33]

翟灝亦認為《中庸》一書，為孔子於生前即已造端發凡，口耳遞授，初由顏淵、曾參等人略為記述（相當於初稿本），繼由子思以其書言簡義奧難曉，於是又參諸己意，廣為推證，綜次整理，而後成為今所

---

32 〔清〕翟灝：《四書考異》，收錄於《續修四庫全書》（上海市：上海古籍出版社，2002年），頁23-24。

33 〔清〕翟灝：《四書考異》，收錄於《續修四庫全書》（上海市：上海古籍出版社，2002年），頁24。

見的《中庸》（相當於定稿本）。

　　羅從彥、毛先舒與翟灝諸人以《中庸》為孔子所作，主要是因為《中庸》一書中多引孔子之言，甚至與子思同時代的魯穆公對此都有所質疑，認為子思與孔子祖孫共世的年歲不多，而且子思當時年幼，不可能記下子思書中所記諸多先祖的話語，懷疑子思是否將自己的言語說成是孔子的言語。不過，子思回答的很坦率與巧妙，他說有「親聞之者」、「有聞之於人者」，而且即使所說的不是孔子原話，然「猶不失其意」。從《中庸》來看，其中確有不少孔子的言論，不過子思在繼志述事之餘，並進而有所弘揚闡發，並不礙其為作者的身分。而羅從彥、毛先舒與翟灝諸人其推論，亦大多來自臆測，並無有力的論證，如果《中庸》果為孔子所作，則高徒如子貢何來「夫子之言性與天道，不可得而聞也」的喟嘆？亦有違孔子素來「述而不作」的精神。此外《中庸》若果為孔子所自撰，何以篇章中屢見孔子自稱「子曰」之語？又何以有「仲尼祖述堯舜，憲章文武」一段盛讚自己道大德盛的文字？綜合上述的疑點，若謂《中庸》為孔子所自撰，誠教人難以信服。

（四）孟子以後儒者所偽託

　　許多學者之所以認為《中庸》必非子思所作的原因，主要是從《中庸》若為子思所作，則其思想觀念不應與孔子相違，其遣辭用語亦不應與時代背景不符，遂逕自全盤否定《中庸》為子思所撰作，這些說法主要可歸納為二：

1　思想觀念等等與孔孟不符

　　歐陽脩對《中庸》的作者及成書年代提出質疑，主要即認為《中庸》若為子思所作，則其思想觀念不應與孔子相違，將《中庸》的作

者歸為子思，乃是由於傳說的謬誤，歐氏說：

> 子思，聖人之後也，其所傳宜得其真，而其說有異乎聖人
> 者，何也？《論語》云：「吾十有五而志於學，三十而立，
> 四十而不惑，五十而知天命」，蓋孔子自年十五而學，學十
> 五年而後有立。其道又須十年而一進。孔子之聖，必學而後
> 至，久而後成。而《中庸》曰：「自誠明謂之性，自明誠謂
> 之教。」自誠明，生而知之者也；自明誠，學而知之也。孔
> 子必須學，則《中庸》所謂「自誠而明」，不學而知之者，
> 誰可以當之歟？[34]

歐陽脩的觀點，著重在《中庸》之說，與孔子所經常講的「志於
學」、「必學而後成」有相互矛盾之處。因為以孔子之聖，尚必須
「學而知之」，則《中庸》所謂「自誠而明」（生而知之者），不待
學而知者，其誰可以當之？如果子思果真傳承孔子思想，何以有如此
陳義過高的說法，而與《論語》中孔子的思想不同？不過歐陽脩的觀
點，卻受到翟灝的質疑，如翟氏《四書考異》云：

> 按歐陽氏疑《中庸》所傳，有異乎《論語》之旨。不知《論
> 語》乃聖人垂教之言，時時以之策勵學者，三千之徒莫不共
> 聞，故不得不降己言之。《中庸》乃傳道之言，非可語則不
> 語，雖高明如子貢，初時尚不得聞。子思懼其失傳，勉為推
> 揚，垂之曠世，而世儒猶莫之知；必待千餘年後，得聞道大
> 儒，方能重闡其義。

翟灝認為歐陽脩不辨「傳道之言」與「垂教之言」的差異，因此，以

---

34 〔宋〕歐陽脩：《歐陽脩全集》（臺北市：華正書局，1975年），頁162。

「己之未知，而遂疑聖言之虛高無益，不進而求其知」，實在是自怠自棄。

　　除了歐陽脩，清人崔述亦懷疑《中庸》非子思所作，他所持觀點與歐陽脩大同小異外，又另提出了三條論據來證明自己的觀點，他說：

> 孔子、孟子之言皆平實切於日用，無高深廣遠之言。《中庸》獨探賾索隱，欲極微妙之致，與孔、孟之言皆不類。其可疑一也。《論語》之文簡而明，《孟子》之文曲而盡。《論語》者，有子、曾子門人所記，正與子思同時，何以《中庸》之文獨繁而晦，上去《論語》絕跡，下猶不逮孟子？其可疑二也。「在下位」以下十六句見於《孟子》，其文小異，說者謂子思傳之孟子者……孟子述孔子之言皆稱「孔子曰」，又不當掠之為己語也。其可疑三也。由是觀之，《中庸》必非子思所作。[35]

崔述在上文中，主要從《論語》、《孟子》的內容與行文習慣來與《中庸》比較，認為《論》、《孟》皆「平實切於日用」，或「簡明」、「曲盡」；《中庸》卻「微妙精深」，「繁富晦澀」，故以此判斷《中庸》必非子思所作，而世人之所以視《中庸》為子思的作品，崔述認為是由於「子思以後，宗子思者之所為書，故托之於子思；或傳之久而誤以為子思也。」歐陽脩、崔述都提出了看似合理的證據來支持自己的觀點，認為《中庸》不是子思的作品，但兩人卻忽略《論語》大多為孔門師弟之間，平日相與問答之言，本為寬鬆的語錄體，究竟不同於《中庸》乃為嚴謹的專門著述，而且《中庸》本側

---

35 〔清〕崔述：《洙泗考信錄》（北京市：中華書局，1985年），頁56-57。

重「性與天道」的闡述,非記錄師弟之間日用平常之語,或抒發對當代人事的品評。

2　遣辭用語與時代背景不符

除了從思想觀念質疑《中庸》非子思所作之外,袁枚、葉酉、俞樾、蔣伯潛、馮友蘭諸人亦從遣辭用語與時代背景不符等等提出質疑,其主要論點如:

(1)《中庸》:「今天下車同軌、書同文、行同倫」之問題

馮友蘭等人以《中庸》:「今天下車同軌、書同文、行同倫」一段,為秦漢統一中國後的景象,並質疑《中庸》非子思所作。今人郭沫若《十批判書》曾反駁云:

> 「書同文行同倫」在春秋、戰國時已有其實際,金文文字與思想之一致性便是證明,不必待秦漢之統一。僅「車同軌」一語或有問題,但在目前亦尚無法足以斷言秦以前各國車軌決不一致。[36]

陳槃《大學中庸今釋》亦云:

> 〈隱元年〉《左傳》說:「天子七月而葬,同軌畢至」;《正義》:「鄭玄、服虔皆以軌為車轍也。王者馭天下,必令車同軌,書同文。同軌畢至,謂海內皆至也。」可見「車同軌」這話,在孔子以前就有。……春秋以前的文字,誠然因時因地有不少的差別,然而總是從「六書」一路發展下來的華夏民族的文字,所以春秋時儘管國別很多,但是朝聘天

36　郭沫若:《十批判書》(臺北縣:古楓出版社,1986年),頁139。

子，會盟諸侯，文書使節交互往來，沒有說彼此之間文字不
能通曉的話，可見從大體上，說這就是「同文」了。[37]

基本上，郭沫若、陳槃的解說，甚為有理，其實在先秦文獻中，除
《左傳》對「車同軌」一語有所記載外，《管子》也曾說過這樣的
話：「衡石一稱，斗斛一量，丈尺一綧制，戈兵一度，書同文，車
同軌，此至正也」。[38]可見戰國時期已經有「書同文，車同軌」的說
法。至於「行同倫」一句，從夏商周三代以來，藉因革損益而形成的
華夏文化，早已成為中原各國共同遵循的行為準則，並藉以分別夷
夏，於是而有「夷狄入中國則中國之」的說法。由此可見，夷夏之別
不在血統而是在文化。因此，《中庸》所說的「行同倫」，久已成為
華夏民族共同的文化符碼。若僅以「車同軌、書同文、行同倫」一
段，便欲質疑《中庸》非子思所作，不僅方法上流於片面，在論證上
亦頗多破綻。

(2) 《中庸》：「載華嶽而不重，振河海而不洩」之問題

清·葉酉（約1754前後）曾以《中庸》所載「載華嶽而不重」一
語，疑《中庸》為漢儒所作。認為《論語》與《孟子》書中常稱引
「泰山」，因為孔、孟皆為山東人，乃就其平居所見的緣故，唯獨
《中庸》卻說：「載華嶽而不重」。子思足跡未嘗入秦，因而懷疑
《中庸》是長安地區之人的話語。袁枚（1716-1797）在〈答葉書山
庶子〉一文中曾載有此事云：

來札云：《中庸》……是漢儒所撰，非子思作也。其隙罅有

---

37 陳槃：《大學中庸今釋》（臺北市：正中書局，1954年），頁4-5。
38 《管子·君臣上》（臺北市：臺灣商務印書館影印文淵閣《四庫全書》本，1983
年），卷10，頁8。

無心而發露者，孔、孟皆為山東人，故論事就眼前指點。孔
子曰：「曾謂泰山不如林放」、曰：「泰山其頹」；孟子
曰：「登泰山而小天下」、「挾泰山以超北海」，就所居之
地，指所有之山，人之常情也。漢都長安，華山在焉。《中
庸》引山稱華嶽而不重，明明是長安之人，引長安之山，此
偽託子思之明驗，已無心而發露矣。真可謂讀書得間，發二
千年古人所未有。[39]

袁枚以「讀書得間，發二千年古人所未有」，肯定葉酉的說法，斷
《中庸》為漢儒所偽託。此後，清‧余正燮（1775-1840）、民國馮
友蘭、屈萬里、鍾肇鵬、程元敏等等均曾撰文闡述，並據此懷疑此句
「似非魯人之語」[40]，或認為「華嶽」為秦漢博士或後人所改[41]，或將
《中庸》逕歸為秦漢之際作品。[42]

　　不過學者對於上述意見亦頗有反駁者，如近人郭沫若曾以人情之
常，往往忽近而求遠，魯人稱「華嶽」，亦猶秦人言「東海」，不足
為奇。[43]又如陳槃亦根據《經典釋文》謂「華嶽」亦作「山嶽」。[44]惟
《釋文》所列兩種版本孰先孰後難明，無法據以評斷是非。徐復觀先

---

39 參見袁枚：〈小倉山房尺牘‧答葉書山庶子〉，收錄於王英志主編：《袁枚全
　　集》第5冊（南京市：江蘇古籍出版社，1993年），卷8，頁163。

40 參見馮友蘭：《中國哲學史》上冊（北京市：中華書局，1961年），頁445-447。

41 參見鍾肇鵬：〈子思學派的中庸思想〉，收錄於氏著：《孔子研究》（臺北市：
　　淑馨出版社，1993年），頁230。

42 參見屈萬里：《先秦文史資料考辨》（臺北市：聯經事業出版公司，1984年），
　　頁352。又參見程元敏：〈《禮記‧中庸、坊記、緇衣》非出於《子思子》考〉，
　　收錄於《張以仁先生七秩壽慶論文集》（臺北市：臺灣學生書局，1999年），頁
　　46-47。

43 參見郭沫若：《十批判書》（臺北縣：古楓出版社，1986年），頁139。

44 參見陳槃：《大學中庸今釋》（臺北市：正中書局，1984年），頁65。

生於《中國人性論史》對此則有更具體並建設性的說法：

> 「華嶽」一名，則邵晉涵謂「漢以前五嶽無定名」。丁君
> 杰〈西嶽華山廟碑跋〉謂：「西嶽、中嶽，異說茲多。」
> 先秦文獻無以今華陰之華山為「西嶽」之文，以華山為西
> 嶽，殆始於《爾雅・釋山》「泰山為東嶽，華山為西嶽。」
> 後人遂以此語展轉附益，以釋先秦有關文獻，而漢人之附會
> 尤甚。……且原文「載華嶽而不重，振河海而不洩」，二語
> 對舉成文；「河海」為二水，則「華嶽」亦不應為一山。按
> 《左》〈成二年〉晉、齊鞍之戰，有「齊師敗績，逐之，三
> 周華不注」的記載；日人竹添光鴻《左氏會箋》謂「華不
> 注，一名華山……山下有華泉」。按今濟南正有華山、鵲
> 山。……《莊子・天下》篇謂宋鈃、尹文「作為華山之冠以
> 自表」；宋鈃係宋國人，尹文係齊國人，兩人同遊稷下，
> 則此取作冠形的華山，亦當在齊地。由此而益信齊地原有
> 華山。又《山海經・東山經》「又南三百里曰嶽山，其上
> 多桑，其下多楛，濼水出焉」；《山海經》雖記述傳聞之
> 說，頗多不經之辭，但其中〈海內經〉之地名，多可查考證
> 實……，而與嶽山有關之濼水，《說文》以為係「齊魯間
> 水」，又確可指證。春秋、戰國時，齊以「嶽」為其都邑街
> 里之名，其取名當即由嶽山而來。由此推斷：則齊原有「嶽
> 山」，後為「五嶽」之「嶽」所掩，遂淹沒不彰。且就「濼
> 水出焉」以推定嶽山的位置，則它與華山皆在歷城縣，華、
> 嶽二山地位，原極相近，聯稱在一起，乃極自然之事。是
> 《中庸》下篇所謂「華嶽」者，原係齊境二山之名，與下文

之「河海」，正相對稱。[45]

依據徐復觀先生的考證，「華嶽」者，原係齊境二山之名，與下文「河海」，正相對稱，其論證頗具說服力，文中除辨證「華嶽」正確的字義外，亦破解了袁枚以來，許多學者以「華嶽」為陝西省華陰市的華山，遂逕謂《中庸》為漢儒所偽託的武斷。二〇〇五年筆者曾親自登臨山東濟南市郊的一座小山，即《左傳》中所說的「華不注」山，當地人迄今仍名之為「小華山」，或可為徐先生說法的另一旁證。

（五）小結

綜合上述諸說，可見從宋代歐陽脩以來對《中庸》作者的質疑，無論是子思所作惟部分為後人所增，或孔子所作，或孟子以後儒者所偽託等等，主要是透過今本《中庸》內容中的遣辭用語與時代背景的差異，無疑提供後人許多思考空間與角度。不過，他們在方法論上，往往採用僅攻其一而不及其餘，加上對子思的思想以及相關的材料缺乏更多的瞭解，僅靠思想或用語等等差異來推斷《中庸》的成書，實在難以服眾，而且會產生新的問題，例如：今本《中庸》內部的種種差異，反映的是子思個人思想的變化？還是子思後學思想的發展？對於這些問題，若沒有其他佐證材料，種種解釋只能算是一種猜測和假設，甚至破綻百出。而且在方法論上採用僅攻其一而不及其餘，因此所得的結論也容易流於空疏與片面，尚不足以推翻司馬遷「子思作《中庸》」的說法。

---

45 徐復觀：《中國人性論史・先秦篇》（臺北市：臺灣商務印書館，1969年），頁142-145。

三 中庸成書問題

從《荀子‧非十二子》與《韓非子‧顯學》對子思的論述，可見子思為戰國初期儒家非常重要的人物。班固《漢書‧藝文志》載他的著作《子思》二十三篇，不過，其書早已亡佚，現在看得到的是南宋‧汪晫與清‧黃以周所重輯的《子思子》。依據郭沂的看法，從先秦到南宋《子思》這部書出現過三種傳本，分別代表其演變的三個階段。[46]

第一階段為劉向校書前的《中庸》四十九篇（另一說為四十七篇）。[47]現存最早談到子思著作的文獻是《孔叢子》與《史記》。《孔叢子》提到子思撰《中庸》四十九篇，惟今所見通行本《中庸》卻僅一篇，何以相去如此懸殊？對此蔣建侯引翟灝的說法：「此四十九篇即《子思子》。謂之《中庸》者，蓋以首篇之名為全書之名，猶鄒衍所作有四十九篇，而《史記‧孟荀列傳》僅言作《主運》；《屈原賦》尚有《九歌》等，而《史記‧屈賈列傳》僅言作《離騷》也，其說甚是。」[48]由此推測，在劉向校訂之前，此書並無《子思》或《子思子》的名稱。從《孔叢子》與《史記》均稱作《中庸》可以為證，可見此書乃子思困於宋之後所撰作，本稱作《中庸》，共四十九篇，是為祖本。

第二階段為《漢書‧藝文志》著錄的《子思》二十三篇，可稱為

---

46 郭沂：《郭店竹簡與先秦學術思想》，第二章《中庸》《子思》《子思子》（上海市：上海教育出版社，2001年），頁414-456。

47 另有一說為四十七篇，所根據的是李翱《復性書》、晁說之《中庸傳》與鄭樵《六經奧論》的說法。蔣建侯認為大概是《漢志》所錄之《子思子》二十三篇，各分上下二篇，又加〈序錄〉一篇，故為四十七篇。參見蔣伯潛：《諸子通考》（臺北市：正中書局，1984年），頁316。

48 蔣伯潛：《諸子通考》（臺北市：正中書局，1984年），頁316。

新編本。班固《漢書‧藝文志》是依據劉歆《七略》裁剪編輯，而《七略》又裁剪自其父劉向的《別錄》，因此《漢書‧藝文志》所著錄的《子思》二十三篇，有可能是劉向將祖本《中庸》書名改為《子思》，以與其他子書同例，以求其一致。至於將四十九篇改為二十三篇的原因，可能是去除重複或做了一些整併，也有可能因戰亂與政策關係以致書缺簡脫，至劉向時，僅餘二十三篇。不過，這二十三篇的新編本至遲在南北朝時又告亡佚。

第三階段為《隋書‧經籍志》與《舊唐書‧經籍志》、《新唐書‧藝文志》所著錄的《子思子》，是為重輯本。《隋志》與《新唐志》著錄的《子思子》均為七卷，《舊唐志》著錄的《子思子》則作八卷。雖然許多學者認為這七卷本或八卷本與《漢志》所著錄二十三篇為一書。不過，早在明代宋濂《諸子辨》已指出：「《子思子》七卷，亦后人綴輯而成，非子思之所自著也。」郭沂除撰文證成其說外，又進一步從漢魏諸書，凡引子思著作者均稱《子思》，可見當時《漢志》二十三篇《子思》尚存，惟南朝梁代以後，所引者皆稱《子思子》，意味《漢志》二十三篇《子思》應已亡佚。《隋書‧音樂志》引沈約說：「《禮記》〈中庸〉、〈表記〉、〈坊記〉、《緇衣》皆取《子思子》。」可見，沈約所見者為重輯的《子思子》七卷本。其輯錄的方與後來的汪晫、黃以周輩大致相同，亦即將《禮記》中原屬子思所作的〈中庸〉、〈表記〉、〈坊記〉、《緇衣》四篇輯出，或再雜取《孟子》、《檀弓》、《孔叢子》諸書而成。不過，這部七卷本至南宋又告失傳，於是汪晫的新輯本，遂應運而生。

郭沂曾將子思學派及其文獻分為四類，即（一）子思所記孔子言論。包括古本〈中庸〉、〈表記〉、〈坊記〉、〈緇衣〉四篇。（二）子思的著作。如《五行》、《天命》、郭店竹簡《唐虞之道》、《忠信之道》。（三）各種典籍所載子思言行。如郭店竹簡

《魯穆公問子思》、《窮達以時》以及《孟子》、《檀弓》等先秦古籍中有關記載,至於秦漢以後儒書,如《孔叢子》就難免久傳失真,魚目混珠。(四)子思門人的著作。如《大常》(原題《成之聞之》)、《尊德義》、《有性》(原《性自命出》上部)、《求心》(原《性自命出》下部)、《六德》、《大學》。依郭沂的推論,今本《中庸》除漢人雜入的文獻外,基本上即是由子思學派文獻中,第一類的古本《中庸》與第二類的《天命》所構成。

至於何時、何人將此兩部分混合在一起?他認是漢初《禮記》的編者戴聖。因戴氏所整理為《禮記》的這批文獻,當時業已散亂,於是便將內容相關的文獻編在一起。雖然郭沂自言其推測來自郭店一號楚墓出土的《緇衣》與戴聖《禮記》中的〈緇衣〉,在文本結構不盡相同,推斷戴聖所見的〈緇衣〉當時已經錯亂,同理可證戴聖《禮記》所收錄的〈中庸〉也可能已經錯亂,而這些錯亂的文獻當仍屬原《中庸》四十九篇的內容,即後世《子思子》的祖本。郭沂上述的推論頗具參考價值。不過,《郭店楚簡》與《上海博物館藏戰國楚竹書》的出土文獻中,均未見《中庸》與《天命》諸篇。因此,郭沂的推論,目前尚難成為定論。

四 結語

由傳世的文獻,最早記載《中庸》是子思所作的《孔叢子》、《史記》等書,到宋代歐陽脩開始質疑子思作《中庸》,掀起千年的學術爭論,或認為作於春秋孔子,或認為作於戰國初年子思,或認為作於戰國初年子思門人,或認為作於孟子以後,或認為作於秦漢之際,或認為作於西漢中葉等等,不一而足。其間學者殫精竭智,發為著述,雖然有些結論未必正確,但前人對真理的推求,對知識的辨

證，其治學精神足為後人法式。不過，學術但追求一個「真」字，講求的是真憑實據，前人於《中庸》作者及成書問題，由於在思想發展進程上缺乏更多的瞭解，僅靠傳世文獻來佐證說明，遂冒然推斷《中庸》作者與成書年代，以致種種解釋僅能視為猜測和假設，始終難有定論，終究仍是中國經學史的學術公案。如今，藉著《郭店楚簡》、《上海博物館藏楚竹書》陸續的出土，對於這千古之謎，總算露出一些曙光，有助於我們澄清了許多問題，除了證實《史記》所說「子思作《中庸》」的說法具有相當的可靠性外，也幫助我們尋回失落近二千五百年戰國時期思孟學派的部分拼圖。雖然長久以來紛擾的《中庸》作者與成書的爭議，藉著傳世文獻與出土文物相互研究，能獲得較大的進展，但不代表有關《中庸》或思孟學派問題已經曲終幕落，期待未來能有更多文獻的出土，能讓我們釐清更多的學術謎團。

貳

「天命之謂性」章釋疑

　　《中庸》第一章（以下均依朱熹《章句》所分）：「天命之謂性，率性之謂道，脩道之謂教。道也者，不可須臾離也；可離，非道也。是故，君子戒慎乎其所不睹，恐懼乎其所不聞。莫見乎隱，莫顯乎微，故君子慎其獨也。喜怒哀樂之未發，謂之中；發而皆中節，謂之和。中也者，天下之大本也；和也者，天下之達道也。致中和，天地位焉，萬物育焉。」本章正如北宋・楊時所言，乃為《中庸》「一篇之體要」，[1]朱熹大致上將其分為三部分，其一為「道的本原出於天」（即「天命之謂性」）而不可加以變易（即「率性之謂道」），而道體備於己而不可離（即「道也者，不可須臾離也」以下兩句）；其二為「存養省察」工夫的重要（即「君子戒慎乎其所不睹」以下五句）；其三為論述「聖神功化」的最高境界（即「致中和，天地位焉，萬物育焉」）。關於道原於天而備於己的概念，在《中庸》「費隱」章與「道不遠人」等章論之甚詳，前人之述備矣，暫不贅述，本文謹就其下兩點，略抒所見：

一　慎獨

　　先秦兩漢文獻中論及「慎獨」者，除《禮記》中的〈大學〉、〈中庸〉、〈禮器〉外，另有《荀子・不苟》、《文子・精誠》、

1　見〔宋〕朱熹：《四書章句集注》（臺北市：大安出版社，2009年8月），頁23。

《淮南子‧繆稱》等處。自七十年代湖南長沙馬王堆出土帛書《五行》與九十年代湖北荊門郭店出土竹簡《五行》，其中亦有「慎獨」之說，遂又引起學者對「慎獨」一辭諸多的討論。相關問題，請參看本章末附錄：「慎獨」本義新證一文。惟在此僅就《禮記》中〈大學〉、〈中庸〉兩篇中的「慎獨」相較，以釐清兩者的異同。

「慎獨」向為儒家內在自我存養省察的重要工夫。《中庸》首章即在揭示「慎獨」的重要。但由於《四書》中惟《大學》與《中庸》均載有「慎獨」之說，故歷來學者每每以《大學》所說的「慎獨」來詮釋《中庸》的「慎獨」，忽略了兩者之間仍存有若干的差異。如蔣伯潛《中庸新解》即云：「暗得看不見的地方，卻是最現露的，細得看不見的物事，卻是最顯著的。這就是《大學》所說的『誠於中必形於外』，『人之視己，如見其肺肝然』。看似隱微，實則不啻『十目所視十手所指』，所以君子必慎獨，雖獨居也不敢須臾離道。」《大學》中所云：「人之視己，如見其肺肝然」、「誠於中，形於外」，所強調者是「慎獨」的外在效驗，而《中庸》：「莫見乎隱，莫顯乎微」，則是強調「慎獨」的內在工夫，二者仍有體用本末先後的不同，若混為一談，恐未能真正掌握《中庸》首章的真義，是以仍有釐清說明的必要。

若以《大學》「慎獨」之說來解讀本節，則君子於不睹不聞之處，所戒慎恐懼者，無非是「不誠於中則必形之於外」、「人之視己，如見肺肝」、「十目所視、十手所指」等，於是《中庸》「莫見乎隱，莫顯乎微」二句，有如為「若要人不知，除非己莫為」說教，亦成為上述現象的判語，而忽略《中庸》的原意，本欲強調內在自我存養省察的工夫，非注重「外在」、「他人」的觀點或表現上。正如朱熹所云：

> 言幽暗之中，細微之事，跡雖未形，而幾則已動。人雖不知，而己獨知之，則是天下之事，無有著見明顯而過於此者。是以君子既常戒懼，而於此尤加謹焉，所以遏人欲於將萌，而不使其潛滋暗長於隱微之中，以至離道之遠也。[2]

觀其注文中，亦著重在個人存養省察的工夫，後儒不察，遂往往導果為因，本末倒置，忽略了「古之學者為己」的態度。所謂「莫見乎隱，莫顯乎微」所指重點，不在他人對我們個人隱微的行為是否如見肺肝，無所遁形，而是在透過個人獨處，他人所不睹不聞之際，來自我省察。而個人對自我的道德修養，更能藉此情境逼顯而出，是以善惡照察，洞若觀火，此即《詩經・小雅・正月》所說的「潛雖伏矣，亦孔之炤」之意，[3]而君子所不可及者，亦唯在此處。蓋道德良知唯有通過自我的檢驗省察，纔是真正的道德。此亦如徐復觀先生所言：「一個人的行為動機，到底是率性？不是率性？一定要通過慎獨的工夫，才可得到保證的」。[4]因此，《中庸》「戒慎恐懼」，其意與《周易》〈乾卦・九三〉：「夕惕若厲」、〈震卦・大象〉：「恐懼脩省」，均指個人自我的省察，而其所戒慎恐懼者，唯恐離道失德，故《中庸》本章特別強調「道也者，不可須臾離也」。職是之故，吾人在理解「莫見乎隱，莫顯乎微」時，不宜單從慎獨的外在效驗（即《大學》所謂「誠中形外」）來理解，宜更進一步從慎獨的內在工夫（即道德的逼顯）來體悟，如此兩相配合，方能掌握本章的真諦。

2　見〔宋〕朱熹：《四書章句集注》，頁23。

3　見《詩經・小雅・正月》（臺北市：藝文印書館影印嘉慶20年南昌府學十三經注疏本），頁400。《禮記・中庸》引此，作「亦孔之昭」。按：孔，甚。炤，顯明，音義同「昭」。

4　見徐復觀：《中國人性論史》（臺北市：臺灣商務印書館，1990年12月），頁124。

二　天地位焉

在《中庸》首章章末說：「致中和，天地位焉，萬物育焉？」欲論「天地位焉」之意，須先瞭解「中和」二字的概念。《中庸》的「中」字，依鄭玄《三禮目錄》說：「名曰《中庸》者，以其記中和之為用也」，似未就「中」字做明確地說明。朱熹則引程頤之說：「不偏之謂中」，並在《中庸章句》題下注云：「中者，不偏不倚，無過不及之名」。徐復觀先生亦謂「中是不偏於一邊的精神狀態而不是性。」[5]

由於程朱如此解說，導致學者於此，多無異辭。然細究程朱之說，若援之以論此心尚未發動時，一切無所偏倚的狀態，大體無誤，亦即是本章所說的：「喜怒哀樂之未發，謂之中」。不過，倘若是在起心動念之後，言行舉止之間，則容有語病存焉。設若謂不偏不倚即謂之「中」，那麼就人子對父母的孝道言，是否亦宜處乎孝與不孝之間？而父母疼愛子女是否亦宜處乎愛與不愛之間？程朱大儒於「中」字，自然不致做如此想，然不偏不倚之說，實易啟學者「執一」之病。[6]然而「中」字究應如何解說為宜？竊以為當如《廣韻》所說：「中，宜也。」即俗語所說的「恰到好處」。既是「恰到好處」，則君子必須隨時地調整權衡，所以《中庸》第二章談到：「君子而時中」，句中的「時」字特別緊要，蓋惟有隨時調整權衡，方能處其中道。另《中庸》第十四章所謂「素富貴行乎富貴，素貧賤行乎貧賤，素夷狄行乎夷狄，素患難行乎患難」，也無非說明此一道理，所以君

5　見徐復觀：《中國人性論史》，頁126。

6　「執一」者，固執於一處之意。《孟子・盡心》：「子莫執中，執中為近之，執中無權，猶執一也。」〔漢〕趙岐注、舊題〔宋〕孫奭疏：《孟子注疏》（臺北市：藝文印書館影印嘉慶20年南昌府學十三經注疏本），頁239。

子宜在其所處之位，行其所當為之事，如此方能合於中道。

　　所謂「和」即「和諧」、「和平」之謂。《廣雅・釋詁三》：「和，諧也。」[7]《山海經・海內經》：「鳳鳥見，則天下和。」[8]《注》：「和，言和平也。」《論語・子路》：「君子和而不同。」《皇疏》：「謂心不爭也。」蓋「中和」，非二事也，乃一體之兩面。朱熹亦謂：「察其一體一用之實，則此為彼體；彼為此用，如耳目之能視聽，視聽之由耳目，初非有二物也。」[9]蓋惟「中」而後能「和」，「中」乃「和」的前提，「和」乃「中」的實效，能將「中和」推而至極，故「天地位焉，萬物育焉」。「天地位焉，萬物育焉」二句涵義至深，朱熹說：「位者，安其所也；育者，遂其生也」，蓋天地（大自然）本為宇宙間最大的和諧，故「天地位焉」有天地各在其位、各安其所，各司其職之意。天地既定位，則「雲行雨施，品物流行」，萬物自然能順遂發育其間，此即《易經・乾卦・彖傳》所說的：「保合大和乃利貞」。[10]《中庸》本章舉「天地」、「萬物」，不過就其大者而言，其實此「天地」一詞，可觸類旁通而為陰陽、君臣、上下……諸名詞，例如「君臣各在其位，則萬民可順遂其生」。正如《周易・泰卦・彖傳》所說的「天地交而萬物通也；上下交而其志同也」。文中「天地」即陰陽的代稱，蓋天地不可能相

7　見〔魏〕張揖：《廣雅》（臺北市：臺灣商務印書館影印文淵閣《四庫全書》，1988年），卷3，頁4。

8　見〔晉〕郭樸：《山海經》（臺北市：臺灣商務印書館影印文淵閣《四庫全書》，1988年），卷18，頁4。

9　見〔宋〕朱熹：《四書或問》（上海市：上海古籍出版社，2001年12月），頁55。

10　意謂「能保有契合最大的和諧，則能使萬物各得其宜，彼此和諧，完成其正固永恆的生命」。所謂大和者，乃陰陽會合沖和之氣，亦即陰陽兩相遇合而達於最和諧的狀態。在〈乾卦〉中，即指天道言。

交，惟藉陰陽二氣以相交，待陰陽和洽，然後成雨，萬物於是生機通暢，蘊育其間。所以《中庸》所說的「天地位焉」一詞，吾人自不必拘執於字面意義，亦即「天地位焉」，既象徵天地由於能致中（適宜）和（和諧），故能使萬物發育其間。進而亦可觸類而長之，象徵一切事物，若能達於「適宜」、「和諧」，亦能使其順遂有功。否則，天地千萬年來各在其位，久矣；萬物生育其間，亦久矣。此道理為童稚所知，又何必在此多費筆墨。

附錄
「慎獨」本義新證[*]

廖名春

　　「慎獨」說在儒學思想史上影響深遠。但其解釋從鄭玄、孔穎
達、朱熹以至於王棟、郝懿行、王念孫，莫衷一是。近年來由於新資
料的出土，更引發了新的爭議。本文擬對「慎獨」說的本義做一探
討，以期對中國思想史的研究有所促進。

一　先秦秦漢文獻的「慎獨」說

　　「慎獨」說在先秦秦漢文獻裡出現的頻率較高，其中《禮記》裡
就有三篇有過論述。如《禮記‧禮器》記載：

> 孔子曰：「禮，不可不省也。禮不同，不豐，不殺。此之謂
> 也。蓋言稱也。禮之以多為貴者，以其外心者也；德發揚，
> 詡萬物，大理物博，如此，則得不以多為貴乎？故君子樂其
> 發也。禮之以少為貴者，以其內心者也。德產之致也精微，
> 觀天下之物無可以稱其德者，如此，則得不以少為貴乎？是
> 故君子慎其獨也。[1]

---

*　本文收錄於廖名春：《中國學術史新證》（成都市：四川大學出版社，2005
　　年），頁73-93。
1　孔穎達：《禮記正義》，《十三經註疏》影印本（北京市：中華書局，1980

《中庸》篇也載：

> 天命之謂性，率性之謂道，修道之謂教。道也者，不可須臾
> 離也，可離非道也。是故君子戒慎乎其所不睹，恐懼乎其所
> 不聞。莫見乎隱，莫顯乎微。故君子慎其獨也。[2]

《大學》篇的討論則更為詳細：

> 所謂誠其意者，毋自欺也。如惡惡臭，如好好色，此之謂自
> 謙，故君子必慎其獨也。小人閒居為不善，無所不至，見君
> 子而后厭然，揜其不善而著其善，人之視己，如見其肺肝
> 然，則何益矣。此謂誠於中，形於外，故君子必慎其獨也。
> 曾子曰：『十目所視，十手所指，其嚴乎。』富潤屋，德潤
> 身，心廣體胖，故君子必誠其意。[3]

同出於儒門的《荀子‧不苟》篇也載：

> 君子養心莫善於誠，致誠則無它事矣。唯仁之為守，唯義
> 之為行。誠心守仁則形，形則神，神則能化矣。誠心行義
> 則理，理則明，明則能變矣。變化代興，謂之天德。天不言
> 而人推其高焉，地不言而人推其厚焉，四時不言而百姓期
> 焉。夫此有常，以至其誠者也。君子至德，嘿然而喻，未施
> 而親，不怒而威：夫此順命，以慎其獨者也。善之為道者，
> 不誠則不獨，不獨則不形，不形則雖作於心，見於色，出於

年），卷23，頁205-206。

2 孔穎達：《禮記正義》，《十三經註疏》影印本（北京市：中華書局，1980
   年），卷52，頁397。

3 孔穎達：《禮記正義》，《十三經註疏》影印本（北京市：中華書局，1980
   年），卷60，頁445。

言，民猶若未從也；雖從必疑。[4]

此後，稱引、討論的就變多了。如《淮南子‧繆稱》：

> 動于近，成文于遠。 夫察所夜行，周公〔不〕慚乎景，故君子慎其獨也。[5]

《文子‧精誠》也說：

> 君子之憯怛，非正為也，自中出者也，亦察其所行，聖人不慙於景，君子慎其獨也，舍近期遠，塞矣。故聖人在上則民樂其治，在下則民慕其意，志不忘乎欲利人也。[6]

郭店楚簡《五行》篇也有「慎獨」說：

> 「淑人君子，其儀一也。」能為一，然後能為君子，慎其獨也。

> 「〔瞻望弗〕及，泣涕如雨。能差池其羽，然後能至哀，君子慎其〔獨也〕。」[7]

而馬王堆三號漢墓出土的帛書《五行》篇，則有更詳細的說解：

> 「鳲鳩在桑，其子七只。淑人君子，其宜一只。」能為一，然後能為君子，君子慎其獨〔也〕。

4 王先謙：《荀子集解》，《諸子集成》本（上海市：中華書局，1954年），卷2，頁28-30。

5 何寧：《淮南子集釋》（北京市：中華書局，1998年），卷10，頁722。

6 王利器：《文子疏義》（北京市：中華書局，2000年），卷2，頁97。

7 荊門市博物館：《郭店楚墓竹簡》（北京市：文物出版社，1998年），頁149-150。案：釋文有所修訂，為減少印刷麻煩，假借字、錯字直接寫作本字。下同。

「〔嬰〕嬰于飛，差池其羽。之子于歸，遠送于野。瞻望弗及，泣涕如雨」能差池其羽，然〔後能〕至哀，君子慎其獨也。

「『鳲鳩在桑，直之。』其子七也」，鳲鳩二子耳，曰七也，興言也。「〔淑人君子〕，其〔儀一兮〕。」〔淑人〕者□，〔儀〕者義也。言其所以行之義之一心也。能為一，然后能為君子。能為一者，言能以多〔為一〕。以多為一也者，言能以夫〔五〕為一也。君子慎其獨。慎其獨也者，言舍夫五而慎其心之謂〔也。□〕然后一。一也者，夫五夫為□心也，然后德之一也，乃德已。德猶天也，天乃德已。

「『之子于歸，遠送于野。瞻望弗及，〔泣〕涕如雨。』能差池其羽，然后能至哀」，言至也。「差池」者，言不在衰絰。不在衰絰也，然后能〔至〕哀。夫喪，正絰修領而哀殺矣，言至內者之不在外也，是之謂獨。獨也者，舍體也。[8]

傳世文獻和出土文獻的這些記載，應是我們把握「慎獨」之本義，評判各家說解優劣短長的依據。

二 前修時賢的解說

傳世文獻中直接闡發「慎獨」之義的始於東漢鄭玄。鄭玄於《禮記‧禮器篇》「如此則得不以少為貴乎？是故君子慎其獨也」下注：

---

8 國家文物局古文獻研究室：《老子卷後古佚書‧五行》，《馬王堆漢墓帛書》〔壹〕（北京市：文物出版社，1980年），頁17-19。案：釋文有所修訂。

少其牲物致誠愨。[9]

於《禮記・中庸》篇「故君子慎其獨也」下注：

> 慎獨者，慎其閑居之所為。小人於隱者，動作言語自以為不
> 見睹，不見聞，則必肆盡其情也。若有觀聽之者，是為顯
> 見，甚於眾人之中為之。[10]

鄭玄的這一解釋與劉向《說苑・敬慎》的看法實質是一致的：

> 存亡禍福，其要在身，聖人重誠，敬慎所忽。《中庸》曰：
> 「莫見乎隱，莫顯乎微；故君子能慎其獨也。」諺曰：「誠
> 無垢，思無辱。」夫不誠不私，而以存身全國者，亦難矣。
> 詩曰：「戰戰兢兢，如臨深淵，如履薄冰。」此之謂也。[11]

「敬慎所忽」即「慎其閑居之所為」故劉向引《中庸》「莫見乎
隱，莫顯乎微；故君子能慎其獨也」以證之。

稍後於鄭玄的徐幹也是同一看法，其《中論・法象》說：

> 人性之所簡也，存乎幽微；人情之所忽也，存乎孤獨。夫幽
> 微者，顯之原也。孤獨者，見之端也。胡可簡也，胡可忽
> 也。是故君子敬孤獨而慎幽微。雖在隱蔽，鬼神不得見其隙
> 也。[12]

「君子敬孤獨而慎幽微。雖在隱蔽，鬼神不得見其隙也」，也就

9　孔穎達：《禮記正義》，《十三經註疏》影印本，卷23，頁206。

10　孔穎達：《禮記正義》，《十三經註疏》影印本，卷52，頁397。

11　向宗魯：《說苑校證》（北京市：中華書局，1987年），卷10，頁240。

12　徐湘霖：《中論校注》（成都市：巴蜀書社，2000年），頁23。

是「言雖曰獨居，能謹慎守道也」。其理解顯然脫胎於劉向《說苑·敬慎》。

漢人對「慎獨」的上述訓釋到魏晉南北朝時已成為共識，北齊劉書《劉子》一書就有《慎獨》專章，云：

> 善者，行之總，不可斯須離。可離，非善也。人之須善，猶首之須冠，足之待履。首不加冠，是越類也；行不躡履，是夷民也。今處顯而循善，在隱而為非，是清旦冠履而昏夜倮跣也。

> 荃蓀孤植，不以巖隱而歇其芳，石泉潛流，不以澗幽而不清，人在暗密，豈以隱翳而回操？是以戒慎所不睹，恐懼所不聞，居室如見賓，入虛如有人。故蘧瑗不以昏行變節，顏回不以夜浴改容，句踐拘於石室，君臣之禮不替，冀缺耕於坰野，夫婦之敬不虧，斯皆慎乎隱微，枕善而居，不以視之不見而移其心，聽之不聞而變其情也。

> 謂天蓋高而聽甚卑，謂日蓋遠而照甚近，謂神蓋幽而察甚明。《詩》云：相在爾室，尚不愧于屋漏。無曰不顯，莫予云覯。暗昧之事，未有幽而不顯；昏惑之行，無有隱而不彰。脩操於明，行悖於幽，以人不知。若人不知，則鬼神知之；鬼神不知，則己知之。而云不知，是盜鐘掩耳之智也。

> 孔徒晨起為善孜孜，東平居室，以善為樂。故身恆居善，則內無憂慮，外無畏懼，獨立不慚影，獨寢不愧衾，上可以接神明，下可以固人倫，德被幽明，慶祥臻矣。[13]

13　傅亞庶：《劉子校釋》（北京市：中華書局，1998年），卷2，頁105-106。

其主張「慎乎隱微」，反對「在隱而為非」，認識全同於劉向、鄭玄。

唐孔穎達於《禮記‧禮器》篇「是故君子慎其獨也」《正義》雖云：

> 獨，少也。既外牽應少，故君子用少而極敬慎也。[14]

但於《禮記‧中庸》篇《正義》卻明確的說：

> 故君子慎其獨也者，以其隱微之處，恐其罪惡彰顯。故君子之人恒慎其獨居，言雖曰獨居，能謹慎守道也。[15]

堅持了「疏不破注」的原則。

朱熹的《大學章句》、《中庸章句》進一步發展了鄭玄、孔穎達的「慎獨」說，其《大學章句》云：

> 獨者，人所不知而己所獨知之地也。言欲自脩者知為善以去其惡，則當實用其力，而禁止其自欺。使其惡惡則如惡惡臭，好善則如好好色，皆務決去，而求必得之，以自快足於己，不可徒苟且以殉外而為人也。然其實與不實，蓋有他人所不及知而己獨知之者，故必謹之於此以審其幾焉。……此言小人陰為不善，而而陽欲揜之，則是非不知善之當為與惡之當去也；但不能實用其力以至此耳。然欲揜其惡而卒不可揜，欲詐為善而卒不可詐，則亦何益之有哉！此君子所以重

---

14 孔穎達：《禮記正義》，《十三經註疏》影印本（北京市：中華書局，1980年），卷23，頁206。

15 孔穎達：《禮記正義》，《十三經註疏》影印本（北京市：中華書局，1980年），卷52，頁397。

以為戒，而必謹其獨也。[16]

其《中庸章句》亦謂：

言幽暗之中，細微之事，跡雖未形而幾則已動，人雖不知而
己獨知之，則是天下之事無有著見明顯而過於此者。是以君
子既常戒懼，而於此尤加謹焉，所以遏人欲於將萌，而不使
其滋長於隱微之中，以至離道之遠也。[17]

鄭玄《注》、孔穎達《正義》、朱熹《集注》的解說，影響極
大。長期以來，幾被人們視為定論。不要說傳統的儒者，就連劉少奇
《論共產黨員修養》也說：

即使在他個人獨立工作、無人監督、有做各種壞事的可能的
時候，他能夠「慎獨」，不做任何壞事。[18]

但是，以謹慎獨處、道德自律釋「慎獨」，明人就有異議。王棟
認為：

誠意功夫在「慎獨」。「獨」即「意」之別名，「慎」即
「誠」之用力者耳。「意」是心之主宰。[19]

劉宗周也以心之主宰的「意」為《大學》、《中庸》「慎獨」之
「獨」，認為「獨之外別無本體，慎獨之外別無工夫」。[20]

---

16 朱熹：《四書章句集注》（北京市：中華書局，1983年），頁7。

17 朱熹：《四書章句集注》，頁17-18。

18 劉少奇：《論共產黨員的修養》，《劉少奇選集》（北京市：人民出版社，1981
    年），上卷，頁133。

19 黃宗羲：《明儒學案》（北京市：中華書局，1985年），卷32，頁734。

20 黃宗羲：《明儒學案》，卷62，頁1580。

由此，引發了清代乾嘉學者的進一步討論。《荀子・不苟》「夫此順命，以慎其獨者也」郝懿行《補註》：

> 「慎」者，誠也；誠者，實也。心不篤實，則所謂獨者不可見。……推尋上下文意，「慎」當訓誠。據《釋詁》云「慎，誠也。」非慎訓謹之謂。《中庸》「慎獨」與此義別。「慎」字古義訓誠，《詩》凡四見，毛、鄭俱依《爾雅》為釋。《大學》兩言「慎獨」，皆在《誠意》篇中，其意亦與《詩》同。惟《中庸》以「戒慎」「慎獨」為言，此別義，乃今義也。[21]

這是說《荀子・不苟》篇的「慎獨」當訓為「誠」，而《大學》、《中庸》之「慎獨」意義不同，乃別為一義，仍維護鄭玄、孔穎達、朱熹的「謹慎獨處」說。王念孫《讀書雜誌》則認為：

> 《中庸》之「慎獨」，「慎」字亦當訓為誠，非上文「戒慎」之謂。（「莫見乎隱，莫顯乎微」，即《大學》「十目所視，十手所指」，則「慎獨」不當有二義。陳碩甫云：「《中庸》言慎獨，即是誠身。」）故《禮器》說禮之以少為貴者曰：「是故君子慎其獨也。」鄭註云：「少其牲物，致誠慤。」是「慎其獨」即誠其獨也。「慎獨」之為「誠獨」，鄭於《禮器》已釋訖，故《中庸》、《大學》注皆不復釋。孔沖遠未達此旨，故訓為謹慎耳。凡經典中「慎」字，與「謹」同義者多，與「誠」同義者少。訓謹訓誠，原無古今之異，（「慎」之為謹，不煩訓釋。故傳、注無文。非「誠」為古義而「謹」為今義也。）唯「慎獨」之「慎」

21　王先謙：《荀子集解》，《諸子集成》本，頁28、29。

則當訓為誠，故曰：「君子必慎其獨」，又曰「君子必誠其
意」。《禮器》、《中庸》、《大學》、《荀子》之「慎
獨」，其義一而已矣。[22]

凌廷堪也說：

《禮器》曰：「禮之以少為貴者，以其內心者也。德產之致
也精微，觀天下之物無可稱其德者，如此則得不以少為貴
乎？是故君子慎其獨也。」此即《學》、《庸》「慎獨」之
正義也。「慎獨」指禮而言。禮之以少為貴，《記》文已明
言之。然則《學》、《庸》之「慎獨」，皆禮之內心精微可
知也。後儒置《禮器》不觀，而高言「慎獨」，則與禪家之
獨坐觀空何異？由此觀之，不惟明儒之提倡「慎獨」為認賊
作子，即宋儒之詮解「慎獨」亦屬郢書燕說也。……今考古
人所謂「慎獨」者，蓋言禮之內心精微，皆若有威儀臨乎其
側，雖不見禮，如或見之，非人所不知、己所獨知也。仲弓
問仁，子曰：「出門如見大賓，使民如承大祭。」言正心必
先誠意也，即「慎獨」之謂也。故曰：「君子之所不可及
者，其唯人之所不見乎？《詩》曰『相在爾室，尚不愧于屋
漏。』」然則正心必先誠意，所謂「不顯亦臨，無射亦保」
是也，豈獨坐觀空之說乎？[23]

郝懿行和王念孫說治哲學者、治儒學者長期不予理會；[24]而凌廷堪說

22　王先謙：《荀子集解》，《諸子集成》本，頁28、29。

23　凌廷堪：《慎獨格物說》，《校禮堂文集》（北京市：中華書局，1998年），頁
　　144、145。

24　在清華大學簡帛講讀班第九次研討會（2000年6月25日）討論梁濤關於「慎獨」的
　　報告時，筆者曾列舉郝、王兩說以補充梁說。

則被錢穆目為「不辭」。[25]但是，隨着七十年代馬王堆帛書《五行》篇和九十年代郭店楚簡《五行》篇的出土，學人們開始重新討論「慎獨」之本義，而其意見之紛爭，則大體不脫郝、王、淩說之窠臼。

就筆者目前掌握的材料，首先討論馬王堆帛書《五行》篇「慎獨」問題的是日本學者島森哲男的《慎獨的思想》一文。[26]中國學者龐樸為馬王堆帛書《五行》篇做注，多次談到了「慎獨」。在一九七九年的注中，他說：

> 《禮記・禮器》：「禮之以少為貴者，以其內心者也。德產之致也精微，觀天下之物無可稱其德者，如此則得不以少為貴乎？是故君子慎其獨也。」本書談慎獨，亦指內心專一。[27]

在一九八〇年的注中，他在上段話前加上了「儒書屢言慎獨，所指不盡同」一句。[28]在一九八八年的再版本中，他又加上了「《荀子・不苟》篇釋慎獨曰：『善之為道者，不誠則不獨，不獨則不形，不形則雖作於心、見於色、出於言，民猶若未從也；雖從必疑』」一段。[29]這是說帛書《五行》篇的「慎獨」說與《禮記・禮器》篇、《荀子・不苟》篇說同，而與《禮記・中庸》、《大學》篇迥異。

魏啟鵬也有同樣的看法，只不過將「慎獨」之「慎」讀為了「順」：

---

25 錢穆：《中國近三百年學術史》（北京市：中華書局，1986年），頁499。
26 島森哲男：《慎獨の思想》，《文化》第42卷第3・4號（1979年3月），頁145-158。
27 龐樸：《帛書五行篇校注》，《中華文史論叢》1979年第4輯，頁52。
28 龐樸：《帛書五行篇校注》，《帛書五行篇研究》（濟南市：齊魯書社，1980年），頁33。
29 龐樸：《帛書五行篇校注》，《帛書五行篇研究》，頁54。

《禮記‧中庸》：「莫見乎隱，莫顯乎微，故君子慎其獨
也。」鄭《注》：「慎獨者，慎其閒居之所為。」《大學》
所謂「慎獨」亦此義。然佚書所謂「慎獨」不同，……
「獨」乃指心與耳、目、鼻、口、手、足數體間，惟心之性
好「悅仁義」，故「心貴」，心為人體之「君」也。（參看
後文316行至326行。）慎讀為順。《荀子‧仲尼》：「能耐
任之則慎行此道也。」《注》：「慎讀為順。」「慎獨」即
「順獨」。順，從也，為臣之道，《荀子‧臣道》、《說
苑‧臣術》皆曰「從命而利君謂之順」。故「慎獨」者，
謂「耳目鼻口手足六者，心之役也」（316行），當尊心之
「貴」，從心「君」之命，而同「好仁義也」。傳世經籍
中惟《禮記‧禮器》所云「禮之以少為貴者，以其內心者
也。……是故君子慎其獨也」與佚書之義較接近。[30]

郭店楚簡《五行》篇出，學者仍持「不同」說。如丁四新就說：

「慎獨」，與《禮記‧中庸》、《大學》所謂「慎獨」義不
同，《中庸》、《大學》所謂「慎獨」依鄭《注》指「慎其
閒居之所為」；簡帛書所謂「慎獨」謂慎心，「獨」指心
君，與耳、目、鼻、口、四肢相對，心君是身體諸器官的絕
對主宰者，具有至尊無上的獨貴地位，這在先秦文獻中如
《管子》四篇、《荀子‧解蔽》等，皆有明證。《禮記‧禮
器》云：「禮之以少為貴者，以其內心也。……是故君子慎
其獨也。」與簡帛《五行》所謂「慎獨」義近。[31]

---

30 魏啟鵬：《德行校釋》（成都市：巴蜀書社，1991年），頁11。
31 丁四新：《郭店楚墓竹簡思想研究》（北京市：人民出版社，2000年），頁141-
142。

上述「不同」說，實質與郝懿行的看法接近。

梁濤對這種簡帛《五行》「慎獨」與《禮記‧中庸》、《大學》義不同說提出了挑戰，他說：

> 《大學》、《中庸》以及《五行》的慎獨均是指內心的專一，指內在的精神狀態。……鄭玄、朱熹的錯誤在於，他們把「誠其意」的內在精神的理解為「慎其閒居所為」的外在行為，把精神專一理解為獨居、獨處，因而造成整個意思發生改變。[32]

劉信芳也認為：

> 《大學》之慎獨與《五行》之慎獨並無二致。……《中庸》之「慎獨」與《五行》之「慎獨」可謂一脈相承，談的都是群體意識中的自我意識問題。……今天我們既已讀《五行》之慎獨，則在慎獨的理解上應該走出鄭《注》的陰影。[33]

這些基於馬王堆帛書《五行》篇和郭店楚簡《五行》篇的新說，印證了王念孫說，都可看作是王念孫說的發展。

三 「慎獨」之本義

上引傳世文獻和簡帛《五行》篇的「慎獨」說，其意義是基本一致的，還是根本不同，取決於對「慎獨」本義的探討。

筆者認為，從「慎獨」的本義看，王念孫「《禮器》、《中

---

32 梁濤：《郭店楚簡與「君子慎獨」》，簡帛研究網站，2000年6月4日。
33 劉信芳：《簡帛五行解詁》（臺北市：藝文印書館，2000年12月），頁325-326。

庸》、《大學》、《荀子》之『慎獨』，其義一而已」說是正確的，
梁濤、劉信芳簡帛《五行》「慎獨」與《中庸》、《大學》「慎獨」
並無二致說是可信的，明人王陽明一系，特別是王棟、劉宗周以
「獨」為「心」，以「獨」為「良知本體」可謂鑿破混沌，只是關於
「慎獨」之「慎」的訓釋，從古至今諸家不是誤釋，就是知其然而不
知其所以然，以致難以徹底解決問題。

　　前賢時人將釋「慎獨」之「慎」或訓為「謹」，或訓為「誠」，
或讀為「順」，皆不足取。筆者認為「慎」字之本義應是「心裡珍
重」。其字應是形聲兼會意，「心」為義符，而「真」既為聲符，也
為義符。嚴格地說，「慎」應是「真」的後起分別字。因此，要瞭解
「慎」字本義，首先就要瞭解「真」字的本義。

　　許慎《說文解字・匕部》：

　　　真，僊人變形而登天也。從匕，從目，從乚。八，所承載
　　也。

其說實不可信。唐蘭指出：

　　　真字本作𩓾，當是從貝匕聲，匕非變匕之匕，實殄字古文之
　　𠃜也。真在真部，殄在諄部，真諄音相近。變化之匕，古殆
　　無此字。倒人為𠂆，與倒大為𠀉同。𠂆與𠃌左右相反，實一
　　字也。[34]

朱芳圃進一步證明：

　　　真即珍之初文。《說文・玉部》：「珍，寶也。從玉，㐱

34　唐蘭：《釋真》，《考古社刊》5期，1936年；又《唐蘭先生金文論集》（北京
　　市：紫禁城出版社，1995年），頁32。

聲。」考从真从今得聲之字，例相通用，《詩・大雅・雲
漢》：「胡寧瘼我以旱」，《釋文》：「瘼，韓詩作疹」；
《周禮・春官・典瑞》：「珍圭」鄭註：「杜子春云，『珍
當為鎮，書亦或為鎮』」；《說文・彡部》：「今，稠髮
也。從彡，人聲。《詩》曰：『今髮如雲』。鬒，今或從
髟，真聲」，是其證也。又貝與玉同為寶物，故字之从玉作
者一从貝作，如《說文・玉部》玩或體作貦。是真从貝，今
聲，與珍从玉聲，音義悉同。由於真為借義所專，故別造珍
字代之，真之初形本義，因之晦矣。[35]

知道「真」是「珍」之初文，再來看其後起分別字「慎」，就知
道「慎」之本義不應是「謹」，而應取「心」、「真」，也就是
「心」、「珍」之會意。「珍」之本義為「寶」，為珍重，「慎」字
增義符「心」，本義就是「心裡珍重」。許慎為第一號文字學家，其
名慎，字叔重。「叔」為排行，名「慎」而字「重」，名、字相應，
也是以「慎」為「重」。[36]

　　「慎」本義是「心裡珍重」，可從出土簡帛中得到充分證明。

　　郭店楚簡《五行》篇和馬王堆帛書《五行》篇都借說解《詩・曹
風・鳲鳩》和《邶風・燕燕》之句闡發過「慎獨」的內涵，其中以馬
王堆帛書《五行》篇最為詳盡。其說解《曹風・鳲鳩》詩句的邏輯結
構是：能「慎即獨」，方能「為一」；能「為一」方能為「君子」。
所以，「君子慎其獨也」。具體來說，「慎其獨也者，言捨夫五而慎

35　朱芳圃：《真》，《殷周文字釋叢》（北京市：中華書局，1962年），卷下，頁
　　190。

36　此為清華大學思想文化研究所2001級研究生刁小龍上我課時所提出。張豐乾《叩
　　其兩端與重其個性──「君子慎其獨」的再考察》（簡帛研究網站，2001年6月3
　　日）也以「慎」為「重」，但論證不同，可參。

其心之謂也」此「五」，龐樸謂「指彼五行」。[37]梁濤以為指「『仁
義禮智聖』，按照《五行》的交代，它乃是『形於內』的五種『德之
行』」。[38]劉信芳以為鳲鳩之「五子」[39]池田知久以為是「身體的、
物質的性質」。[40] 郭齊勇以為是「五官四體」。[41]案：此「五」當指
「不形於內」的仁義禮智聖「五行」，它們「不形於內」，外在於
心，與仁義禮智聖的「德之行」相對，實為外在性、表面形的仁義禮
智聖。「舍夫五而慎其心」，就是要捨棄這種外在性、表面形的仁義
禮智聖「五行」，珍重出乎內心的仁義禮智聖「德之行」。這就是
「慎其獨」，珍重心。只有這樣，仁義禮智聖各自的「德之行」，才
能「為一」，達到「和」的最高境界。應該指出：此處帛書「慎其獨
也者，言舍夫五而慎其心之謂[也。□]然後一」原缺兩字，前一字補
為「也」，不可移易。後一字，淺野裕一補為「君子」，而龐樸補為
「獨」。[42]魏啟鵬、[43]郭齊勇、[44]梁濤、[45]劉信芳[46]等均從龐補。其實此
字當補為「慎」。此是說「慎然後一」，珍重心，才能使仁義禮智聖
各自的「德之行」「和」而「為一」。這些「慎」字，訓為「謹」，
是說不通的；訓為「誠」，也非常彆扭；讀為「順」，更不可從。只

37　龐樸：《帛書五行篇校注》，《帛書五行篇研究》，頁53。

38　梁濤：《郭店楚簡與「君子慎獨」》。

39　劉信芳：《簡帛五行解詁》，頁49。

40　池田知久：《馬王堆漢墓帛書五行篇所見的身心問題》，湖南省博物館編：《馬
　　王堆漢墓研究文集》（長沙市：湖南出版社，1994年），頁58。

41　郭齊勇：《郭店楚簡身心觀發微》，《郭店楚簡國際學術研討會論文集》（武漢
　　市：湖北人民出版社，2000年），頁206。

42　龐樸：《帛書五行篇校注》，《帛書五行篇研究》，頁52、53。

43　魏啟鵬：《德行校釋》，頁30。

44　郭齊勇：《郭店楚簡身心觀發微》，《郭店楚簡國際學術研討會論文集》，頁
　　206。

45　梁濤：《郭店楚簡與「君子慎獨」》。

46　劉信芳：《簡帛五行解詁》，頁48。

有訓為「珍重」，才能文從字順。

　　郭店楚簡《五行》篇和馬王堆帛書《五行》篇的經文都解《詩‧邶風‧燕燕》首章之義為「能參差其羽，然後能至哀，君子慎其獨也」。馬王堆帛書《五行》篇的說文認為此說的是守喪不在於孝服。守喪只有不在於孝服，然後才能極盡哀思。守喪專注於喪服而哀思就會減少，說的就是極重內心者之不重外表。因此，「是之胃蜀＝者舍體也」。[47]帛書整理小組的釋文此為「是之胃（謂）蜀（獨），蜀（獨）也者舍膿（體）也」。[48]龐樸、[49]魏啟鵬[50]諸家同。案：從上文的解釋對象看，此「獨」乃「慎其獨」之意，或者說是「慎獨」之省文。此是說「至內者之不在外也，是之謂慎獨，慎獨也者，舍體也」。就是說極重內心者之不重外表，所以稱之為「慎獨」，「慎獨」就是不重外表，只重內心。由此可知，這裡的「慎其獨」，其「慎」字也只能訓為「珍重」，而不能訓為「謹」、「誠」，或讀為「順」。

　　傳世文獻的「慎獨」之「慎」，也只能訓為「珍重」。《禮記‧禮器》稱「禮之以多為貴者，以其外心者也」，「禮之以少為貴者，以其內心者也」，「是故君子慎其獨也」。君子於禮只重「以其內心者也」而不重「以其外心者也」。所以，「慎其獨」就是珍重出於內心者也。

　　《淮南子‧謬稱》說「周公[不]慚乎景，故君子慎其獨也」，

---

47 國家文物局古文獻研究室：《老子甲本及卷後古佚書圖版》227行，《馬王堆漢墓帛書》〔壹〕。

48 國家文物局古文獻研究室：《老子卷後古佚書‧五行》，《馬王堆漢墓帛書》〔壹〕，頁19。

49 龐樸：《帛書五行篇校注》，《帛書五行篇研究》（濟南市：齊魯書社，1980年），頁52。

50 魏啟鵬：《德行校釋》（成都市：巴蜀書社，1991年），頁30。

《文子・精誠》說「聖人不慚於影，君子慎其獨也」。古人信鬼，夜
行看見自己的影子，容易以為鬼影而受驚。但聖人周公「不慚」，內
心無愧，所以不受驚。俗語「平生不做虧心事，夜半敲門心不驚」，
與此意同。周公夜行而「不慚於影」，是其平日「慎獨」，珍重內心
這一大體而不重耳目鼻口身這些小體所致。因此，這裡「慎其獨」之
「慎」字，也只能訓為「珍重」。

《荀子・不苟》認為「夫此有」「天不言而人推其高焉，地不言
而人推其厚焉，四時不言而百姓期焉」之「常」，是「以至其誠者
也」，是其誠達到極致而造成的；而「君子至德」以致「嘿然而喻，
未施而親，不怒而威」，百姓如此「順」其「命」，則是「以慎其
獨者也」，是因為「慎其獨」所致。此「慎其獨」與「至其誠」相對
為文，且下文稱「不誠則不獨」，顯然「誠」與「獨」對，「至」
與「慎」對，「慎」是不能訓為「誠」的。此「慎」只能訓為「珍
重」。此是說百姓「順命」，是君子貴心、珍重內心修養所致。

《禮記・中庸》說「道也者，不可須臾離也，可離非道也」，非
常重要。因此，「君子」惟恐有「所不睹」，惟恐有「所不聞」。
「道」「莫見乎隱，莫顯乎微」，無所不在，無所不能。因此，君子
要把握「道」，只有「慎其獨也」，「至其誠者也」，重在心誠。由
此可知，此「慎」亦可以本義釋之，不必訓為「誠」。

《禮記・大學》「所謂誠其意者，毋自欺也。如惡惡臭，如好好
色。此之謂自謙，故君子必慎其獨也」，是說要「誠意」，不要「自
欺」，所以君子必須要「慎其獨也」，也就是說必須要珍重自己的良
心。「小人閒居為不善，無所不至，見君子而後厭然，揜其不善而著
其善。人之視己，如見其肺肝然，則何益矣」，是說小人表裡不一，
純屬自欺欺人，因為「誠於中」者必「形於外」，「外」最終掩飾不
了「中」，「中」是最根本的，是決定「外」的，所以「君子必慎其

獨也」，必須要珍重「中」，珍重「獨」。下文所謂「富潤屋，德
潤身，心廣體胖」，也是強調「中」對於「外」的決定作用。「曾子
曰：十目所視，十手所指，其嚴乎」，也是「人之視己，如見其肺肝
然，則何益矣」之意，印證「誠於中」者必「形於外」，以支持珍重
「中」、珍重「心」之說。

　　由此可知，不但鄭玄以來解「慎獨」為「謹慎獨處」說是錯
誤的，王念孫以及今人據簡帛《五行》篇解「慎獨」之「慎」為
「誠」，也不可信。傳世文獻也好，出土簡帛也好，「慎獨」之
「慎」只能以本義「珍重」為解。

四　餘論

　　「慎獨」說本義的揭破，關鍵的是四步：一是以王棟、劉宗周為
代表明代心學派，他們以心之主宰「意」解「獨」，破除了鄭玄「閒
居」之誤，以「誠意」釋「慎獨」，將漢、宋學者的修養功夫論上升
為心學本體論。二是王念孫、凌廷堪《禮器》與《大學》、《中庸》
之「慎獨」不當有二義說，他們開啟了破解《大學》、《中庸》「慎
獨」之謎的大門。三是梁濤的簡、帛《五行》與《大學》、《中庸》
之「慎獨」義同說，以兩重證據法逼近了「慎獨」的本義。四就是筆
者的工作，釋出了「慎獨」之「慎」的本義，在王棟、劉宗周、王念
孫、凌廷堪、梁濤研究的基礎上，最終解決了「慎獨」的本義問題。

　　從思想史的角度看，王棟、劉宗周為代表明代心學派的「慎獨」
說超越了漢儒鄭玄、宋儒朱熹，發展了儒家傳統的心性理論，是「慎
獨」學說的重大突破。因此，忽視明代心學派的建樹，只目之以「空
疏」，有欠客觀。

　　而近年來關於「慎獨」問題的討論，也有一些教訓值得吸取：一

是固守成說，不敢承認出土材料和傳世文獻本文所揭示的客觀事實，
以鄭玄、朱熹之是非為是非。二是提出新說忽視前賢的建樹，對明清
學者的成績，沒有得到應有的重視。往輕一點說，這是一個學術史訓
練的問題。往重一點講，則是一個學術規範的問題。必須引起注意。

參考文獻

孔穎達　《禮記正義》　《十三經注疏》影印本　北京市　中華書局
　　　　1980年

朱　熹　《四書章句集注》　北京市　中華書局　1983年

黃宗羲　《明儒學案》　北京市　中華書局　1985年

凌廷堪　《慎獨格物說》　《校禮堂文集》　北京市　中華書局
　　　　1998年

荊門市博物館　《郭店楚墓竹簡》　北京市　文物出版社　1998年

國家文物局古文獻研究室　《老子卷後古佚書‧五行》　《馬王堆漢
　　　　墓帛書〔壹〕》　北京市　文物出版社　1980年

龐　樸　《帛書五行篇校注》　《帛書五行篇研究》　濟南市　齊魯
　　　　書社　1980年

魏啟鵬　《德行校釋》　成都市　巴蜀書社　1991年

梁　濤　《郭店楚簡與「君子慎獨」》　簡帛研究網站　2000年6月
　　　　4日

劉信芳　《簡帛五行解詁》　臺北市　藝文印書館　2000年

唐　蘭　《釋真》　《考古社刊》　1936年5期

朱芳圃　《真》　《陰周文字釋叢》　卷下　北京市　中華書局
　　　　1962年

參
「中庸其至矣乎」章釋疑

　　《中庸》第三章云：「子曰：『中庸其至矣乎！民鮮能久矣。』」關於「民鮮能久矣」一句，主要有二說。其一為「民鮮能久於中庸之德」，此說鄭玄主之。如鄭注云：「鮮，罕也。言中庸為道至美，顧人罕能久行。」其一為「民鮮能行中庸之德，久矣」，此說朱熹主之。如《中庸章句》云：「但世教衰，民不興行，故鮮能之，今已久矣。」二說孰是孰非，歷來眾說紛紜。朱熹《中庸或問》對此另有辨析如下：

　　或問「民鮮能久」，或以為民鮮能久於中庸之德，而以下文「不能期月守」者證之，何如？曰：不然。此章方承上章「小人反中庸」之意而泛論之，未遽及夫不能久也。下章自能擇中庸者言之，乃可責其不能久耳。兩章各是發明一義，不當遽以彼而證此也。且《論語》無「能」字，而所謂「矣」者，又已然之辭，故程子釋之，以為民鮮有此中庸之德，則其與「不能期月守」者不同，文意益明白矣。曰：此書非一時之言也，章之先後，又安得有次序乎？曰：言之固無序矣，子思取之而著於此，則其次第行列，決有意謂，不應雜置而錯陳之也。故凡此書之例，皆文斷而意屬，讀者先因其文之所斷，以求本章之說，徐次其意之所屬，以考相承之序，則有以各盡其一章之意，而不失夫全篇之旨矣。然程

　　　子亦有久行之說，則疑出於門人之所記，蓋不能無差謬。[1]

從上文中，朱子明顯反對「久於中庸之德」的說法，其論證主要可歸
納為五點：

（一）本章是繼承上章「小人反中庸」之意而泛論，並未立即論及
　　　「不能久」的問題。

（二）《論語‧雍也》於本章並無「能」字。[2]

（三）所謂「矣」者，乃已然之辭。

（四）認為程子「久行」之說，蓋門人所記差謬。

（五）子思於編撰次第行列，蓋有意為之。

　　觀朱熹之說，似言之成理，然細究之，仍有幾個疑點，有待澄
清，試條列說明如下：

一　從以經解經言

　　雖然朱子不能認同下文「擇乎中庸而不能期月守也」一文，可以
援之以論證本章「久於中庸之德」之說，並謂「兩章各是發明一義，
不當遽以彼而證此」。其實深究鄭玄與朱熹二說，在文句的訓解上雖
有不同，然其歸趣則一，亦即無論是「鮮能久於用中」（鄭注），或
「鮮能行中庸久矣」（朱注），其鮮能行中庸，一也。祇是朱熹之說
較鄭注多了「時間」的修飾。二說既殊塗而同歸，學者自不必呶呶爭
論不休。若從以經解經言之，鄭注亦未違背《中庸》一書旨義，試觀

1　見〔宋〕朱熹：《四書或問》（上海市：上海古籍出版社，2001年12月），卷3，
　　頁61。

2　按《論語‧雍也篇》原文為：「子曰：『中庸之為德也，其至矣乎，民鮮久
　　矣！』」文中較《中庸》第三章，除少「能」字外，另多「之為德也」四字。

下文「人皆曰予知，擇乎中庸而不能期月守也」（第七章）、「回之為人也，擇乎中庸，得一善，而拳拳服膺而弗失之矣」（第八章）、「君子遵道而行，半塗而廢，吾弗能已矣」（第十一章），觀乎聖賢所以為聖賢，即在道德實踐的過程中，能「期月守也」，能「拳拳服膺」，能不「半塗而廢」耳！故顏回能「三月不違仁」，孔子能「從心所欲不踰矩」，而古往今來君子所以能「造次必於是、顛沛必於是」，亦不外乎此。君子與小人、聖賢與愚夫婦的區別，不在於是否「能知」、「能行」中庸，更重要的是能不能「堅持」，即能「久於用中」。是故上文所謂「君子而時中」，事實上亦點明君子乃隨時而處其中道，此「隨時」之意，除包含「當其可之謂時」的概念外，亦含有造次、顛沛必於是的概念，迴然有別於小人「有時」用中，「夜氣」偶存，乃至於亦能「日月至焉」的短暫不定狀態。

二　從編撰次第言

　　朱熹認為《中庸》一書，雖非一時之言，所言固無一定之序，然而子思在編著《中庸》時，[3]必有其次第行列，不應雜置錯陳。因此，讀者宜先斷本章之文，以推求其意；再就其意，來考訂相承的次序，如此則能曉暢一章之意，復不失全篇的宗旨。朱熹此說，實深有見地。但《中庸》既非一時之言，在編著時，雖大體亦有其次第行列，但亦非章章相承。例如：「行遠」章（第十五章）與「鬼神之為德」章（第十六章），或「達孝」章（第十九章）與「哀公問政」章（第

3　關於《中庸》一書作者，自北宋以來，頗多爭議。本書遵從《史記‧孔子世家》：「伋，字子思，年六十二，嘗困於宋。子思作《中庸》」的說法。以其去古未遠，並首揭《中庸》為子思所作。相關問題，亦可參見本書〈《中庸》作者及其成書問題〉一文。

二十章），其相承關係並不明顯，歷代學者於《中庸》的分章，甚至作者的認定上更有許多的歧見，[4]若必執著各章相承次序，恐不免流於牽強附會之弊。即如本章「民鮮能久矣」，朱熹謂此章乃承上章「小人之反中庸」而泛論，未能「遽及夫不能久」，然若承「君子而時中」而論，事實已有「久中」之意。[5]況第二章「小人之反中庸」句中的「小人」，是否等同第三章「民鮮能久矣」中的「民」，恐仍有爭議。竊謂讀《中庸》，不僅宜從本章來看，從相承之上下諸章來看，更要從本書整體來看，方不致於偏頗。

三 從文法修辭言

朱熹謂「民鮮能久矣」句中的「矣」字，乃「已然之辭」。事實上，無論做「鮮能久於中庸之德」，或做「鮮能行中庸久矣」，在此皆有「已然」之意，同有對已然之事實的感喟。故單從「矣」字，尚無以檢驗上述二說，何者為是？

若依朱熹之說，則本章當作「民鮮能，久矣！」如此「民鮮能」之下，顯然缺少一個賓語（止詞）。若《論語‧雍也篇》亦依朱熹之

4　歷代學者對《中庸》章節區分頗有差異。如孔穎達《禮記正義》分為33段、衛湜《禮記集說》分為40章、程頤〈中庸解〉分為37節、晁說之〈中庸傳〉分為82節、吳澄《禮記纂言》分為34章等等。又近人徐復觀在朱熹《中庸章句》所分33章的架構下，將《中庸》劃分為三部分：（1）第一至第二十章前段（至「道前定則不窮」止）為上篇，乃子思所作；（2）第二十章後段（「在下位不獲乎上」以下）至三十三章為下篇，乃子思門人所作；（3）第十六、十七、十八、十九、廿八章為雜篇，乃禮家所雜入。（見徐復觀：《中國人性論史》，頁103-109。）

5　君子能「隨時」而處其中道，而非「一時」而處其中道，本句話雖強調君子宜隨著時空環境調整其行中道的作法（權），但並未說明君子可以離開道（經），更非如小人違反中道，因此文中「隨時而處」，其實已蘊含持久行中之意，因為「道也者，不可須臾離也」（《中庸》第一章語）。

說，則宜斷為「民鮮，久矣」，無論作「民鮮能」或「民鮮」，語意均欠完足，似不若鄭注從整句連讀為妥。

四　從程子解說言

朱熹作《中庸章句》多所參考程頤之說，惟程頤於《中庸》此章疏釋云：「人莫不中庸，善能久而已，[6]久則為賢人，不息則為聖人。」足見程氏於此作「久於中庸之德」解。惟朱熹不從程頤〈中庸解〉之說，謂此書「疑出於門人所記，蓋不能無差謬」，而改用程頤〈論語解〉中所說：「中庸，天下之正理。德合中庸，可謂至矣。自世教衰，民不興於行，鮮有中庸之德也」，[7]而約略其言，謂「但世教衰，民不興行，故鮮能之，今已久矣。」探究程頤於《論語》與《中庸》二書訓解不一之因，或以《中庸》本章多一「能」字，程頤順其文意，故謂「能久而已」。惟《論語・雍也篇》於本章雖無「能」字，而逕作「民鮮久矣」，吾人亦不能驟然排除「久於行中」的說法，反倒是子思於此處，加一「能」字，更具體點出「民鮮久矣」一句，所重乃在「久」字。蓋中庸之道，非知之難，惟行之為難；亦非行之為難，惟能持久為難，此《中庸》下文感嘆眾人「不能期月守」、而贊美顏回能「拳拳服膺而弗失」之故也。

五　從境界層次言

鄭注以「顧人罕能久行」詮釋本章，並未否定凡夫俗子亦能行中

6　徐本「善」作「鮮」，其義較長。

7　見〈論語解〉，《河南程氏經說》卷6，收錄於〔宋〕程顥、程頤著，王孝魚點校：《二程集》（北京市：中華書局，2004年），頁1143。

庸之道，惟與聖賢不同者，惟在能否「持久」耳。此與下文所謂「夫
婦之愚，可以與知」、「夫婦之不肖，可以能行」（第十二章），實
相契合。亦與下文「半塗而廢」（第十一章）、「拳拳服膺而弗失」
（第八章）諸說前後一致，而其中亦寓有勉勵之意。反觀朱注以「世
教衰，民不興行，故鮮能之，今已久矣」釋之，既然「鮮能」，而又
「久矣」，豈不令人氣餒沮喪，澆滅行中庸之道的熱情，如此又焉能
教化人心，勉人進取？實不若鄭注於境界層次上較長。

　　綜合上述五點，足見本章在訓解上，鄭注亦有其道理存焉。朱熹
於《中庸或問》之說，雖似成理，仍不免有其瑕疵。惟本文無意爭辯
鄭、朱二說是非短長，蓋如前文所言，二說本殊塗同歸，其精神上並
無二致，吾人於章句的訓解，苟能合二說以參看之，方不致失於一
隅，或陷於黨同伐異之爭。

肆

「道之不行」章釋疑

　　《中庸》第四章云：「子曰：『道之不行也，我知之矣。知者過之，愚者不及也。道之不明也，我知之矣。賢者過之，不肖者不及也，人莫不飲食也，鮮能知味也。』」關於本章待考釋者有二，茲分別論述如下：

一　道之不行不明

　　阮元十三經注疏本《禮記》與通行本《四書》，對於《中庸》此章皆作「道之不行」與「智」、「愚」二者相連；「道之不明」與「賢」、「不肖」二者相連。鄭玄、孔穎達對此均未持異議，惟北宋學者往往將「不行」與「不明」互易，如司馬光〈與王介甫書〉引孔子曰：「道之不明也，我知之矣，知者過之，愚者不及也。道之不行也，我知之矣，賢者過之，不肖者不及也」；[1]而王安石〈書李文公集後〉與蘇軾〈中庸論〉引用此文，亦將「道之不行」與「賢者過之，不肖者不及也」連用。[2]朱熹於《中庸章句》雖沿鄭、孔之舊，並未改動本章文句，不過卻在《中庸或問》中對此互言的現象，有所論述如下：

1　見〔宋〕司馬光：《傳家集》（臺北市：臺灣商務印書館影印文淵閣《四庫全書》，1988年），卷60，頁8。

2　見〔宋〕王安石：《臨川先生文集》（臺北市：華正書局，1975年4月），頁758。〔宋〕蘇軾：《蘇東坡全集》（北京市：中國書店，1986年6月），頁762。

或問：此其言道之不行不明，何也？曰：此亦承上章民鮮能
久矣之意也。曰：智愚之過不及，宜若道之所以不明也；賢
不肖之過不及，宜若道之所以不行也。今其互言之，何也？
曰：測度深微，揣摩事變，能知君子之所不必知者，知者之
過乎中也。昏昧塞淺，不能知君子之所當知者，愚者之不及
乎中也。知之過者，既惟知是務，而以道為不足行，愚者又
不知所以行也，此道之所以不行也。刻意尚行，驚世駭俗，
能行君子之所不必行者，賢者之過乎中也。卑汙苟賤，不能
行君子之所當行者，不肖者之不及乎中也。賢之過者，既唯
行是務，而以道為不足知，不肖者又不求所以知也，此道之
所以不明也。[3]

朱熹《或問》的觀點與其《章句》相同，惟更深入說明智愚賢不肖在
「知」與「行」的過或不及。如此，則與本章文末以「人莫不飲食
也，鮮能知味也」的譬喻來收束，並強調道的「不可須臾離」，與道
的「平常日用」之要點，似乎不甚關連。故元・陳天祥謂朱熹「註
文為見前一節行與智愚相配為言，後一節明與賢不肖相配為言，故以
知與行兩相遷就，交互言之，牽強甚矣。」並謂「道在世間，必須先
明，然後能行；必先不明，然後不行」，認為「明字本當在前，今反
在後，行字本當在後，今反在前，乃後人傳寫之誤」。[4]揆諸文意將

---

3 見〔宋〕朱熹：《四書或問》，頁28-29。
4 以上俱見〔元〕陳天祥：《四書辨疑》（臺北市：臺灣商務印書館影印文淵閣
《四庫全書》，1988年），卷15，頁1-2。按：《四書辨疑》一書，本不著撰人
名氏，《四庫提要》據朱彝尊：《經義考》謂：「《四書辨疑》元人凡有四家，
雲峰胡氏、偃師陳氏、黃巖陳成甫氏、孟長文氏。成甫、長文浙人，雲峰一宗朱
子，其為偃師陳氏之書無疑，所說當矣。其曰偃師者《元史》稱天祥因兄祐仕河
南，自寧晉家洛陽，嘗居偃師南山故也。」（《四庫提要》），卷36，頁2。

「行」、「明」二字互易，於義理確實妥貼切合，因此，陳氏之說，
似較為合理。

　　至於本章中智者賢者所「過之」者，究指何事？朱熹云：「測
度深微，揣摩事變，能知君子之所不必知者，知者之過乎中也」，
「刻意尚行，驚世駭俗，能行君子之所不必行者，賢者之過乎中也」
（俱見《或問》），朱子主要就「過乎中」立論其說，似不無道理，
然「能知君子所不必知」、「能行君子所不必行」，其中「能知」、
「能行」二句，究與本章「道之不行」、「道之不明」，語氣上殊不
一致，亦未能深入闡明「知」與「行」上的過與不及，與道在日用飲
食之間的關係。惟胡廣《四書章句大全》頗能補朱子的不足，觀其書
引三山陳氏曰：

> 世之高明洞達，識見絕人者，其持論常高，其視薄物細故，
> 若浼焉，則必不屑為中庸之行，如老佛之徒，本知者也，求
> 以達理而反滅人類，非過乎？至於昏迷淺陋之人，則又蔽於
> 一曲而暗於大理，是又不及矣！二者皆不能行道。世之刻
> 意屬行，勇於有為者。其操行常高，其視流俗汙世，若將浼
> 焉，則必不復求於中庸之理。如晨門荷蓧之徒，本賢者也，
> 果於潔身而反亂大倫，非過乎？至於闒茸卑污之人，則又大
> 安於故常，而溺於物欲，是又不及矣，二者皆不能明道。[5]

陳氏雖仍依朱熹《章句》，未將「行」、「明」二字互易以解說之，
惟文中所謂其視「薄物細故」、「流俗汙世」若將浼焉，則必不復求
於「中庸之行」與「中庸之理」，頗能發揮中庸之道，本存乎「薄物

5　見〔明〕胡廣：《中庸章句大全》（臺北市：臺灣商務印書館影印文淵閣《四庫
　　全書》，1988年），頁24。闒茸，指品格卑鄙之人。

細故」、「流俗汙世」，本存乎日用尋常之間，惟智者往往自智其智，以為如此尋常之道，不足以明；賢者亦自賢其賢，以為如此尋常之道，不足以行，以致中庸之道終將不行。此說誠較朱熹的說法，深切著明，頗足參考。

二　人莫不飲食也鮮能知味也

朱熹《章句》註云：「道不可離，人自不察，是以有過不及之弊。」其文中論述「道不可離」，闡明了「人莫不飲食」的喻意，蓋人賴道而存，一如賴飲食而生。惟朱熹下文所謂「是以有過不及之弊」，其著重點仍在一個「中」字上。其《或問》亦依此論點說明如下：

> 然道之所謂中者，是乃天命人心之正，當然不易之理，固不外乎人生日用之間，特行而不著，習而不察，是以不知其至而失之耳。故曰：「人莫不飲食也，鮮能知味也。」知味之正，則必嗜之而不厭矣；知道之中，則必守之而不失矣。[6]

文中朱熹以「知味之正」以譬「知道之中」，說理似較牽強。蓋本章所謂「道之不行」與「道之不明」，其癥結所在，恐非在知行實踐上的過與不及，亦不在知「道」之中或不中，若必以「知道之中」，方足以「行道」、「明道」，是以聖賢來責求天下人，則大道之行也，終無可期之日。孔子說：「不得中行而與之，必也狂狷乎，狂者進取，狷者有所不為也」（《論語・子路篇》），以孔子聖人尚能不棄狂狷，蓋因狂者進取於善道，狷者守節而有所不為，斯二者，於道

6　見〔宋〕朱熹：《四書或問》，頁29。

猶有可取之處。因此，朱熹之說，恐有違本章孔子原意。竊謂本章章旨，應在「中庸」之「庸」字，即「平常之理」上，由於中庸之理太平常，故智者以為不必加以闡明，愚者又不瞭解其義，所以道終不能明；由於中庸之道太平常，故賢者不屑實行，而不肖者又不能行，所以道終不能行。正如本章所云「人莫不飲食也，鮮能知味也」，飲食之事乃人人每天所必須，然而在春秋戰國兵馬倥傯之際，物質條件的貧乏，欲滿足人類基本需求——三餐溫飽，已屬不易，遑論追求錦衣玉食的生活。試觀《論語》中所載孔子「在陳絕糧，從者病，莫能興」（〈衛靈公篇〉）、「飯疏食飲水，曲肱而枕之」（〈述而篇〉），而高足顏回亦簞食瓢飲，窮居陋巷，孔子似乎也未能予以顯著的奧援，以改善其生活；下迨子思、孟子所處戰國，所謂「五畝之宅，樹之以桑，五十者可以衣帛矣；雞豚狗彘之畜，無失其時，七十者可以食肉矣；百畝之田，勿奪其時，數口之家，可以無飢矣……七十者衣帛食肉，黎民不飢不寒，然而不王者，未之有也」（《孟子·梁惠王篇》）。試想黎庶的「不飢不寒」，竟成為王天下者的訴求，先秦經濟狀況的困窘，亦可想見一斑。因此，孔子所說的「人莫不飲食，鮮能知味也」，其中「知味」二字便頗發人深省，這不僅一方面借「知味」之難，以譬「知道」之難。因為存在於日用尋常間的道德，若非透過內在逆覺，細心體悟其無限意義，往往易為私慾所蒙蔽，無法真正落實於道德實踐，更無以拳拳服膺而弗失。另一方面，亦忠實反映當時廣大的普羅民眾在追求基本溫飽時的知味之難。試想在西元前五、六百年動盪的時代，日復一日的布衣菽豆、粗茶淡飯，則知味之難，豈是廿一世紀，聞香下馬，知味停車，追求口腹之慾的人們，所能想像。當然粗茶淡飯，苟知味，自亦能領略出箇中滋味；盛饌珍羞，苟不知味，自亦如穿腸酒肉，毫無知覺。惟《中庸》所說「知味」，重點自不在何種形式的知味，祇是借以譬況吾人對「道」

的覺察反省，也惟透過如此形式的逆覺，方能為「道」消得人憔悴，
衣帶漸寬終不悔，進而躋於「造次必於是、顛沛必於是」的境界。

伍
「子路問強」章釋疑

　　《中庸》第十章云：「子路問強。子曰：『南方之強與？北方之強與？抑而強與？寬柔以教，不報無道，南方之強也；君子居之。衽金革，死而不厭，北方之強也；而強者居之。故君子和而不流，強哉矯；中立而不倚，強哉矯；國有道，不變塞焉，強哉矯；國無道，至死不變，強哉矯。』」本章由於文中僅指出「南方之強」與「北方之強」兩種名稱，又於「南方之強」下，有「君子居之」一句，遂使讀者以為本章中但有南北兩強者的類型耳，更進而誤認為君子所守者即南方之強，實乃大謬。事實上在本章中孔子顯然揭示了三種類型的強者，即南方之強、北方之強與君子之強（或稱為中庸之強），茲分別論述如下：

一　南方之強

　　「強者」的定義，古今中外、時移世易，各有不同。即以中國而言，南北風土人情殊異，對於「強者」，自有不同的詮釋。鄭玄云：「南方以舒緩為強」[1]；程頤云：「大凡言血氣，如《禮記》說『南方之強』是也。南方人柔弱，所謂強者，是義理之強，故君子居之。北方人強悍，所謂強者，是血氣之強，故小人居之。凡人血氣，須要理

1　孔穎達：《禮記正義》（臺北市：藝文印書館影印嘉慶20年南昌府學十三經注疏本），頁881。

義勝之。」[2]朱熹則謂「南方風氣柔弱，故以含忍之力勝人為強」[3]。鄭玄的「舒緩」，朱熹的「柔弱」，近於程頤所說的「血氣」。由於血氣的強弱不同，表現於文學上自然南北各異。正如《隋書·文學傳·序》所云：「江左宮商發越，貴於清綺；河朔詞義貞剛，重乎氣質。」是以南方鋪張浪漫的《楚辭》，與北方質樸寫實的《詩經》，遂大異其趣。表現於思想上，則南方為「守柔曰強」、「以柔克剛」的道家色彩，不同於北方著重「嚴刑重法」、「富國強兵」的法家論調，是以能發揮《中庸》所說「寬柔以教，不報無道」的含忍精神。

至於「南方之強也，君子居之」，句中「君子」一辭，恐不能與下文「君子和而不流」的成德「君子」，等同視之。如朱熹便說：「人能寬柔以教，不報無道，亦是箇好人，故為君子之事」[4]。元·胡一桂亦謂：「此君子是泛說」[5]。因此，不能即此便謂儒家的君子所執守者便是南方之強。否則，《中庸》下文亦不必再多費筆墨來描寫君子之強的四種表現型態。

二 北方之強

相較南方以舒緩柔弱為強，鄭玄謂「北方以剛猛為強」[6]，朱熹亦謂：「北方風氣剛勁，故以果敢之力勝人為強」[7]，是以「衽金革，死

---

2 王孝魚點校：《二程集·河南程氏遺書卷二十二上·伊川雜錄》（北京市：中華書局，2004年2月2版），頁289。

3 朱熹：《四書章句集注》，頁21。

4 《中庸章句大全》（臺北市：中國子學名著集成編印基金會影印明內府朱絲蘭寫本，1978年），頁25。

5 《中庸章句大全》，頁25。

6 《禮記正義》，卷52，頁6。

7 見朱熹：《四書章句集注》，頁21。

而不厭」，表現出北方任俠仗義，武勇不屈的精神。

　　針對南方之強與北方之強，孔子前者以「君子居之」作結，後者以「強者居之」作結，其中似有崇南抑北的價值判斷。不過，本章的重點並非在南北二強間分高下，而是頗有為子路說教的意謂，並藉以引出孔子心目中強者的典型。

　　子路好勇逞強的性格，在《四書》中，隨處可見。孔子針對其氣質，因材施教，如以「好勇過我」儆之[8]，以「兼人」抑之[9]，以「不得其死」戒之[10]，以「暴虎馮河」責之[11]，諄諄告誡，用心可謂良苦。因此，崇南抑北主要仍在教誡子路。正如，朱熹所說：「夫子以是告子路者，所以抑其血氣之剛，而進之以德義之勇也」[12]。我們從先秦典籍中，儒家對於「剛」的看法，如《論語·子路篇》：「剛、毅、木、訥近仁。」《論語·公冶長篇》：子曰：「『吾未見剛者！』」或對曰：『申棖。』子曰：『棖也慾，焉得剛？』」；《孟子·公孫丑上》也說：「其為氣（浩然之氣）也，至大至剛，以直養而無害，則塞于天地之間。」《中庸·第三十一章》亦云：「發強剛毅，足以有執也」。綜合上述的觀點，可見人心內在的「剛」強意志，是吾

8　《論語·公冶長》子曰：「道不行，乘桴浮于海。從我者其由與？」子路聞之喜。子曰：「由也，好勇過我，無所取材。」

9　《論語·先進》子路問：「聞斯行諸？」子曰：「有父兄在，如之何其聞斯行之？」冉有問：「聞斯行諸？」子曰：「聞斯行之！」公西華曰：「由也問：『聞斯行諸？』子曰：『有父兄在。』求也問：『聞斯行諸？』子曰：『聞斯行之！』赤也惑，敢問。」子曰：「求也退，故進之；由也兼人，故退之。」

10　《論語·先進》閔子侍側，誾誾如也；子路，行行如也；冉有、子貢，侃侃如也。子樂。「若由也，不得其死然。」

11　《論語·述而》子謂顏淵曰：「用之則行，舍之則藏，唯我與爾有是夫！」子路曰：「子行三軍，則誰與？」子曰：「暴虎馮河，死而無悔者，吾不與也。必也臨事而懼，好謀而成者也。」

12　見朱熹：《四書章句集注》，頁21。

人賴以抵抗人性軟弱的利器，是幫助我們執守道德長城的堅兵。因此，儒家特別將「血氣之剛」，轉化為「德性之剛」。所以儒家對於「剛」，未必有貶抑之意。

三　君子之強

　　從《中庸》第十章孔子對子路的教誡，已然拈出儒家心目中的強者典型。此種典型可稱之為「君子之強」，亦可稱為「中庸之強」。蓋君子之強，乃兼具南方之強的「柔」，與北方之強的「剛」，合而臻於剛柔並濟的境界。由於能「剛」，故能「造次必於是、顛沛必於是」（〈里仁篇〉），能「見利思義，見危授命」（〈憲問篇〉），乃至於能「殺身成仁」（〈衞靈公篇〉）、「舍生取義」（《孟子・告子篇》），試問君子若非具備「剛」的特質，曷足以致此？由於能「柔」，故能以「和為貴」（〈學而篇〉），能「溫良恭儉讓」（〈學而篇〉），「居上能寬」（〈八佾篇〉）[13]，能「以禮讓為國」（〈里仁篇〉），呈顯「柔」的效用。綜合上述剛柔並濟，兼具南北之強優點的君子之強，故能表現出「和而不流」、「中立而不倚」、「國有道，不變塞」、「國無道，至死不變」的四種特質。

　　君子之強不同於南方之強者，蓋「寬柔以教」依朱註謂：「含容巽順，以誨人之不及」，似近於孔子「有教無類」（《論語・衞靈公》）、「誨人不倦」（《論語・述而》），然夫子有「不憤不啟，不悱不發」（《論語・述而》）之說，亦有「不屑之教」之論，[14]

13　《論語・八佾》原作「居上不寬」，此處略改其意。

14　「不屑之教」一辭最早出現於《孟子・告子下》：「孟子曰：教亦多術矣。予不屑之教誨也者，是亦教誨之而已矣。」惟早在《論語・陽貨》：「孺悲欲見孔子，孔子辭以疾。將命者出戶，取瑟而歌，使之聞之。」孔子即有「不屑之教」

尤其「以直報怨」（《論語·憲問》）與「父之讎，弗與共戴天」
（《禮記·曲禮》）的說法，更與一味寬柔者不同。因此，君子之強
與南方之強，彼此間仍存有若干歧異，不可一概而論。

　　《中庸》所揭示君子之強的四種特質，主要在四個「不」字上。
蓋和氣待人者，則較易同流合污，缺少耿介剛直的節操；遇事保持中
立者[15]，則易偏倚於「中立」，習於執著於「中立」，一旦凡事偏倚
執著於此，便缺少真是真非，無善善惡惡之勇，近乎鄉愿，蓋「倚於
中立者易，倚於道者難」；國家有道，海內昇平，豐衣足食，則容易
改變昔日未顯達時的操守，國家無道，民窮財困，飽嚐顛沛流離死亡
的痛苦，更容易改變平素的操守。正如朱熹《中庸或問》所言：「凡
人和而無節，則必至於流；中立而無依（按：依於道），則必至於
倚；國有道而富貴，或不能不改其平素；國無道而貧賤，或不能久處
乎窮約。非持守之力有以勝人者，其孰能反之。」因此，惟能做到
「四不」方能成為強中之強。

　　總之，儒家心目中真正的強者，是須藉由修養所致，是以道義為
根柢的，不同於南北之強，雖似有君子之風，強者之風，其實只是氣
質本性偏重不同所致，如《荀子·榮辱》云：「越人安越，楚人安
楚，君子安雅。是非知能材性然也，是注錯習俗之節異也。」[16]所謂
一方水土一方人耳。惟儒家著重於人文化成的工夫，希望藉由中庸之
道來變化質野無文的百姓，砥礪其氣節，故能富貴不淫貧賤樂，人能
躋此方為強，此即儒家「君子之強」的真正內涵。

　　之實。

15　「中立」一詞，似與處乎中道者不同，蓋若能處於中道，本自無所偏倚，何必辭
　　費？

16　《荀子集解》（臺北市：世界書局，1976年），卷2，頁39。

陸
「素隱行怪」章釋疑

　　《中庸》第十一章云：「子曰：『素隱行怪，後世有述焉，吾弗為之矣。君子遵道而行，半塗而廢，吾弗能已矣。君子依乎中庸，遯世不見知而不悔，唯聖者能之。』」文中主要論君子「遵道而行」、「依乎中庸」，與本書前面諸章所述，如「道不可離」與「君子中庸」諸概念，前後相承。由於儒家對於倫常之道的堅確自持，是以在實踐的過程中，或有造次、顛沛之時，亦不會輕易「半塗而廢」；對於道家之徒以隱居為素常，或行為詭譎怪異，不合常道常規的現象，自然是不敢苟同，而「弗為之」也。在本章末尾，孔子復點出君子遯世的態度，以呼應首句「素隱」之意，全文文意前後連貫，也顯示儒道兩家在「遯隱」一事的歧異。

　　惟自朱熹《中庸章句》依《漢書・藝文志》，改「素隱」為「索隱」，後世注家，多從其說，非但鄭玄以「素」為「傃」，漸不為人知，即以「素」為素常之本意，更問津乏人，於是「隱」字之意，遂成隱僻之理，學者罕作「隱遯」之說。因此，本文擬從「素隱行怪」一語的考辨，以不同的角度來釐清其文意。並藉以說明儒道二家，由於對「道」在體認上的不同，以致衍生於遯隱哲學上，亦呈現出不同的生命情調。

一　「素隱行怪」的考辨

　　關於「素」字，鄭玄以為同「傃」，《鄭注》云：「素讀如攻城

攻其所傃之傃。傃，猶鄉也。言方鄉辟害隱身而行詭譎，以作後世名也。」按：「傃」字，《釋文》：「音素」，《集韻》：「傃，鄉也」，「鄉」即「嚮」字。依鄭玄之意，「素隱行怪」是指趨向於避害隱身而行為詭譎者。朱熹《章句》則以《漢書·藝文志》論神仙家曾引「索隱行怪」四字，遂謂「素，按《漢書》當作索，蓋字之誤也，索隱行怪，言深求隱僻之理，而過為詭異之行也。」朱熹以形近而訛謂「素」當作「索」，並謂「蓋當時所傳本猶未誤，至鄭氏時乃失之耳」（《或問》），其說似援之有據，論之成理，惟古書版本不一，難以遽斷孰是孰非。蓋「素」有作「索」者，「索」亦有作「素」者，如《左傳·昭公十二年》：「八索九丘」，杜預注云：「索，所白反，本又作素」。若以《中庸》一書來看，「素」字在全書中共有六處，其中除「素隱行怪」外，均在「素位而行」一章（第十四章），而且都作「平素」、「素常」之意。所以，宋·倪思《中庸集義》謂「素」即「平素、素常」之意，「素隱」即「以隱為常而不知變通」。無論鄭玄、朱熹改字為訓，或倪思依本字為說，苟其說可通，自不必以我為是，以彼為非，不過倘本字可訓，說理亦佳，自以不改為妥。而三說之中，朱熹之說尤易啟人疑竇，如王夫之《讀四書大全說》云：

> 小註謂「深求隱僻，如鄒衍推五德，後漢讖緯之說」，大屬未審。《章句》於「隱」下添一「僻」字，亦贅入。隱對顯而言，只人所不易見者是，僻則邪僻而不正矣。五德之推，讖緯之說，僻而不正，不得謂隱。凡言隱者，必實有之而特未發見耳。鄒衍一流，直是無故作此妄想，白平撰出，又何所隱？此「隱」字不可貶剝，與下「費而隱」「隱」字亦大略相同，其病自在「索」上。索者，強相搜求之義。如秦皇

大索天下，直緣他不知椎擊者之主名，橫空去搜索。若有跡
可按，有主名可指求，則雖在伏匿，自可擒捕，不勞索矣。
道之隱者，非無在也，如何遙空索去？形而上者，隱也；形
而下者，顯也。纔說箇形而上，早已有一「形」字為可按之
跡、可指求之主名，就者上面窮將去，雖深求而亦無不可。
唯一概丟抹下者形，籠統向那沒邊際處去搜索，如釋氏之七
處徵心，全不依物理推測將去，方是索隱。又如老氏刪下者
「可道」「可名」的，別去尋箇「綿綿若存」。他便說有，
我亦無從以證其無；及我謂不然，彼亦無執以證其必有。[1]

船山認為「隱」字乃相對於「顯」字而言，不應如朱熹加一「僻」字
以貶損其意。此「隱」字亦略同於下文「費而隱」之「隱」，而且
「五德之推」、「讖緯之說」乃僻而不正，不得謂隱，所謂「隱」，
必實有之祇是尚未發現耳。因此，「索隱」之病，不在「隱」而在
「索」上，亦不在有「可按之跡」、「有可指求之主名」的深求，例
如：形而上的道體雖「隱」，然深求之，自亦無不可。所謂「索」之
病者，在「索」乃強相搜求之義，是漫無邊際的橫空搜索，有如「釋
氏之七處徵心，全不依物理推測將去」、「老氏刪下者『可道』、
『可名』，別去尋箇『綿綿若存』」，方謂之索隱。船山又謂「索隱
則行必怪。原其索而弋獲者非隱之真，則據之為行，固已趨入於僻異
矣」。[2]綜論船山之說，雖不同意朱熹將「隱」解釋為「隱僻之理」，
並就「索」字從負面的「強相搜求」來發揮，然而將「隱」字從形上

1 見王夫之：《讀四書大全說》，《中庸》（北京市：中華書局，1989年4月），卷
2，頁99-100。
2 見王夫之：《讀四書大全說》，《中庸》（北京市：中華書局，1989年4月），卷
2，頁101。

之理解說之，則兩人大體無別。倪思將「素隱」解為「以隱為常」，在「隱」字的解釋上，則同於鄭玄的「避害隱身」，如果再從本章末兩句「遯世不見知而不悔，唯聖者能之」來看，更可對照鄭、倪二人的說法，與章旨可謂前後一致，因此，近人康有為《中庸注》，亦改從此說，康氏云：

> 素隱，如老學之隱退曲全；行怪，如墨子之生不歌、死無服。凡諸子皆是言之有理，持之有故，極易惑人，故徒眾廣大，多有嗣為其後以述其教者。孔子以前，若沮溺楚狂之隱，子桑伯子原壤之怪，其類甚多，孔子皆不欲為之，言此為外道異教，不可從也。[3]

而蔣伯潛《中庸新解》亦謂：

> 「素隱」是以隱居為素常，則「素隱行怪」正指老莊派之退隱曲全，寧為曳尾之龜，斷尾之雞，陳仲子之食李三咽，食鵝一哇之類。[4]

康、蔣二氏以老莊派之退隱曲全解說「素隱」，近於鄭、倪避世遁隱之說，若依朱熹、王夫之專從形上之理立論，則前後文不見呼應，而「遯世不見知而不悔」一句，亦顯見突兀。因此，綜合鄭玄與倪思之

3　見康有為：《中庸注》（臺北市：臺灣商務印書館，1987年2月），頁6-7。
4　見蔣伯潛：《中庸新解》，收錄於《四書讀本》（臺北市：啟明書局），頁10。按：「曳尾之龜」，見《莊子·秋水》載楚王使大夫二人往聘莊子為相，莊子以龜為譬，寧為曳尾塗中之活龜，不願為藏諸廟堂之死龜。「斷尾之雞」見《左傳·昭公十二年》云：「賓孟適郊，見雄雞有斷其尾，問之，侍者曰：『自憚其犧也』」。「食李三咽，食鵝一哇」，俱見《孟子·滕文公》，文中載陳仲子以兄之祿為不義之祿而不食，致飢餒匍匐，往食井上之李，三咽然後耳有聞目有見；他日，其母殺鵝與之食，聞知為其兄所贈，出而哇吐不食。

說，關於「素隱行怪」一語，宜作「以隱僻為常，而為怪異之行」解
為佳。

二 儒道遁隱哲學的異同

　　若依倪思諸人以「隱居為素常」來詮釋「素隱」之意，則「素
隱」所反映者，正是老莊退隱曲全一派。然道家的遁隱與儒家的遁隱
在本質上究有何異同？此問題細論之甚為複雜，[5]本文擬從其大要來說
明。觀《論語》一書中載孔子論及有關遁隱的篇章甚多，如：

> 道不行，乘桴浮于海。（〈公冶長〉）
> 篤信好學，守死善道。危邦不入，亂邦不居。天下有道則
> 見，無道則隱。邦有道，貧且賤焉，恥也；邦無道，富且貴
> 焉，恥也。（〈泰伯〉）
> 君子哉蘧伯玉！邦有道，則仕；邦無道，則可卷而懷之。
> （〈衛靈公〉）
> 邦有道穀，邦無道穀，恥也。（〈憲問〉）

從上述諸文，我們可以很清楚瞭解，做為儒家代表的孔子，亦不反對
遁隱，不過遁隱的先決條件是「道不行」、「邦無道」，至於「道不
行」、「邦無道」的判準為何？孔子雖未明言，然從《論語・季氏
篇》所云：「天下有道，則禮樂征伐自天子出；天下無道，則禮樂
征伐自諸侯出」來判斷，孔子所處之世，稱為「無道」之世，應不為

5　謝大寧先生曾撰有〈儒隱與道隱〉一文，其文採用概念分析方式，並借助「人格
　　圓滿性」之概念，鋪展儒道二家人格的基本型態，藉以確立儒隱與道隱的人格內
　　涵，頗足參考，惟本文在研究方法上，則不同於謝氏，主要從文獻上來探討。
　　（《國立中正大學學報・人文分冊》，1992年，3卷1期），頁121-147。

過。當此之時，不僅禮樂征伐不自天子出，甚至不自諸侯出，如春秋
中葉以後，魯、晉諸國甚至以大夫執國命。但是處此「邦無道」的時
代，孔子卻未嘗遁隱，仍栖栖皇皇周遊於列國之間，不僅充分表達了
儒家內聖外王的理想，亦展現出儒家積極用世的精神，而此人格特質
與精神內涵，自亦與其內在奉持不違的「道」有關。因此，無論邦有
道、無道，處乎富貴、貧賤、甚至造次顛沛，莫不依循此道，而《中
庸》本章所說的「君子遵道而行」、「君子依乎中庸」，其所遵所依
者，亦無非此道而已。此處正是儒家與道家遁隱哲學的根本差異所
在，因此，欲區別儒隱與道隱的異同，宜先瞭解儒道兩家道體的內
涵。

　　「道」是形而上的規律，[6]為萬物依循生存的法則，惟儒家認為
「率性之謂道」，亦即循天命之性而行即是道，人為社會動物，因此
循性而行，自不能脫離君臣、父子、夫婦、昆弟、朋友，各種倫常關
係的常軌，所以人能實踐倫常之理，率「性」而為，即是實踐天道。
道家則不然，道家雖亦認為「道」是形而上的實存，[7]如《老子》所
云：「道之為物，惟恍惟惚。惚兮恍兮，其中有象；恍兮惚兮，其
中有物。窈兮冥兮，其中有精；其精甚真；其中有信」（第二十一
章），亦認為「道」是一切存在的根源，惟道家之言「道」，正如牟
宗三所云：

　　　道家之「道」，其歷史文化的背景亦是在周文之罷弊，而且
　　　開始亦含有憤世疾俗的意味。周文成為虛文，因而只是外在
　　　的形式主義。人束縛于形式的桎梏中而不能自適其性，乃是

6　此處「形而上」的概念是指「道」是超現實、超經驗而言，亦即不屬於具象、形
　　器世界的東西，非感官可直接接觸其存在。

7　「實存」指其真實存在。

大痛苦。故道家于人生的幸福上，首先要從外在的形式中解
脫。他們看文禮只是些外在的形式，足以束縛人者。他們不
能像儒家一樣，看出文禮本于性情，有德性上的根據。[8]

由於道家思維建構方式，是先人生論而後本體論，其所談的「道」，
是為求解脫「外在的形式」，因此，其精神不免帶有浪漫的否定，並
造成其反人文、非人文或超人文的本質，而欲使一切事物均「因任
自然」、「無為不爭」。綜合上述之說，我們可以簡單區分儒家的
「道」為「倫理之道」，道家的「道」為「自然之道」。既為「倫理
之道」，因此，表現在人生態度上，自然而然是不離人性、不離人
群，正如《論語・微子篇》中，子路對荷蓧丈人二子所說的：

> 不仕無義。長幼之節，不可廢也；君臣之義，如之何其廢
> 之？欲潔其身，而亂大倫。君子之仕也，行其義也。道之不
> 行，已知之矣！

亦如孔子面對長沮、桀溺兩位隱者所謂的「滔滔者，天下皆是也，而
誰以易之？且而與其從辟人之士也，豈若從避世之士哉」，並慨然而
嘆說：「鳥獸不可與同群！吾非斯人之徒與而誰與？天下有道，丘不
與易也。」（俱見《論語・微子》）從上述諸論，可見儒家的遁隱哲
學是「遁隱未到最後關頭，絕不輕言遁隱」。所以，孔子即使處「道
不行」亦未嘗「乘桴浮於海」；即使處「邦無道」，亦未嘗卷而懷
之，而以「文沒在茲」自許，周遊於列國之間，直到以六十八歲高齡
返魯後，纔結束十四年顛沛流離的生活。[9]孔子雖未遁隱，但不代表儒

---

8 見牟宗三：《政道與治道》第2章（臺北市：臺灣學生書局，1980年4月），頁32-
　33。

9 從孔子於五十五歲（西元前四九七年、周敬王二十三年、魯定公十三年）去魯

家反對遁隱，祇是儒家基本上反對的是「素隱」，即以隱居為素常道家式的遁隱，亦即儒者之隱祇是權宜的，暫時性的，亦是一種內聖的修持，因此「隱居以求其志」、「窮則獨善其身」，究其終極關懷仍在「達則兼善天下」、「行義以達其道」的外王事業。道家的遁隱哲學植基於「自然之道」，追求個體逍遙自適，因此對於儒家所推崇的遁隱人物，如伯夷、叔齊等，[10]《莊子》則批判道：

> 世之所謂賢士，莫若伯夷叔齊。伯夷叔齊辭孤竹之君而餓死於首陽之山，骨肉不葬。……皆離名輕死，不念本養壽命者也。（〈盜跖〉）

適衛，至六十八歲（西元前四八四年，周敬王三十六年、魯哀公十一年）自衛返魯，凡十四年。孔子去魯適衛的年份，有三種說法：（一）定公十二年說。主此說者有《史記·魯世家》、《年表〈魯〉》，崔述也說：「孔子之去魯，當在定十二年秋冬之間。」（《洙泗考信錄》卷之二）。（二）定公十三年說。主此說者有《史記·衛世家》、《年表〈衛〉》，江永也說：「去魯實在定十三年春。」因為最後促使孔子離魯的原因是「郊，又不致膰俎于大夫，孔子遂行」（《史記·孔子世家》），而「魯郊嘗在春」，所以江永推斷孔子去魯的確切年份是定公十三年春。錢穆也主此說：「今考《世家》又謂：『孔子去魯，凡十四年而反乎魯』。孔子返魯在哀公十一年，則其去魯正定公之十三年也」（《先秦諸子繫年考辨》，頁24。）（三）定公十四年說。主此說者有司馬遷《史記·孔子世家》，認為孔子去魯在定公十四年，胡仔《孔子編年》亦主此說。今從江永、錢穆之定公十三年孔子去魯說。

10 《論語》中對伯夷、叔齊的讚譽有多處，如〈述而篇〉：「古之賢人也。……求仁而得仁」；〈公冶長篇〉：「伯夷、叔齊餓於首陽之下，民到于今稱之」；而〈微子篇〉更謂「逸民：伯夷、叔齊……。子曰：『不降其志，不辱其身，伯夷叔齊與？』」《孟子》中論述尤多，如〈萬章篇〉云：「孟子曰：『伯夷，目不視惡色，耳不聽惡聲。非其君不事，非其民不使。治則進，亂則退。橫政之所出，橫民之所止，不忍居也。思與鄉人處，如以朝衣朝冠坐於塗炭也。當紂之時，居北海之濱，以待天下之清也。故聞伯夷之風者，頑夫廉，懦夫有立志。』」又云：「伯夷，聖之清者也；伊尹，聖之任者也；柳下惠，聖之和者也；孔子聖之時者也。孔子之謂集大成。集大成也者，金聲而玉振之也。」而〈告子篇〉亦云：「孟子曰：『居下位，不以賢事不肖者，伯夷也。』」

又云：

> 伯夷死名於首陽之下，盜跖死利於東陵之上。二人者，所死
> 不同，其殘生傷性，均也。……夫適人之適而不自適其適，
> 雖盜跖與伯夷，是同為淫僻也。（〈駢拇〉）

道家基於「自然之道」來批判伯夷、叔齊「殘生傷性，餓死首陽」
的行為，是可以理解的，亦即道家批評的重點不在伯夷、叔齊的
「隱」，而是在「離名輕死，不念本養壽命」上。但是伯夷、叔齊的
遁隱原因，畢竟不同於道家，依孔子所說他們是「不降其志，不辱其
身」（〈微子〉），孟子亦謂其「非其君不事，非其民不使。治則
進，亂則退」（〈萬章〉）。依儒家觀點伯夷、叔齊的遁隱，並非全
然絕意於仕進，淡泊名利，其所遁隱者乃是基於道德操守的潔癖，追
求人格的卓越，因此「不降其志，不辱其身」，選擇遁隱一途，此與
道家所主張的「弱其志」（《老子‧三章》）、「守其辱」（《老
子‧二十八章》）的生命情調是大不相同的。

　　真正道家式的遁隱，是恆久的，素常的遁隱，其所追求者，乃在
個體的逍遙，思欲擺落塵世的係累，因此，他們視官場如牢籠，目卿
相如腐鼠。邦無道，固然不榖；邦有道，亦無意於榖，即使有「無
所逃於天地之間」而勉強為官者；亦必「乘物以遊心，託不得已以
養中」，[11]一旦能解脫俗累，必然掛冠求去，復返自然，這類典型人
物，除莊子、楊朱之外，歷代皆有，祇是真正道家式的遁隱之士，大
多數有如《史記‧伯夷列傳》所云，「名湮滅而不稱」而蕩漾於歷史
之外。謝大寧曾說：

---

11 語見《莊子‧人間世》。所謂「乘物以遊心」，即順任事物之自然而悠遊自適。
「遊心」則指心靈的自由活動。至於「養中」之「中」，則同於〈養生主〉中
「緣督」之「督」，指中虛之道。一說「養中」指蓄養心靈的和諧。

隱士之所以為隱，其本質仍只是在追求某種人生超越價值的
貞定，捨此便無以名之為隱，至於隱居之形，不過只是成全
其人生價值之一手段而已。於是我們乃可知，凡混此手段以
為目的者，必非真隱士；而藉此手段以求一非超越價值之目
的者，如所謂隱居以求仙者流，亦非真隱士。[12]

謝氏之說，對儒道二家遁隱的目的，均可一體適用。不過他提到「陶
淵明絕不能是太上忘情之道家式人格，他毋寧是一典型隱居放言的儒
隱[13]」，恐仍有待商榷。從文獻來看，陶淵明早年宜屬儒家[14]，至於辭
去彭澤令而歸隱田園後的陶淵明，在遁隱的心態上宜屬道家。我們試
觀他在辭官所作〈歸去來辭・序〉所云：「質性自然，非矯厲所得，
飢凍雖切，違己交病。」其中「違己」，即違背個人之理想與心志，
此精神之痛苦遠勝飢凍，所以一旦歸隱，正如其〈歸園田居詩〉所
云：

少無適俗韻，性本愛邱山。誤落塵網中，一去三十年。羈鳥
戀舊林，池魚思故淵。開荒南野際，守拙歸園田。方宅十餘
畝，草屋八九間。榆柳蔭後簷，桃李羅堂前。曖曖遠人村，
依依墟里煙。狗吠深巷中，雞鳴桑樹顛。戶庭無塵雜，虛室

---

12 謝大寧：〈儒隱與道隱〉，《國立中正大學學報・人文分冊》（1992年，3卷1
　期），頁140。

13 謝大寧：〈儒隱與道隱〉，《國立中正大學學報・人文分冊》（1992年，3卷1
　期），頁141。

14 試從其晚年回憶少年豪情諸詩，如「憶我少壯時，無樂自欣豫。猛志逸四海，
　騫翮思遠翥」（〈雜詩〉其五），「丈夫志四海，我願不知老」（〈雜詩〉其
　四），「刑天舞干戚，猛志固常在」（〈讀山海經〉其十），「少時壯且厲，撫
　劍獨行遊」（〈擬古〉其八），由以上各詩可知其少時的豪情壯志，是儒家而非
　道家的。

　　　有餘閒。久在樊籠裏，復得返自然。[15]

從詩中來看陶淵明歸田之因，不全然是逃避亂世，有如詩中所謂「少
無適俗韻，性本愛邱山，誤落塵網中，一去三十年」、「久在樊籠
裏，復得返自然」，正反映其內在的道家性格，當然此一性格，亦為
傳統儒道文化蘊育下之中國知識分子人人所具有之性格，特顯與不
顯耳。陶淵明其人其詩的偉大，即在一「真」字，故陳繹曾謂其「情
真、景真、事真、意真」。[16]謝大寧先生以「忘情」、「絕情」與否
來歸類儒隱道隱，並謂陶淵明為儒隱，恐怕不如以儒道生命情調、出
世入世精神加以區別之，較為妥切，否則以道家代表人物——莊子而
言，亦未必能做到真正忘情、絕情，試觀〈至樂篇〉載莊子妻死，惠
施責難莊子的鼓盆而歌，莊子也曾承認在其妻之方死，亦不能無所哀
傷，可見莊子亦非絕情之人，近人劉光義云：

　　　中國之思想家，其志均在於救世救人，莊子志存濟世，與儒
　　　墨諸哲之存心，無所殊異，唯莊子遭世否塞，外似消極，而
　　　內心殊熱，即以一幅冷面孔應世，而滿懷心腸濟人也。[17]

劉氏之說誠見道之語，試想苟非莊子有情人間，又何苦著書立說，發
為謬悠之言，無端崖之辭，復不憚其煩而以寓言、重言、卮言出之。
此無他，亦無非欲超脫眾生內在苦痛，以求養生、全生之道耳！雖然
如此，道家以隱居為素常的遁隱行為，後雖有稱述者，然究與儒家積
極入世情懷相違，故為孔子所弗為也。

15　陶澍校注：《靖節先生集》（臺北市：河洛出版社，1974年9月），卷2，頁617。
16　《藝苑卮言》卷2，收錄於丁福保輯：《歷代詩話續編》（臺北市：木鐸出版社，
　　1983年9月），頁955。
17　劉光義：《莊子處世的內外觀》（臺北市：臺灣學生書局，1984年1月），頁97。

三 結語

　　歸納本文論述的要點，可得以下結論：

（一）關於「素隱」一句說解的歧異，無論鄭玄改「素」為「傃」，謂趨向避害隱身；或朱熹改「素」為「索」，謂「深求隱僻之理」，或倪思依本字，謂以遁隱為常，三者說皆可通。然從學術觀點言，倘本字可訓，說理亦佳，自以不改為妥。再從《中庸》本章末尾「遯世」一語，則倪思之說，前後呼應，竊以其說為勝，鄭玄稍次之，朱熹又其次也。

（二）由《中庸》本章及《論語》各章論述遯隱之道來看，做為儒家代表的孔子，亦不反對遁隱，然而遁隱的先決條件，是在「道不行」、「邦無道」的狀況下。

（三）儒道遁隱哲學根本差異，不在遁隱的形式，而是在遁隱的精神與態度。而此精神與態度，又植基於儒道兩家對「道」認知的不同。簡而言之，儒家的道為「倫理之道」，道家的道為「自然之道」。

（四）由於儒家之道為「倫理之道」，因此表現在人生態度上，是不離人群、不離人性，其遁隱是權宜的，不得已的，也是暫時的，其終極關懷，仍在「兼善天下」的外王事業。

（五）由於道家之道為「自然之道」，因此表現在人生態度上，是崇尚自然，追求個體的逍遙自適，思欲擺落塵俗的係累。其視官場如牢籠，目卿相如腐鼠，其遁隱是素常的，恆久的，其終極關懷，則在個體「全生養生」的內聖工夫。

（六）遁隱對儒家言，充其量祇是中點而非終點，所以孔子雖處邦無道的時代，仍栖栖皇皇周遊於列國之間，未嘗「卷而懷之」，充分表現儒家「知其不可而為」的精神。因此，對於常道之「過」（素隱行怪）、與「不及」（半途而廢），均弗為弗已。即或必須選擇「遯

世」，亦能安之若命，無怨無尤。

　　透過上述分析，儒道兩家對於「道」體認的不同，及其衍生在「遁隱哲學」的差異，當能了然分明，而孔子淑世濟民的胸懷，在千百年後的今日，亦依稀可見。

柒
「費隱」章釋疑

　　《中庸》第十二章云：「君子之道，費而隱。夫婦之愚，可以與知焉；及其至也，雖聖人亦有所不知焉。夫婦之不肖，可以能行焉；及其至也，雖聖人亦有所不能焉。天地之大也，人猶有所憾。故君子語大，天下莫能載焉；語小，天下莫能破焉。《詩》云：『鳶飛戾天，魚躍於淵。』言其上下察也。君子之道，造端乎夫婦；及其至也，察乎天地。」本章向來爭議頗多，可謂眾說紛紜，惟下文謹就其要者二，以說明之：

一　費而隱

　　「費而隱」一句，主要有鄭玄《禮記·中庸注》與朱熹《中庸章句》二家的說解，如鄭玄云：「言可隱之節也。費，猶佹也、拂也、戾也。道不費則仕。」朱熹則注說「費，用之廣。隱，體之微也。」鄭玄以遭受拂逆，則隱遁山林之意解之；朱熹則從君子之道的體用哲學立論，二說孰是孰非，本見仁見智，然細究之，當以朱注為確，理由如下：

（一）從本章章旨而言

　　「費而隱」一章，起筆即在申說《中庸》首章「道不可離」之義，所以本章在章旨上，無非在闡發道的特質——即「無處不在」、「無物不具」、「昭著於天地之間」，是以雖夫婦之愚，亦可與知

能行，充分顯現道未嘗離開倫常日用之際，故朱熹以「用之廣」來解釋「費」字之意。惟道體微妙，視之而不見、聽之而不聞、體物而不可遺，聖人雖於大本大根處亦能默契天道。然而「天高地下，罔測所窮；古今往來，莫窺其始，為聖人所不知。有教無類，下愚不移；博施濟眾，堯舜猶病，為聖人所不能」，[1]在在也顯示出道體的隱微難測，所以朱熹又以「體之微」來解說「隱」字之意。至於「費而隱」以下，全章文句亦無不環繞此一主題，充分表現本章內容的一貫性，結構的完整性。文中「君子之道，造端乎夫婦」，更開啟下文「道不遠人」（第十三章）暨「行遠自邇，登高自卑」（第十五章）之義。若依鄭玄之說，則「費而隱」乃論君子進退出處之道，與本章「夫婦之愚」以下，論道的體用，殊不一致。是以自朱熹訓解「費」字為「用之廣」後，鄭注遂漸少認同者，試探究鄭、朱二氏解說的歧異，亦與二人於《中庸》分章不同有關。鄭玄連上文「素隱行怪」合為一文解說，朱熹則將「費而隱」章獨立為第十二章，於是鄭玄遂以「費而隱」之「隱」與「素隱行怪」之「隱」，一併看待，致有此誤。殊不知《中庸》一書中所出現之四「隱」字，如「莫見乎隱」（第一章）、「隱惡而揚善」（第六章）與上述二「隱」字，所指意義，各不相同，不可混為一談。清・陸隴其《松陽講義》亦謂：「又有謂隱即莫見乎隱之隱，此與看作素隱之隱者，同一謬也。莫見乎隱之隱，以心言；費而隱之隱，以道言。素隱之隱，是常道之外者；費隱之隱，是常道之內者，何得牽合？」[2]陸氏之說析理透澈，誠具參考。

1　〔清〕胡渭：《中庸諸注糾正》引羅整菴語（臺北市：中國子學名著集成編印基金會影印國家圖書館藏清人鈔本，1978年），頁308。

2　〔清〕陸隴其：《松陽講義》（臺北市：廣文書局影印同治十年公善堂本，1977年1月），卷2，頁26。

（二）從儒家精神言

儒家生命情調，向來充滿積極進取的精神，故仲尼有「文沒在茲」（《論語·子罕篇》）之說，孟軻亦有「舍我其誰」（《孟子·公孫丑篇》）之論，觀孔孟所以栖栖皇皇，奔走往來者，無非欲實踐其以仁為本質的政治理想，其於實踐其理想的歷程中，雖未必能得君行道，有時亦不免有獨善其身、避世遯隱的想法，然而上述想法，究竟非儒家心目中的原鄉與理想。以儒者本色言，自是「知其不可而為」，是「自反而縮，雖千萬人吾往矣」的精神。是以，孔子說「素隱行怪，後世有述焉，吾弗為之矣」（《中庸》），又云：「鳥獸不可與同群」（《論語·微子篇》）。中庸之道，即在日用之間而無庸外求。因此，本章首揭「君子之道費而隱」一語，接著便從「夫婦」一倫說起，章末又以「君子之道造端乎夫婦」作結，足見本章於論述道的體用之際，更強調其人倫日用的本質，此亦儒家與佛道大異其趣的地方，故王夫之《讀四書大全說》云：「此中有一本萬殊之辨，而吾儒之與異端逕庭者，正不以蟲臂、鼠肝、翠竹、黃花為道也」。[3] 職是之故，若依鄭玄將「費而隱」解為遭遇拂戾則隱而不仕，則人生不如意者十之八九，人人將競相掛冠遯隱，又豈是儒者本色，又豈是「道不遠人」的中庸之道乎？

綜合上述二論，對於「費而隱」之說，無論從章旨言、從儒家精神言，朱熹說解，似較為妥切，無怪薛瑄《讀書錄》言其「萃群賢之言議，而折衷以義理之權衡，至廣至大，至精至密，發揮先賢之心，殆無餘蘊」，[4] 是以自朱注以降，言《中庸》者，率皆奉為圭臬也。

3　〔清〕王夫之：《讀四書大全說》第12章，頁103。

4　〔明〕薛瑄：《讀書錄》（臺北市：臺灣商務印書館景印文淵閣《四庫全書》，1983年），卷1，頁13。

二 人猶有所憾

　　「費隱」章另有「天地之大也，人猶有所憾」句，其中所憾者何？古來說法不一，惜大多不得其意。鄭玄謂：「憾，恨也。天地至大，無不覆載，人尚有所恨焉。」孔穎達申說其義云：「言天地至大，無物不養，無物不覆載，於冬寒夏暑，人猶有怨恨之，猶如聖人之德，無善不包，人猶怨之，是不可備也。」（《禮記正義》）鄭、孔二氏皆從天地、聖人雖稱盛德，然仍有求全責備，未能盡如人意者來解說，朱熹亦承繼二氏之說，更進一步言：「人所憾於天地，如覆載生成之偏，及寒暑災祥之不得其正者。」上述諸說，皆著墨於人對天地的抱憾怨尤，與全章上下文意，殊少關連。再就古今行文敘述習慣言，凡句中有一斷語，其上下文每有肯定或否定之語以說明證成之，如《中庸》第五章首揭「道之不行也」，其下即有「知者過之，愚者不及」之語，以證成其理。又如第六章首揭「舜其大知也與」，其下亦有「舜好問而好察邇言……」等語，以說明其意。試觀本章「人猶有所憾」，乃是對天地有所感喟的斷語，吾人從其上下文，尋索可見的否定語為「雖聖人亦有所不知」、「雖聖人亦有所不能」、「天下莫能載」、「天下莫能破」四句，由此可推知，文中「所憾」者，應即在「不知」、「不能」、「莫載」、「莫破」上，亦即在道的發用廣大與本體精微上立言。由於廣大，故天下莫能載，由於精微，故天下莫能破。明·胡廣《中庸章句大全》云：「夫婦之與知能行，是萬分中有一分；聖人不知不能，是萬分中欠一分」，可謂深得其意。

　　綜合上述，則「人猶有所憾」一語，恐非朱熹所言「覆載生成之偏」，而應如《四書辨疑》所說「天覆地載，乃天地之正理，不可謂之為偏也。況天地之覆載與君子之道，亦不相干，人亦未嘗有憾於天

不載而地不覆也」。[5]然本章所憾者究指何事？竊以為此處所指者，乃吾人類於仰觀俯察浩瀚宇宙天地之間，尚有許多不可盡知、不可盡能的遺憾，此一遺憾為吾人於體悟道體廣大精微之後所抒發的感喟。在字裏行間當中，也以天地之大，來映襯出人類的卑微渺小與生命的短暫。蓋夫婦的「能知」、「能行」，乃說明道的發端，此即本章結語所云「君子之道，造端乎夫婦」；而聖人的「不知」、「不能」，乃說明道的極致，此即本章結語所云「及其至也，察乎天地。」

5　見陳天祥：《四書辨疑》，卷15，頁7。

捌

「道不遠人」章釋疑

　　《中庸》第十三章云：「子曰：『道不遠人，人之為道而遠人，不可以為道。詩云：『伐柯伐柯，其則不遠。』執柯以伐柯，睨而視之，猶以為遠。故君子以人治人，改而止。忠恕違道不遠，施諸己而不願，亦勿施於人。君子之道四，丘未能一焉：所求乎子以事父，未能也；所求乎臣以事君，未能也；所求乎弟以事兄，未能也；所求乎朋友先施之，未能也。庸德之行，庸言之謹；有所不足，不敢不勉；有餘不敢盡。言顧行，行顧言，君子胡不慥慥爾？』」關於本章待考辨者有五處，茲分述如下：

一　君子之道四

　　宋・黎立武《中庸分章》說：「前章言君子之道造端乎夫婦，此言君子之道四而五倫備矣。[1]」所謂「道不遠人」，君子之道自亦在倫常之道中。因此，黎氏「五倫備矣」之說，自然無誤。再以《中庸》第二十章所載「君臣也，父子也，夫婦也，昆弟也，朋友之交也，五者，天下之達道也」來看，「夫婦」一倫自不外乎五倫，更不能外乎君子之道。然而本文論「君子之道四」，獨缺「夫婦」一倫，何故？其主要原因即在父子、君臣、兄弟、朋友四者，皆是孔子反躬自省之

1　〔宋〕黎立武：《中庸分章》（臺北市：中國子學名著集成編印基金會影印國家圖書館藏清道光辛卯六安晁氏刊學海類編本，1978年），頁9-10。

論，若加「所求乎婦以事夫，未能也」，則顯然不通。惟時移世易，吾人讀《中庸》一書，若身為女流之輩者，自當觸類而旁通。畢竟，「大道不器」，聖人固非僅為一、二人設教立說也。

二　丘未能一焉

　　「丘未能一焉」，句中「一」字作「皆」解。如《荀子・勸學》：「一可以為法則」，楊倞注曰：「一，皆也。」因此，《中庸》本句意謂君子之道有四，孔子認為自己都未能做到。或以孔子聖人於此尋常倫理，不可能一件都做不到，於是便謂文中所謂「一」，乃指「使天下人皆做到」，蓋有《論語・雍也》所說「博施濟眾」、「堯舜其猶病諸」之意，並認為本章似為孔子任魯司寇時，所感慨之言。如此之說，似乎亦能為聖人何以一事未能，脫困解圍。惟深思之，此說實似是而非，其理由有二。其一：若謂「未能使天下人皆做到君子之道」，則文中所謂「君子之道」，不宜祇做四事，宜含「夫婦」一倫為五。蓋敬敷五教乃在上位者之職責，況「夫婦」一倫，尤為人倫之造端，焉可略去不言。由「君子之道四」可推論本章確為孔子反躬自省之言，此亦上文「忠恕」之意，蓋君子躬自厚而薄責於人，孔子雖頻頻曰其「未能」，並無礙其為聖人，吾人自不必為求迴護聖人而強為別解。至於蔣伯潛諸人謂「丘未能一」，蓋聖人之謙辭，[2]固然無誤，惟就「君子之道費而隱」言，推到至極之處，即使聖人亦有所不知、有所不能，所以孔子雖謙稱「未能」，亦有幾分道理與事實。正如朱熹於《章句》所說的「道不遠人者，夫婦所能；丘未能一者，聖人所不能，皆『費』也。」蓋即是此意。

2　如蔣伯潛《中庸新解》：「自己說未能做到一樣，是他生自謙的話。」

三　子臣弟友斷句

關於本章「所求乎子以事父，未能也」以下四句，朱熹在《中庸章句》以為應在子、臣、弟、友處斷句，即宜作「所求乎子，以事父未能也；所求乎臣，以事君未能也；所求乎弟，以事兄未能也；所求乎朋友，先施之未能也」。另又在《中庸或問》申論其說如下：

> 曰：「子、臣、弟、友之絕句，何也？」曰：「夫子之意，蓋曰我之所責乎子之事己者如此，而反求乎己之所以事父，則未能如此也；所責乎臣之事己者如此，而反求乎己之所以事君，則未能如此也；所責乎弟之事己者如此，而反求乎己之所以事兄，則未能如此也，所責乎朋友之施己者如此，而反求乎己之所以先施於彼者，則未能如此也。於是以其所以責彼者，自責於庸言庸行之間，蓋不待求之於他，而吾之所以自脩之則，具於此矣。今或不得其讀，而以父、君、兄、友四字為絕句，則於文意有所不通，而其義亦何所當哉！」[3]

觀朱子之意，主要在說明若欲責求他人，宜先反求諸己。因此，認為宜在子、臣、弟、友處斷句，並謂世人父、君、兄、友四字為斷，致文意有所不通，朱熹似言之成理，惟其中有三個問題亟待解決，朱子之說，方能成立。其一：朱熹既認為欲求於人，則宜先求諸己，試問依《史記・孔子世家》：「丘生而叔梁紇死」，孔子在責求孔鯉之時，有可能先責求自己以事其父叔梁紇否？其二：據《孔子家語》的說法，叔梁紇娶魯之施氏，生九女。其妾生孟皮，孟皮病足，乃求婚

3　見朱熹：《四書或問》，頁70。

於顏氏徵在[4]，試若《家語》之說可信，則孔子有九姊一兄。據《史記·孔子世家》：「丘生而叔梁紇死」，則孔子不可能有弟，則朱熹所謂「所求乎弟」，恐亦無弟可求！其三：在君子道四，其中「朋友先施之未能也」，「友」下無「以」字，其他三者均有之，若依朱熹之說，則「朋友」之下，當有「以」字，今本章則無，足見「朋友先施之」一句，不宜斷分為二，反推「子以事父」、「臣以事君」、「弟以事兄」，自亦以不斷為二句為宜。

綜合上述三說，朱熹以「子臣弟友」四字為斷，似仍存有諸多可議者，宜依傳統以「父、君、兄、友」處斷句較為妥切。

四 朋友先施之

《爾雅·釋詁》：「施，予也。」《廣韻》：「施，與也。」句中「朋友先施之」，究所施者何？鄭玄、朱熹未訓「施」字，遑論所施的內容，至於清·胡渭《中庸諸註糾正》引朱柏廬《講義》云：

> 父君兄三倫不言施報，而朋友言施報矣。然必待其厚施而報，則市道交也，故曰：「先施」。又云：「德業相勸，過失相規，爵祿相先，貨財相通，患難相恤，皆施之實，是也。」[5]

文中胡渭引朱柏廬《講義》，說明先施的內容，可謂具體而深入。惟友朋相處之道，原非一端，固非「德業相勸」等五事所能盡括。因而，本章所云「先施」，論其內容宜從大本立論即可，而朋友之道，

4　見〔魏〕王肅：《孔子家語·本姓解第三十九》（臺北市：臺灣商務印書館景印文淵閣《四庫全書》，1983年），卷9，頁8。

5　見〔清〕胡渭：《中庸諸註糾正》，頁324。

其大本宜如《孟子・滕文公篇》所云：「父子有親，君臣有義，夫婦有別，長幼有序，朋友有信」，文中論朋友之交，其大本即在一「信」字。因此，所謂「先施之」者，即施以誠信之謂。此即下文（第二十章）所云：「獲乎上有道，不信乎朋友，不獲乎上矣；信乎朋友有道，不順乎親，不信乎朋友矣」。觀《中庸》一書，其論及「朋友」一倫者，亦惟在「誠信」一事上[6]，正如「所求乎子以事父」者，惟在一「孝」字上；「所求乎臣以事君」者，惟在一「忠」字上；「所求乎弟以事兄者」，惟在一「悌」字上，竊謂即以此一事為綱領，統攝諸細目，引而申之，觸類而長之，則天下之能事畢矣！

五　慥慥

「言顧行，行顧言，君子胡不慥慥爾」，句中，「慥慥」二字，朱熹承繼鄭玄「守實，言行相應之貌」的說法，而云：「篤實貌，言君子言行如此，豈不慥慥乎！贊美之也。」惟清・錢大昕則謂：

> 古書「造」與「麌」通，慥慥，猶麌麌，當取不自足之意，鄭以為守實，恐未必然。[7]

錢氏主要據《韓非子・忠孝篇》：「舜見瞽瞍，其容造焉」，《孟子》作「其容有麌」，又從《大戴禮・保傅篇》：「靈公造然失容」，賈誼《新書》作「麌然」，遂謂「造」、「麌」二字相通，此

6　按《中庸》論及「朋友」者，除上述諸章外，另有一處，即「哀公問政」章：「君臣也，父子也，夫婦也，昆弟也，朋友之交也，五者，天下之達道也；知、仁、勇，三者，天上之達德也；所以行之者，一也。」朱注：「一」指「誠」而言。

7　見〔清〕錢大昕：《潛研堂文集・問答五・三禮》第1冊（臺北市：臺灣商務印書館，1968年），卷8，頁97。

說甚有見地。惟錢氏取「憱憱」有「不自足」之意來解說《中庸》此
文，則「君子胡不」以下，接一負面的否定語，於文理似亦不通。
清·王引之《經義述聞》遂改其說謂：

> 憱憱亦非自謙之貌，不得云不自足也。慥之言憱也、急也。
> 《廣雅》曰：「憱，急也、迫也。」慥慥者，黽勉不敢勉之
> 意，猶言汲汲耳！「君子胡不慥慥爾」，言君子何事不汲汲
> 然自勉乎？《廣韻》：「慥，言行急也」，正指此篇[8]。

王氏修正錢大昕以「憱」為「不自足」意，取「憱」的另解「急迫」
意，並引《廣韻》以為佐證，實較前人諸說合理。按：「慥」字，
從造從心，清·朱駿聲《說文通訓定聲》云：「造，假借為猝。」
《廣雅·釋詁二》：「造，假借為猝也。」《論語·里仁篇》：「造
次必於是」，此「造次」二字即有倉卒急遽之意。因此，「慥」字即
不從錢、王作「憱」解，亦有急遽之意。鄭玄、朱熹之說，於義雖亦
可通，然揆諸本章孔子論君子之道，自言其未能者，非真一無所能，
祇是就君子之道「致廣大而盡精微」言，即如聖人，仍有「未知」、
「未能」處，此即後文所謂「有所不足，不敢不勉」之意。就道的實
踐言，《周易·乾卦》「君子以自彊不息」、「君子終日乾乾」，而
《詩經·淇澳》：「有斐君子，如切如磋，如琢如磨」的精神，均無
非在闡述君子宜汲汲自勉，精益求精之意，故自王引之以後，學者多
從其說。

8　〔清〕王引之：《經義述聞》（臺北市：世界書局，1963年4月），卷16，頁27。

玖
「素位而行」章釋疑

　　《中庸》第十四章可分兩節，其第二節云：「在上位，不陵下；在下位，不援上。正己而不求於人，則無怨；上不怨天，下不尤人。故君子居易以俟命，小人行險以徼幸。子曰：『射有似乎君子；失諸正鵠，反求諸其身。』」本節待考辨者有三：茲分述如下：

一　徼幸

　　《說文》：「徼，循也。」段注：「古堯切」，以今音讀如「交」。「徼」，本義為「循」，即巡行之意。《漢書・百官公卿表上》：「中尉，秦官。掌徼循京師」，顏師古注曰：「徼，謂遮繞也。」《漢書・趙敬肅王彭祖傳》：「行徼邯鄲中」，師古曰：「徼，謂巡察也。」由游徼循禁以備盜賊，遂由索求盜賊之屬，引申有「求」意，如《左傳・文公十二年》：「徼福於周公、魯公」，杜預注：「徼，要也。」《廣韻》下平聲蕭韻下云：「徼，求也、抄也，又音叫。」《廣韻》去聲嘯韻又云：「徼，循也。」並作「古弔切」，即今音「叫」。而《集韻》云：「邀，遮也，或從彳。」並作「伊消切」，即今音「邀」。「徼」字讀音紛歧如此。不過，段玉裁則說：「今人分平去，古無是也」。綜合上述諸論，竊謂「徼」仍依《說文》讀如「交」為宜。至於今人多讀「徼幸」之「徼」為「皎」音，或受「徼幸」亦作「僥倖」之故。僥，《集韻》作「吉了切」，讀如「皎」。

　　「徼幸」一詞，非有貶意。徼者，求也。蓋君子與小人固不能免乎求。子曰：「富而可求也，雖執鞭之士，吾亦為之」（《論語·述而篇》），再如窈窕淑女，乃君子之好求，又何能免於寤寐？孔子周遊列國，又何嘗不企求賢主的任用，藉以匡濟天下？惟君子與小人分野，端在君子不枉道以求耳，至於小人則蹈險妄求，夤緣奔競，無所不用其極。明·胡廣《章句大全》小註引朱熹：「取所不當得」，恐於字義稍有疏失。

　　至於「幸」字，依《說文》云：「吉而免凶也。」《漢書·伍被傳》：「不可以徼幸邪」，師古注：「幸，非望之福也。」《論語·述而篇》云：「丘也幸，苟有過，人必知之」，足見「幸」亦非有貶意。朱子《章句》云：「幸，謂所不當得而得者」。如此《論語·述而篇》文中的「丘也幸」，亦豈孔子所不當得？是故「徼幸」一詞，若解為「求取分外之得」或「求取非望之福」，於語義較為貼切。如朱熹之說，只是奚落小人，於義終略欠妥當。綜論本章所云「君子居易以俟命，小人行險以徼幸」，其要點在「居易」與「行險」上。「居易」為守常，即上文所謂「擇乎中庸」而能守之；「行險」為蹈險，即上文所謂「驅而納諸罟擭陷阱之中而莫之知辟」，此亦君子中庸，小人反中庸之意也。

二　射有似乎君子

　　《論語·八佾》與《禮記·射義》俱引孔子所說的：「君子無所爭，必也射乎！揖讓而升，下而飲，其爭也君子」之語，與《中庸》本章所說的「射有似乎君子；失諸正鵠，反求諸其身」，各說書皆以射事比擬君子，其故安在？欲瞭解此一問題，首先應瞭解「射事」在先秦非僅止於狩獵攻伐戰陣之事而已，更是觀德取士，嫻習禮樂的方

式。所以《禮記・射義》說：

> 是故古者天子以射選諸侯、卿大夫、士。射者，男子之事
> 也。因而飾之以禮樂也，故事之盡禮樂而可數為以立德行
> 者，莫若射，故聖王務焉。[1]

在孔穎達《禮記正義》中討論此事甚詳，大抵謂天子以射禮來簡選諸侯以下百官的德行，諸侯雖繼世而立，卿大夫亦有功乃升，非專以射而選，然既為諸侯卿大夫，當考其德行，更以射辨其才藝高下，非謂直以射選補而後用之。然而射事何以能藉茲觀德取士？蓋射事非徒以射為務而已，其間更飾以禮樂。在禮的方面則有如《儀禮》中〈鄉射禮〉、〈大射〉諸篇所備載有關揖讓進退、受爵立飲之類；在樂的方面則有如上述諸篇所述樂正樂人彈奏鼓瑟磬絃等，並歌詩三百諸樂章之屬，如《禮記・射義》所說：

> 其節天子以騶虞為節，諸侯以〈貍首〉節，卿大夫以〈采
> 蘋〉為節，士以〈采繁〉為節。〈騶虞〉者，樂官備也。
> 〈貍首〉者，樂會時也。〈采繁〉者，樂循法也。〈采繁〉
> 者，樂不失職也。是故天子以備官為節，諸侯以時會天子為
> 節，卿大夫以循法為節，主以不失職為節。故明乎其節之
> 志，以不失其事，則功成而德行立，德行立，則無暴亂之禍
> 矣。功成，則國安，故曰：射者所以觀盛德也[2]。

由上文可見，射事由射者進退周旋之中禮，並藉歌詩砥礪其志，以毋

1　〔漢〕鄭玄注、〔唐〕孔穎達等正義：《禮記正義》（臺北市：藝文印書館影印嘉慶20年南昌府學十三經注疏本），頁1015。

2　〈騶虞〉、〈采蘋〉、〈采繁〉皆樂章名。〈貍首〉為逸詩篇名。見《禮記正義》，頁1015。

遺隕越，可見射事已非單純一較高下而已！而論及射箭之法，更強調心平體正則持弓矢審固之理，其論射事已由術而進乎道矣，是故〈射義〉說：「射者，仁之道也，射求正諸己，己正而後發，發而不中，則不怨勝己者，反求諸己而已矣」。又說：「孔子曰『射者何以射？何以聽？循聲而發，發而不失正鵠者，其唯賢者乎！若夫不肖之人，則彼將安能以中？』」而鄭玄於《儀禮・大射》亦曾釋「正鵠」為「正者，正也；鵠者，直也」。因此，儒家每以射事比擬君子，即著眼於「心正則矢直」上，故君子雖無所爭，然於射事則當仁不讓，況射事所涉的禮樂，亦合於儒家以禮樂教化的精神，毋怪乎孔子於射事，多所稱道。

三　正鵠

朱熹《章句》云：「畫布曰正，棲皮曰鵠，皆侯之中，射之的也。」此說承自鄭玄，惟簡略難明，故《四書大全》又引朱熹《詩集傳》而細論之：「侯，張布而射之者也。正，設的於侯中而射之者也。大射則張皮侯而設鵠；賓射則張布侯而設正。」並引雙峰饒魯云：「正乃是鴊字，小而飛最疾，最難射，所以取為的。鵠取革置於中，正則畫於布為的。」按：《大全》所引諸說，簡明可從，便於初學，惟其中仍有待釐清者，茲分述如下：

（一）射禮

古代射禮可分為四種：一為大射、二為賓射、三為燕射、四為鄉射。大射是王將有祭祀之事，與其群臣射，以觀其禮。數中者，得與

於祭；不數中者，不得與於祭，此為擇士之射[3]。賓射是諸侯來朝而未
歸，王與之射於朝者，以觀邦國諸侯。燕射是燕飲畢後之射，古者天
子燕於路寢，諸侯燕於小寢[4]。鄉射是州長於春秋二季，以禮會民而射
於州序之禮。謂之鄉者，州為鄉之屬，鄉大夫或在焉[5]。以上四種射
禮，前三射，天子、諸侯、大夫均有之，士則無大射，此以士無臣，
祭無所擇是也。

（二）設鵠

　　無論「設鵠」、「設正」，其意皆指設置侯中（靶心）之謂。惟
兩者施設及所用場合有別。設鵠用於大射，其施設之法如《周禮・司
裘》所云：

> 王大射則共虎侯、熊侯、豹侯，設其鵠；諸侯則共熊侯、豹
> 侯；卿大夫則共麋侯，皆設其鵠。[6]

所謂共（供）侯設鵠之意，鄭玄謂「以虎熊豹麋之皮飾其側，又方制
之，……謂之鵠，著于侯中所謂皮侯」，依鄭氏之說，則大射中所

3　參見《儀禮・大射》賈公彥等引鄭玄《目錄》（臺北市：藝文印書館影印嘉慶20
　　年南昌府學十三經注疏本），頁187，以及《禮記・射義》孔穎達《疏》，見《禮
　　記正義》，頁1018。

4　《公羊傳・莊公三十二年》：「路寢者何？正寢也」，漢・何休《注》：「天子
　　諸侯皆有三寢：一曰高寢，二曰路寢，三曰小寢。父居高寢，子居路寢，孫從
　　王父母、妻從夫寢，夫人居小寢。」徐彥《疏》：「父居高寢者，蓋以寢中最
　　尊。」（臺北市：藝文印書館影印嘉慶20年南昌府學十三經注疏本），頁112。

5　參見《儀禮・鄉射禮》賈公彥等引鄭玄《目錄》所云。惟賈公彥等復引《周禮・
　　大司徒》：「五州為鄉」之說，謂「是州屬鄉故云：『州鄉之屬』，云：『鄉大
　　夫或在焉』者，一鄉管五州，鄉大夫或宅居一州之內，則鄭注《禮記》云：『或
　　則鄉之所居州黨』，而鄉大夫來臨此射禮，是為鄉大夫在焉，則名鄉射。」（鄭
　　注《禮記》語）見《禮記正義・鄉飲酒禮》，卷61，頁17。

6　見《周禮正義》，頁108。

謂張皮侯而設鵠者，乃用虎熊豹麋皮毛為飾，而其所飾者惟侯之兩側耳，其上下又各有布一幅夾之[7]，至於設鵠，依聶崇義《三禮圖》云：「虎侯者，以虎皮飾其布侯之側，其鵠，亦以虎皮方制之，著於侯中。」其餘熊豹麋各侯，亦可類推。由此可見，所謂「鵠」者，是以皮為之，方型，置於箭靶之中，於射時，王之大射，虎侯為王所自射，熊侯為諸侯所射，豹侯為卿大夫以下所射。諸侯之大射，熊侯為諸侯所自射，豹侯為群臣所射。卿大夫之大射，麋侯，為君臣所共射。至於名為「鵠」者，據鄭玄云：

> 謂之鵠者，取名於鳱鵠[8]。鳱鵠，小鳥而難中，是以中之為雋。亦取鵠之較，較者，直也。射所以直己志。用虎熊豹麋之皮，示服猛討迷惑者，射者大禮，故取義眾也。（《周禮·司裘》鄭注）[9]

依鄭氏的說法，則「鵠」字有二義，一取鵠為小鳥而難射者，以喻射中靶心之難。一取鵠有直義。直即正直之謂。《周易·坤卦·文言》：「直其正也，方其義也。君子敬以直內，義以方外」，擬之於射事，正如《禮記·射義》所言「內志正，外體直，然後持弓矢審固，持弓矢審固，然後可以言中」，故鄭玄云：「射所以直己志」也。

7　此據《周禮·司裘》賈公彥《疏》：「侯中上下俱有布一幅夾之」之語。

8　《廣雅·釋鳥》：「鳱鵠，鵲也。」《疏證》：「鄭注〈大射儀〉引《淮南子》曰：『鳱鵠知來』，鳱與雅同……鳱鵠為山鵲，與鵲相似，非即是鵲……但一種而小異，稱名可以互通耳。」〔清〕王念孫：《廣雅疏證》（北京市：中華書局，2004年4月），頁379。

9　見賈公彥：《周禮正義》，頁108。

（三）設正

　　凡侯皆以布為之，於其中三分之一，以皮綴之，則為鵠，是為皮侯；以彩畫之，則為布侯，鵠用於大射，正則用於賓射、燕射、鄉射。惟古今學者混正鵠為一，如東漢・鄭眾云：「方十尺曰侯，四尺曰鵠，二尺曰正，四寸曰質」，[10]而《陳氏禮書》亦謂「大射之侯用虎熊豹麋之皮飾其側，而中又制皮為鵠。賓射之侯亦虎熊豹麋之皮傅其側，而中畫五色為正。燕射之侯則畫熊麋虎豹鹿豕之形以象鵠，此三射之別也」，[11]鄭玄則不以鄭眾之說為是，謂「侯中之大小，取數於侯道（即射箭之距離），鄉射《記》曰『（侯道五十弓），弓二寸以為侯中』，則九十弓者，侯中廣丈八尺。七十弓者，侯中廣丈四尺。五十弓者，侯中廣一丈」（《周禮・司裘》注），而鄭玄於《儀禮・鄉射禮》：「凡畫者丹質」下注云：「賓射之侯，燕射之侯，皆畫雲氣於側以為飾」（卷十三・頁十一），並未論兩側已飾之以皮而設鵠於中之及大射之侯，亦間接說明於侯上用畫者，惟賓射、燕射之侯。

　　此賓射、燕射之侯，除畫雲氣為飾外，自亦於侯中畫正做為射箭的標的。至於畫「正」之法，據《周禮》、《儀禮》大抵可分為獸侯與采侯兩種。如《儀禮・鄉射禮》云：

　　　　凡侯，天子熊侯白質；諸侯麋侯赤質；大夫布侯，畫以虎

10　見《周禮・司裘》鄭玄注引。今人陳槃亦用鄭眾之說，謂「古人學射，前面安置的布，叫做『侯』。侯的正中掛一皮革，叫做『鵠』。鵠的當中，畫正方二尺，叫做『正』」，亦是混「正」「鵠」為一，況鵠皮之上，亦難以施畫。陳氏之說，見《大學中庸今釋》（臺北市：正中書局，1984年10月），頁28-29。

11　見〔清〕陳宏謀：《四書考輯要》引（臺北市：廣文書局，影印國立中央研究院藏乾隆三十六年培遠堂藏版，1978年），卷2，頁36。

豹，士布侯，畫以鹿豕。[12]

鄭玄注曰：「此所謂獸侯也，燕射則張之，鄉射及賓射當張采侯」，此即《周禮‧梓人》：「張獸侯則王以息燕」是也。而采侯者，謂以五采畫正之侯，即《周禮‧梓人》：「張五采之侯，則遠國屬」，「遠國」指諸侯來朝者，王於賓射之禮，張此五采之侯與之共射。而五采之侯，依《周禮‧射人》所云：

> 以射法治射儀，王以六耦射三侯三獲三容，樂以〈騶虞〉九節五正。諸侯以四耦射二侯二獲二容，樂以〈貍首〉七節三正。孤卿大夫以三耦射一侯一獲一容，樂以〈采蘋〉五節三正。士以三耦射豻侯一獲一容，樂以〈采蘩〉五節二正。[13]

文中所謂「五正」之侯，即〈梓人〉之「五采之侯」。依鄭玄之說，「正」之言正也，若射者內在心志醇正則其射箭必能中的。是以用五正色畫五正之侯，其侯之正中用朱，次白、次蒼、次黃、而玄居其外。「三正」，則損去玄、黃色；「二正」則再去白、蒼而畫以朱、綠。明乎此，或能識《章句》所云：「畫布曰正，棲皮曰鵠」之理。至於名為「正」者，鄭玄云：

> 正者，正也，亦鳥名[14]。齊魯之間，名題肩為正，正鵠皆鳥之捷黠者。

---

12 見《儀禮正義》，頁147。

13 見《周禮正義》，頁462。

14 據《三才圖會》：「正即鷗鳥，小而飛疾，最難射，故畫於布侯中，以為射之的，眼明千里（聖），最知幾者。」按《圖會》謂「畫於布侯中」，似指畫正鳥之形於布侯中，惟考諸文獻，似未見載，其考其詳。惟就事物之源起，侯之始設時，或不無可能。見〔明〕王析：《三才圖會》（上海市：上海古籍出版社，1993年10月），頁2195。

依鄭氏之說，則「正」字亦有二義，一取正為鳥之捷黠難射，以喻射
中靶心之難。一取「正」有正直之意，擬之於射事，亦如「鵠」之言
「直」也，直即正直之謂。是故君子苟能體悟上述義涵，則失諸正
鵠，自然必知反求諸己而無怨尤。

拾
「行遠自邇」章釋疑

　　《中庸》第十五章云：「君子之道，辟如行遠必自邇，辟如登高必自卑。《詩》曰：『妻子好合，如鼓瑟琴；兄弟既翕，和樂且耽；宜爾室家，樂爾妻帑。』」子曰：「父母其順矣乎！」歷代諸家於本章的解說，疑義較少，然仍有緊要處，宜待闡明者。蓋道雖無所不在，然其實踐的進路則有次序，故本文擬從君子之道與室家之道兩方面，分別論述道的實踐。另本章亦有若干字義，容有待深究者，亦一併討論，俾能藉訓詁明而後收義理明之效也。茲分述如下：

一　君子之道的實踐進路

　　君子之道雖「廣大」、「高明」，於造次顛沛之際，固然可見，即在日用倫常之間，亦無處不在，而不可須臾離也。《中庸》論君子之道，其實踐的進路，乃從尋常處下手，如第四章：「人莫不飲食也，鮮能知味也」，即以尋常飲食，以喻道的不可違離。第十三章更謂「道不遠人」，並從父子、君臣、兄弟、朋友，即所謂「君子之道四」論之。而第十二章論道的「費」、「隱」，亦謂愚夫愚婦可以「與知」、「能行」，足證《中庸》作者所論君子之道，其著重者皆就尋常之道言，而論其實踐，亦皆從尋常處做起，此即《中庸》所說的「君子之道造端乎夫婦」之意。君子之道所以造端乎夫婦者，除了「夫婦」一倫為人倫之首，許多倫常關係，皆由此推衍而出外，另一層涵義，亦寓有君子之道蓋從夫婦日用尋常的實踐開始。正如子游責

備子夏以洒掃應對進退教門人，乃捨本而逐末，子夏聞後回應：「君子之道，孰先傳焉，孰後倦焉」（《論語・子張篇》）。蓋道無不在，理無小大，惟其實踐的進路，當自小者、近者、淺者、易者、平常者開始，故程子說：

> 君子教人有序。先傳以小者近者，而後教以大者遠者。非先傳以近小，而後不教以遠大也。又曰：洒掃應對，便是形而上者，理無小大故也。[1]

程子所謂「洒掃應對，便是形而上者」，[2]實為見道之語。蓋天下之理一而分殊，學者固當循序而漸進，雖不可捨本而逐末，亦不可厭末而求本，蓋本立則道生，綱舉則目張；末雖非本，然學末則本便在其中矣。故君子之道，蓋始於洒掃應對而終於窮理盡性；始於齊家，終於治國、平天下，其實踐進路，莫不有序，任一環節，無分本末，莫不重要。正如《大學》八目，雖有本末先後之分，然於價值高下，固無分軒輊也。《中庸》於本章末舉「室家之道」為例，不過是藉室家之道來論君子之道行遠自邇之意耳。推而廣之，治國、平天下，亦莫不如此。故〈哀公問政〉章，論治國九經，首言「脩身」、「尊賢」、「親親」，而後可以推諸「柔遠人」、「懷諸侯」，其意在此，《孟子》所謂「親親而仁民，仁民而愛物」（〈盡心篇〉）其意亦在此。君子之道無所不在，然論其實踐進路，則條理井然，非可躐等，此《中庸》所以特揭「行遠自邇」、「登高自卑」，以喻君子之道也。

1　見朱熹：《四書章句集注》，頁266。
2　《周易・繫辭上傳》云：「形而上者，謂之道。」所謂「道無不在」、「理無小大」。因此，即使在洒掃應對，日常生活之間，亦無不有道。

二　室家之道的實踐進路

　　本章首言君子之道，說明行遠自邇、登高自卑的道理，此乃從原理原則論君子之道的實踐進路。至於下文引《詩經·小雅·常棣》一詩，不過舉「室家之道」一事以示例耳。而詩中首言「妻子」、次言「兄弟」、其次言「父母」，此其中亦有實踐的進路存焉。蓋自古以來，中國傳統思想，乃男主外女主內。因此，天地有如男子的家庭，家庭有如女子的天地，相夫教子的成敗，往往繫於妻室，故《易經·家人》云：「利女貞」，〈彖傳〉亦謂：「女正位乎內，男正位乎外。男女正，天地之大義也。家人有嚴君焉，父母之謂也。父父子子，兄兄弟弟，夫夫婦婦，而家道正，正家而天下定矣」，此《大學》所謂「家齊而后國治」是也，故治家之要，由斯可見。

　　然室家之道實踐的進路，何以宜自妻子始？胡渭《中庸諸註糾正》論之甚詳，試引述如下：

> 首二語為翕兄弟者，[3]正本窮源之道。即〈思齊篇〉「刑于寡妻，至于兄弟，御于家邦」同義。以兄弟本自親也，自有妻子，則妻其合體，子其繼體，妻子處日親之勢，而兄弟則各妻其妻，各子其子，自處于日疏之勢矣。刑于妻，教于子，則妻能助化，子能成德，日以親親之道，贊其君子，而兄弟之翕者永翕，即未翕者，亦能因是而翕之也，其翕兄弟者，所以首及妻子歟！[4]

由此可知，欲翕兄弟者，宜先從「好合妻子」做起。惟「好合」二

3　即「妻子好合，如鼓瑟琴」二語。

4　見胡渭：《中庸諸註糾正》，頁341-342。

字，當做何解？「好」字，《釋文》與《章句》均作去聲（呼報切），今人則多讀上聲（呼老切），如「百年好合」。竊謂讀去聲、上聲於音義雖略有別，[5]然說皆可通。讀作去聲，則「好合」之意，宜如胡渭於《中庸諸註糾正》所云：

> 好者，以德相愛；合者，以道相同。好之而後致其合，合之所以申其好。好，言其相及；合，言其相應也。夫率妻以正，妻從夫以順，父教子以義，喻親以道，是之謂好。如響斯應，志得道同，斯之謂合也。瑟琴者，瑟訓窒，《白虎通》云：「閉也。所以懲忿窒慾，正人之德也」，又曰：「琴，禁也。禁止于邪，以正人心也。」好合如之者，言如樂之和，無所不諧，而皆以德相成之謂也。如好合而不于德，則非瑟琴之如矣。[6]

胡氏從「以德相愛」、「以道相合」訓「好合」之意，可謂深中肯綮，至於「好」讀作上聲，則「好合」者，為美好會聚之謂。按：「合」有會聚之意，[7]能與妻、子親情為美好的會聚，則不致夫妻反目，以成怨偶；父子賊恩，若怨家相對，然所以能如此者，必以父慈子孝夫義婦德，有以致之也。因此，「好」字讀去聲，乃從入手處言；讀上聲，乃從其效驗言，兩者蓋一體之兩面，於精神上固無別也。是故欲求兄弟之翕合，非從「好合妻子」不為功也。而「翕」字，《釋詁》、《毛傳》均云：「翕，合也」，《說文》則云：「起

5　《說文》：「好，美也。」段注云：「好，本謂女子，引申為凡美之稱，凡物之好惡，引申為人情之好惡，本無二音，而俗強別其音。」

6　見胡渭：《中庸諸註糾正》，頁342。

7　《說文》段玉裁注：「三口相同是為合，十口相傳是為古，引申為凡會合之稱。」

也」，惟言「合」，則不見「起」意，言「起」，則「合」意在其中矣。「翕」從合從羽，蓋本指鳥之將起，必斂翼也。兄弟同根，如鳥翼之同體，動而相引，自合而分，引而復聚，故言「翕」，不言「合」。耽，《說文》作「媅」，[8]《釋文》引《韓詩》云：「樂之甚也」。《詩經·小雅·常棣》：「和樂且湛」，《傳》曰：「湛，樂之久也」，必由妻子之好合，進而能兄弟之翕合，殆兄弟之既翕，則內外咸和，天倫胥樂，而此樂亦能且甚且久，其樂融融矣！

　　由「妻子」而后「兄弟」，再由「兄弟」而后「室家」，此即室家之道的進路。「室家」二字，所謂「室」專究個人言，「家」則泛指全體言，鳩合眾室而成為一家。古者家庭結構，父母兄弟往往群聚而居，眾兄弟往往同居一室，迨取新婦後，則別授一室，故男子結婚亦謂之「授室」。「宜爾室家」之「宜」字，乃各得其情，各適其意，各安其所之謂，家室既得其宜，則家中的嚴君——父母，殆亦能順心快意，此亦實踐室家之道所得的效驗。古云：「一室之不治，何以家國為？」由一室妻子的「好合」，進而獲致諸室兄弟的「既翕」，終底於一家的和宜，此即《中庸》行遠自邇、登高自卑之教也。

8　「耽」，《說文》云：「耳大垂也。」本不訓樂，段注云其可假借為「媅」字。《說文》：「媅，樂也。」耽、湛皆為假借字，媅為其真字，唯假借行而真字廢矣。

拾壹
「鬼神之為德」章釋疑

　　《中庸》第十六章云：「子曰：『鬼神之為德，其盛矣乎！視之而弗見，聽之而弗聞，體物而不可遺。使天下之人，齊明盛服，以承祭祀，洋洋乎如在其上，如在其左右。』《詩》曰：『神之格思，不可度思，矧可射思。』夫微之顯，誠之不可揜如此夫。」在本章中，待考辨者有二，其一為鬼神的問題，其二為「齊明盛服」一辭的確解，試分述如下：

一　鬼神

　　「鬼神」雖為複雜的命題，然在先秦典籍大略概分為二，其一為宗教意義的鬼神，其一為哲學意義的鬼神。姑不論墨家、陰陽家的鬼神概念，即就儒家言，仍同時存在此兩種意義的鬼神，茲分別論述之。

（一）宗教意義的鬼神

　　宗教意義的鬼神，在哲學上接近於有主宰性的人格天，具有賞善罰惡的功能。如《尚書·湯誓》：「有夏多罪，天命殛之。……予畏上帝，不敢不正。……致天之罰。」《左傳·莊公十年》曹劌曰：「小信未孚，神弗福也。」而孔子亦曾就王孫賈所問：「與其媚於奧，寧媚於竈」，答曰：「獲罪于天，無所禱也」（《論語·八佾篇》），以上皆屬宗教意義的鬼神。孔子雖「敬鬼神而遠之」（《論

語‧雍也篇》），雖「不語怪力亂神」（《論語‧述而篇》），雖罕言「性與天道」（《論語‧公冶長篇》），然而鬼神之說，果真為無稽之論、荒謬之言，孔子必然大加撻伐，而不致語多保留。因此，孔子對於宗教意義的鬼神，基本上是存而不論，並未嘗否定鬼神的存在，但也不願正面承認鬼神的存在。如季路問事鬼神？孔子答曰：「未能事人，焉能事鬼？」又問「死」？孔子亦答曰：「未知生，焉知死？」（《論語‧先進篇》）。觀孔子避而不答鬼神之事，並非否定其存在，實以鬼神之事，蓋幽杳難明，即便處於科技昌明的今日，尚難以解決之事，欲期望兩千年前，民智未聞，鬼神色彩濃厚的時代，[1]能釐清分明，蓋強人所難。所以，孔子能做之事，惟「多聞闕疑，慎言其餘」、「多見闕殆，慎行其餘」（《論語‧為政篇》）耳。另一方面孔子繼承周代以禮樂為中心的人文精神，繼續推闡周初以來，在傳統原始宗教生活中，注入人文自覺的精神，亦即將宗教人文化。周人的方法是保留殷人祖宗神、自然神種種神明而加以祭祀，然將最高主宰──上帝的意旨（天命），做合理的規範，使其對於人，僅居監察地位，而其監察的準據，則是以人們行為的合理與否為依據，此即《尚書‧皋陶謨》所云：「天聰明，自我民聰明；天明畏，自我民明威」，又如《詩經‧大雅‧文王》所云：「殷之未喪師，克配上帝，儀監于殷，峻命不易」，《尚書‧康誥》亦云：「惟命不于常」。由是可知，周人將宗教人文化，使人漸漸從宗教對神的依賴，解脫而出，並取得某種程度的自主地位，此一傾向，至春秋時代，因人文精神的繼續推闡而有更大的進展。如《左傳‧桓公六年》隨季梁云：「夫民，神之主也。是以聖王先成民而後致力於神。」

1　所謂：「民智未開，鬼神色彩濃厚」之語，非有貶意，其概念乃相對於今日而言，亦非可逆覺為今日民智已開，鬼神色彩淡薄。

《左傳‧僖公十九年》宋‧司馬子魚亦謂「祭祀，以為人也。民，神之主也。」由此可見，宗教人文化之後，人已不再為神的附庸；反成為神的主宰。

　　孔子繼承周代的禮樂人文制度，所謂「郁郁乎文哉！吾從周」（《論語‧八佾篇》），對於鬼神的態度，自然延續周人將宗教人文化的態度，不可能再返回殷人原始宗教的舊路而大談鬼神之道。相反地，孔子更積極從人類的道德面來啟發人心，肯定人類的主體性，希望藉以擺脫原始宗教非理性與未可知的一面。所以，他特別強調人類可掌握的主觀自覺，亦即道德實踐上。

　　綜合上述諸意見，孔子對於宗教意義的鬼神，是否肯定其存在，其意義已不甚重要。因為，孔子扮演的角色是教育家，而不是宗教家。因此，即使孔子私下承認鬼神的存在實有，亦不可能、更不願意推波助瀾此一未可知的世界，而抵消了周初以來，先民在人文精神推闡努力的績效。所以當子路甘冒大不韙，論及鬼神與生死問題，孔子自然會怫然變色，怒斥其「未能事人，焉能事鬼」、「未知生，焉知死」（《論語‧先進篇》）了。

（二）哲學意義的鬼神

　　哲學意義的鬼神，主要是從氣化宇宙論來立論。在哲學上，接近於指自然之運行的自然天。如《荀子‧天論篇》所云：「列星隨旋，日月遞炤。四時代御，陰陽大化，風雨博施，萬物各得其和以生，各得其養以成，不見其事而見其功，夫是之謂神。」文中所謂「神」，雖有神妙神奇之意，然所以致此者，即是陰陽二氣靈妙的作用。此一氣化宇宙論，早於先秦即已成型，如《周易‧乾卦‧彖傳》：「雲行雨施，品物流形，大明終始，六位時成，時乘六龍以御天。乾道變

化，各正性命」。[2]而《莊子‧至樂》亦載莊子對其妻死，鼓盆而歌道：「是其始死也，我獨何能無概然！察其始而本無生，非徒無生也而本無形，非徒無形也而本無氣。雜乎芒芴之間，變而有氣，氣變而有形，形變而有生，今又變而之死，是相與為春秋冬夏四時行也。」上述二文中，均以氣的作用來論述生命的歷程，可謂為中國哲學中的氣化宇宙論奠下最初的理論基礎。

朱熹在解釋本章「鬼神」的概念，即從此立論，如《章句》引程子曰：「鬼神，天地之功用，而造化之跡也。」又引張載謂：「鬼神者，二氣之良能也。」朱子更具體說明：「愚謂以二氣言，則鬼者陰之靈也，神者陽之靈也。以一氣言，則至而伸者為神；反而歸者為鬼，其實一物而已。」[3]上述諸說，均視「鬼神」為陰陽二氣的靈妙作用，此即哲學意義的鬼神。宋儒藉此以說明「誠」的作用，雖如「鬼神」，弗見弗聞，然亦體物而不可遺。惟宋儒的說法，雖似可通，然本章下文有「使天下之人，齊明盛服，以承祭祀」之語，足以說明《中庸》此處的「鬼神」，顯然是指宗教祭祀的「鬼神」而言。蓋誠之功效，往往具有不可思議的力量，所謂「精誠所至，金石為開」，《中庸》亦謂「不誠無物」，此一作用，如有神力，實難以言喻，孔子不過借祭祀時，眾所周知的鬼神之德，雖狀似隱微，卻又如此顯著，以喻至誠不可掩蓋，亦必呈顯其功效，故此章非專論鬼神之事。

徐復觀先生認為本章為孔門遺簡，而與《中庸》無關，蓋由禮家所雜入。[4]胡志奎先生亦謂「《中庸》言『鬼神』，乃至『禎祥』、

---

2 所謂「雲行雨施」即透過陰陽二氣（即雲氣）的交感變化，聚而成雨，萬物亦在此流布滋潤下，產生形體，並接受上天賦予的情性與生命。

3 上述諸說均見朱熹：《四書章句集注》，頁33。

4 徐復觀：《中國人性論史》（臺北市：臺灣商務印書館，1990年），頁106。

『妖孽』、『蓍龜』、『四體』之說，實係墨家、陰陽家之語調」。[5]
惟若據前文所述，本章祇是借鬼神以喻誠之不可掩，況「誠」為《中庸》重要的課題，謂本章與《中庸》無關，甚至謂蓋墨家、陰陽家之語調，恐怕有待商榷。

二　齊明盛服

《中庸》一書中，論「齊明盛服」者，蓋有兩處，一為第十六章：「鬼神之為德，其盛矣乎！視之而弗見，聽之而弗聞，體物而不可遺。使天下之人，齊明盛服，以承祭祀，洋洋乎如在其上，如在其左右」；一為第二十章：「齊明盛服，非禮不動，所以脩身也」。論者或以兩章的「盛服」，皆指「正其衣冠」言[6]，或以前者為禮服，後者為整齊衣冠之意[7]，眾說紛紜，莫衷一是。即就「齊明」二字的訓解，亦往往以「齊（齋）戒明潔」一語帶過，大多未能深究其意，以致在詮釋上，未能深中肯綮，掌握義理。因此，本文擬就「齊明盛服」一語，闡述析論，希望藉由訓詁明而後義理明也。

（一）釋「齋」

1　齋的意涵

《說文》：「齋，戒潔也。」古書多作「齊」。《廣韻》亦謂：

5　胡志奎：《學庸辨證》（臺北市：聯經出版公司，1984年8月初版），頁62。

6　如今人陳槃：《大學中庸今釋》、楊祖漢：《中庸義理疏解》、謝冰瑩等：《四書讀本》等等。

7　如孔穎達：《禮記正義》於前者謂「盛飾餘服以承祭祀」，於後者則謂「盛服謂正其衣冠」。而蔣伯潛則謂前者為「整齊衣冠」，謂後者為「盛服，大禮服」。

「齋，莊也、敬也。」故「齋」有莊謹潔淨之意。齋的意義，古今有別，儒道佛三家對於「齋」字的體認亦各異，本文主要就儒家觀點來敘述。

《中庸》一書中，共有三個「齊」（齋）字，除第十六章明顯是祭祀的「齋」外，另第二十章「齊明盛服，非禮不動」的「齊」，與第三十二章「齊莊中正，足以有敬也」的「齊」（齋），則有敬肅莊重之意。不過，兩者的概念亦均由祭祀的「齋」引申而來。

「齋」原是祭祀前的一項程序與儀式。《禮記・表記》云：「齊戒以事鬼神」。《禮記・祭統》云：「及時將祭，君子乃齊（齋）」。《新唐書・禮樂志》亦云：「凡祭祀之節有六：一曰卜日，二曰齋戒，三曰陳設，四曰省牲器，五曰奠玉帛、宗廟之晨裸，六曰進熟、饋食」。[8] 由此可見，齋戒為祭祀的程序之一，乃為祭祀前重要的工作。

2 齋戒的內容

祭祀前的齋，必有伴隨而來的種種戒律或制約，是故「齋必有戒」，至於齋戒的內容與方式為何？依《禮記・祭統》所云：

> 及時將祭，君子乃齊（齋）。齊（齋）之為言，齊也。齊不齊，以致齊者也。是以君子非有大事也，非有恭敬也，則不齊（齋）。不齊（齋），則於物無防也。耆欲無止也。及其將齊（齋）也，防其邪物，訖其耆欲，耳不聽樂，故記曰：「齊（齋）者不樂」，言不敢散其志也。心不苟慮，必依於道；手足不苟動，必依於禮。是故君子之齊（齋）也，專致其精明之德也。故散齊（齋）七日以定之，致齊（齋）三日

8　《新唐書》（臺北市：鼎文書局，《二十五史》點校本），卷11，頁310-319。

以齊之定之，之謂齊（齋），齊（齋）者，精明之至也，然後可以交於神明也。[9]

另《禮記‧祭義》也提到：

致齊（齋）於內，散齊（齋）於外。齊（齋）之日，思其居處，思其笑語，思其志意，思其所樂，思其所嗜，齊（齋）三日，乃見其所為齊（齋）者。[10]

歸納上述二說，可見古人齋戒的內容，大抵可分為內在意念的專注，即「致齋」；與外在行為的約制，即「散齋」兩方面。內在意念的專注，是指在齋戒的日子，思念親人生前居處、笑語、志意、所樂、所嗜五事，藉以凝聚對死者的思念，如此齋戒三天，死者當能宛然在目。此即鄭玄所說的「致齊（齋），思此五者也」（《禮記‧祭義》注）。亦如孫希旦所云：「致齊（齋）於內，專其內之所思也」。[11]外在行為的約制，指於齋戒的日子，要防止邪僻的事物、停止嗜欲、音樂等事，此即鄭玄所說的「不御（不與妻妾同房）、不樂、不弔耳」（《禮記‧祭義》注），亦如《禮記‧月令》所說的「君子齊（齋）戒，處必掩身，毋躁；止聲色，毋或進；薄滋味，毋致和；節

9　《禮記‧祭統》將齋區分為散齋與致齋兩種。另《新唐書‧禮樂志》卷11，則區分為散齋、致齋、清齋等三種，惟論述齋期則僅就散齋、致齋言，可見清齋迥別於上述二齋，疑指佛教東傳後，世人以清心素食為「清齋」。如唐‧王維〈積雨輞川莊作詩〉：「山中習靜觀朝槿，松下清齋折露葵」。或指佛教以辰時飲水一盂，終日不食，所稱之「清齋」，見《釋氏要覽‧雜記》。

10　見孔穎達：《禮記‧祭義》（臺北市：藝文印書館影印嘉慶20年南昌府學十三經注疏本），頁807。

11　孫希旦：《禮記集解》（臺北市：文史哲出版社，1976年10月再版），卷46，頁1107。

耆欲，定心氣，百官靜，事毋刑」之類。[12]所以「散齋」，乃著重於外在邪僻、嗜欲的約制，藉以追求身心的潔靜，此即孫希旦所說的「散齋於外，防其外之所感也」。[13]至於今人以齋有素食之意，並謂乃受佛教傳入中土的影響，此說恐未必可靠。因為從文獻來看，先秦以前，齋戒時，早已茹素不茹葷矣。[14]

3 齋戒的期限

齋戒的期限，依《漢舊儀·補遺》云：「皇帝祭天，居雲陽宮，齋百日」，[15]則齋期可長達百日之久。若依《禮外傳》的說法「大祀，散齋七日，致齋三日，則十日齋矣」。[16]而《漢舊儀·補遺》另謂「大祀，齋五日；小祀，齋三日」，惟本書中並未說明「齋百日」、「齋五日」、「齋三日」是否含致齋、散齋言？據《後漢書·禮儀志》所云：「凡齋，天地七日；宗廟、山川五日；小祠三日」，

12　「掩身」據孔《疏》引蔡邕說，蓋以仲夏之月，陰氣始萌，故君子處不顯露，恐干陰氣也。「毋或進」指進御舞樂和女色。「百官」猶「百體」，指身體各器官。「刑」當讀為「徑」，有疾速之意。

13　孫希旦：《禮記集解》（臺北市：文史哲出版社，1976年10月再版），卷46，頁1107。

14　如《禮記·月令》論君子齋戒，已有「薄滋味」、「節嗜欲」之說。而《莊子·人間世》載顏回與仲尼之對話，其中有「回之家貧，唯不飲酒不茹葷者數月矣。如此，則可以為齋乎？曰：是祭祀之齋，非心齋也」，《莊子》此段文字，雖假借顏子與孔子的對話，以寄託其意，然卻也真實反映當時的齋戒飲食。至於《史記·滑稽列傳》載西門豹治鄴時，鄴地三老與祝巫為河伯婦治齋宮，並具牛酒飯食之事，此行徑誠荒誕不經，即令先秦確有齋戒時茹葷飲酒情事，恐亦不能以常例視之。

15　見衛宏：《漢舊儀·補遺》卷下，合刊於《漢禮器制度》（北京市：中華書局，1985年）。

16　據《淵鑑類函》卷163引（臺北市：新興書局影印清康熙四十九年原刻本），頁2897。

亦未分致齋、散齋言。由上述可知，齋期說法，殊不一致。依個人淺
見，凡單云「齋」者，應包含散、致二齋言，蓋無論外在行為的約制
與內在意念的專注，均為齋戒一體的兩面，亦相輔而相成，合斯二
者，方謂之齋，也纔能達到齋戒的意義。論齋期的短長，雖然《漢舊
儀》、《禮外傳》有「百日齋」「十日齋」之說，然齋期過長，精誠
易散，亦不符常人情性，故古時雖或有之，恐難成為後世的常制。
按：宜以《後漢書・禮儀志》的說法，較為合理可信。至於《禮記・
祭統》所謂「散齋七日」、「致齋三日」，其齋期應仍為七，致齋三
日當在散齋七日之後三日，蓋致齋三日仍應守散齋諸約制行為，不應
截然分為二途。

　　惟漢以後，論齋戒之期，凡分散齋、致齋者，則分別計日，似與
兩漢以前合致齋之日於散齋之日中，有所不同，如《新唐書・禮樂
志》云：「大祀，散齋四日，致齋三日；中祀，散齋三日，致齋二
日；小祀，散齋二日，致齋一日」，又云：「大祀，前期七日……於
是乃齋」。足證唐代是合散齋四日與致齋三日以計也。而《元史・祭
祀志》亦云：「祀前七日，皇帝散齋四日於別殿，致齋三日，其二日
於大明殿，一日於大次，有司停奏刑罰文字」，[17]可證其亦合散齋與
致齋之期而為七日。由《唐志》與《元志》來看，其計算方式，雖與
古時不同，然齋戒仍不出七日。再以《史記・廉頗藺相如列傳》載藺
相如謂秦王曰：「和氏璧，天下所共傳寶也，趙王恐，不敢不獻。趙
王送璧時，齋戒五日，今大王亦宜齋戒五日」來看，對如此天下至
寶，並慎重其事地齋戒，亦不過五日。因此，齋期向上推至七日，向
下推至三日，應是較合理的天數，而此天數亦應包含致齋與散齋兩者

17 《元史・祭祀志》（臺北市：鼎文書局，《二十五史》點校本），卷73，頁
　　1805。

天數的總合為宜。

（二）釋「明」

　　齋明盛服的「明」字，鄭玄與朱熹均訓為「潔」。所謂「潔」，實包含內外二義。內如《禮記・祭統》所云：「心不苟慮，必依於道」之類；外如《禮記・祭統》所云：「手足不苟動，必依於禮」之類。上述二義，固然本諸「明潔」之義而來，然「明潔」的概念，又源自齋戒中的「明衣」而來。

　　古時祭祀前必有齋戒，而齋戒必沐浴，沐浴後，必著明衣。明衣即褻衣，是貼身的衣服，浴後穿著明衣，有明潔其體之意，此即《論語・鄉黨》所說的「齋必有明衣布」，稱「明衣布」者，以其質料以布為之。

　　明衣雖有明潔其體之意，然而其取義，非僅就身體的潔淨言，亦應包含內在心志與外在行為的潔淨，清・胡渭云：

> 潔之義，即〈祭統〉防邪物，訖嗜欲之說，與〈曲禮〉不樂不弔，凡一切散思失正者，使淨盡焉，故曰潔也。兼此數義，則齋明之義始足。僅以齋肅其心，明潔其體，分內外者，非是。可知齋之與明，心與體同，內外不間也。[18]

胡渭合內外二義，解釋「明潔」，誠深刻而有見。由此可知，「齋明」二字，均含內外兩方面，不可將二字分別做內外兩層意義來看。由於「明衣」有潔淨意，故亦用於死者大歛時，沐浴後所穿著的褻衣，此即《儀禮・士喪禮》所稱的「明衣裳用布」及《儀禮・既夕

18　胡渭主要針對胡廣：《中庸章句大全》所云：「明潔其心」，及該書中所引陳氏云：「齋明是肅於內，盛服是肅於外，內外交致之功也」之語，提出糾正。見胡渭：《中庸諸註糾正》，頁349。

禮》所稱的「設明衣」，兩者皆取其潔白之意。

（三）釋「盛服」

　　《中庸》第二十章論治理天下國家曾提出「九經」之說。「九經」者指治國的九種常道，其中「脩身」一項，蓋為一切行事的本源，故置於九經之首。至於脩身方法，《中庸》則云：「齊明盛服，非禮不動，所以修身也」，文中藉齋戒時的莊謹潔淨，衣冠整齊，以喻在位者亦宜抱持敬慎莊重的態度來脩身。因此，此處的「齊明盛服」，其中「齊」不必為齋戒之齋，而盛服亦不必為穿著禮服，蓋「脩身」無須藉由日日齋戒沐浴，月月盛飾禮服來脩身。《中庸》旨在藉齋戒時敬慎莊重的的內外修持，來譬喻平素的脩身，亦應如此。

　　至於《中庸》第十六章所說的「盛服」，則主要就祭祀來說。是以此處「盛服」，除有「整齊衣冠」之意外，亦有孔穎達所謂的「盛飾餘服」之意，因此，亦應包括正式的、盛美的「禮服」言。古時於吉凶軍賓嘉諸禮，各有所服，如《周禮・司服》云：

> 司服掌王之吉凶衣服，辨其名物，與其用事。王之吉服，祀昊天上帝則服大裘而冕；祀五帝亦如之；享先王則袞冕；享先公饗射則鷩冕；祀四望山川則毳冕；祭社稷五祀則希冕，祭群小祀則玄冕。[19]

吉服如此，他如凶事等等，亦各有不同的服飾。而《論語・泰伯》亦曾載孔子對夏禹的讚美，謂其「菲飲食而致孝乎鬼神，惡衣服而致美乎黻冕」，其中「黻冕」即為祭服。鄭玄注云：「孔曰：損其常服，以盛祭服」，此祭服即盛服之謂。另《左傳・宣公二年》載趙盾「盛

19　見《周禮正義》，頁323。

服將朝，尚早，坐而假寐」，杜預注云：「不解衣冠而睡」，此「衣冠」當指朝服，可見朝服亦為盛服。又隋·薛道衡〈和許給事善心戲場轉韻詩〉云：「假面飾金銀；盛服搖珠玉」，[20]從詩中亦可略見，「盛服」之所以為「盛」的原因。

至於祭服、朝服穿著次第，依《論語·鄉黨》：「齋必有明衣布」下，孔《疏》云：

> 凡祭服，先加明衣，次加中衣，冬則次加袍繭，夏則不袍繭，用葛也，次加祭服，若朝服、布衣，亦先以明衣親身，次加中衣，冬則次加裘，裘上加裼衣，裼衣之上加朝服；夏則中衣之上不用裘而加葛，葛上加朝服。[21]

以上論及祭服、朝服的穿著次第，由明衣以次至最外層的祭服、朝服等。無論祭服或朝服，皆非平素常服，皆有其盛美而可觀者，引申為一切華美的服飾，無一不可稱之為盛服。

由上述的說明，可知《中庸》第十六章論及祭祀鬼神的「齊明盛服」，就字面意義言，宜詮釋為「在齋戒沐浴後，換上潔淨的明衣，並套上盛美的禮服」。而其主旨則在強調祭祀者內在心志與外在行為的潔淨，藉以呈顯天下之人對鬼神的虔誠。至於《中庸》第二十章論治國九經中的「齊明盛服」，則是藉由齋戒時內外的莊謹潔淨，以喻在位者亦宜敬慎莊重，以慎修厥德。因此，若干學者將《中庸》第十六章所說的「齊明盛服」，其中「盛服」二字，比照第二十章的「齋明盛服」，俱作「正其衣冠」；或以前者為禮服，後者為整齊衣

20 見逯欽立輯：《先秦漢魏晉南北朝詩·隋詩》（臺北市：木鐸出版社，1983年9月），卷4，頁2684。

21 見邢昺：《論語注疏·鄉黨》（臺北市：藝文印書館影印嘉慶20年南昌府學十三經注疏本），頁88。

冠之意；或將「齊明」二字的訓解，僅以「齊戒明潔」一語帶過，恐
於義均欠妥切，亦不夠深入。

拾貳
「舜其大孝」章釋疑

　　《中庸》第十七章載「子曰：舜其大孝也與！德為聖人，尊為天子，富有四海之內，宗廟饗之，子孫保之。故大德必得其位，必得其祿，必得其名，必得其壽。故天之生物，必因其材而篤焉，故栽者培之，傾者覆之。詩云：『嘉樂君子，憲憲令德，宜民宜人，受祿于天。保佑命之，自天申之』，故大德者必受命。」關於本章待考辨者有四，茲分別論述如下：

一　德為聖人

　　《中庸》第十七章雖然主要在闡發「大德者必受命」，然而「德為聖人」則是全章的樞機。蓋此四字，除了說明舜的大德已躋入聖域外，並衍生出下文「尊為天子」、「富有四海之內」、「宗廟饗之」、「子孫保之」四事，其後復以「必得其位」、「必得其祿」、「必得其名」、「必得其壽」四句來補述說明。蓋「必得其位」即在說明「尊為天子」之意；「必得其祿」即在說明「富有四海之內」之意；「必得其名」即在說明「宗廟饗之」之意；「子孫保之」即在說明「必得其壽」之意。所謂「大孝尊親」，由於舜能有上述諸事，所以能顯親揚親，藉此來證成本章首句結論式的話語——「舜其大孝也與」。

　　《荀子·禮論》說：「聖人者，道之極也」，如果「聖人」一詞是代表德行修養的最高境界，則凡是聖人必定也是孝子，但是天下的

孝子卻未必盡為聖人。由此可見「德為聖人」一句，誠為本章的樞機，亦為一切美善的根源，捨此一句，則上述諸事，恐將頓失依憑，件件落空。

至於本章言「大德者必受命」、「必得其位」、「必得其祿」、「必得其名」、「必得其壽」，一連用了五個「必」字，似與《論語・子罕篇》：「子絕四：毋意、毋必、毋固、毋我」中，孔子對於事物戒絕絕對肯定的態度相違。況且在現實的人世間，大德者往往未必有位，有位者亦未必有德。既然如此，《中庸》何以會連用如此肯定的話語？其關鍵點即在《中庸》一書盛言天道，並認為宇宙的創造，即是道德的創造。「大德者必受命」與《孟子・盡心篇》所說的「得乎丘民而為天子」，都是從理想上說的。雖然這種現象在現實不是必然，然而就道德理想來說，則是「必然」，而且合理。因為讓有德者得位，缺德者去位，乃是人同此心，心同此理的想法，因此，「大德者必受命」的觀念，是道德實踐上的理想，而不等同於漢儒天人相應的概念。對於兩者的分野，今人楊祖漢先生分析說：

> 漢儒的天人相應說，是說天有陰陽，故人有仁與貪，天好生惡殺，故人君亦應行仁政，不可殘虐百姓。這是以宇宙論來說道德，與中庸是不同的。若是相信天人相應說，則人之為善可能是因為希得天之賞，不敢為惡是因懼天之罰，這樣便不是道德的行為。後世以報應（果報）之說來勸人為善的，亦是犯了此毛病，這已經是從根本上毀壞德行。因為求福而行善，是私欲，為求私欲的滿足而行善，是沒有道德的意義的。故大德者必受命，必得其位、祿、名、壽等，是由道德實踐而生出來的理想，而不是迷信天人相應。人於實踐道德時，其仁心呈現，必然希望世間上的人的遭遇，與人之德有

一合比例的配合，即希望有德者有福，有至德者，有至大之
福。而無德者，便不應有福有位。這是道德的理想，這理想
是必須要實現的。這理想的實現，便是最圓滿的善。[1]

楊祖漢先生深入有見的說法，解決了《論語·子罕篇》與《中庸》本
章之間的衝突，也解決了理想與現實之間的落差，從「大德者必受
命」及「必得其位」、「其祿」、「其名」、「其壽」等語，亦朗現
孔子對道德理想的堅持，這與〈子罕篇〉泛指道德以外事物的「毋
必」，是截然不同的，不可相提並論；亦與漢儒天人相應之說相異，
不可等同視之。

二　必得其名

正如前文所言，大德者必受命是從道德理想的必然來說，而非現
實的必然，本節「必得其名」，亦是如此。蓋大德者理論上當享有其
聖賢的美名，然而在現實的人世間，正如《史記·伯夷列傳》所言：

> 伯夷、叔齊雖賢，得夫子而名益彰。顏淵雖篤學，附驥尾而
> 行益顯，巖穴之士趣舍有時，若此，類名湮滅而不稱，悲
> 夫！閭巷之人，欲砥行立名者，非附青雲之士，惡能施于後
> 世哉？[2]

伯夷、叔齊與顏淵幸得孔子的推揚，得以留名於青史。然而古往今
來，缺乏好風憑藉，得以青雲直上，卻委身巖穴、窮居閭巷，湮沒無

1　楊祖漢：《中庸義理疏解》（臺北市：鵝湖出版社，1986年9月），頁170-171。

2　見〔漢〕司馬遷：《史記》（臺北市：臺灣商務印書館景印文淵閣《四庫全
　書》，1983年），卷61，頁8。

聞者，不知凡幾。就世俗觀念而言，賢人君子在聲名上，固然有幸與不幸的區別，然就賢人君子本身而言，其所重者在「道」，世俗的名利均非其追求的目標，這種態度不僅儒家如此，道家更是如此。就道家言，老莊均崇尚無為，因此對於名利之類，自然「損之又損」，而有「至譽無譽」（《老子》七十八章）之論。《莊子・駢拇篇》論及「伯夷死名於首陽之下，盜跖死利於東陵之上」，更將伯夷死名與盜跖死利，同等看待。道家對於名利的棄絕，固然有其內外緣的因素，在此不擬深入探討。

反觀儒家對於「名」，雖有境界層次上的差異，然於「名」上，並未嘗全然地排斥。如《論語・里仁篇》云：「君子去仁惡乎成名？」《論語・衛靈公篇》亦云：「君子疾沒世而名不稱焉」。其他如《周易・繫辭》云：「善不積，不足以成名」，《孝經》亦謂「立身行道，揚名於後世」，由上述諸文可見，聖人以名立教，未嘗不重名。惟重名並不等同好名，試觀《論語》中，孔子曾說：「君子病無能焉，不病人之不己知也」（〈衛靈公〉），又說「君子求諸己，小人求諸人」（〈學而〉），而〈憲問篇〉也說「不患人之不己知，患其不能也」，朱熹註云：「聖人於此一事，蓋屢言之，其丁寧之意，亦可見矣！」由此看來，孔子似乎又非貪慕虛名，汲汲求為人知之徒。

然則以孔子為首的儒家，何以重名？蓋儒家措意於禮樂教化，自然而然重名分，並藉以確立道德秩序與政治秩序的標準，因此「名」與「分」相待而生，名分必求其相稱，如「父為大夫，子為士，葬以大夫，祭以士；父為士，子為大夫，葬以士，祭以大夫」（《中庸》），一點都不能躐等僭越。不過「名」雖是儒家藉以維繫社會秩序的方法，但卻不是儒家追求的最高境界，畢竟「名者可以屬中

人」，³卻不足以勸君子。《宋史・薛季宣傳》曾載薛氏上孝宗言：
「近或以好名棄士大夫，夫好名特為臣子學問之累。人主為社稷計，
唯恐士不好名，誠人人好名畏義，何鄉不立？」⁴而顧炎武亦謂：「故
昔人之言，曰名教，曰名節，曰功名，不能使天下之人以義為利，而
猶使之以名為利，雖非純王之風，亦可以救積汙之俗矣。」⁵可見好
名固為古今凡夫俗子的寫照，甚至淪為帝王的權術，而為臣子學問之
累，亦非純王之風。然而「名」確也發揮勉勵世人的作用，倘能藉由
好名，進而有所不為，久假而不歸，焉知其非仁。因此，儒家以名設
教，不也宜乎！但對於儒者言，不僅不務虛名而重實名，更追求虛實
兩忘的境界。何謂「虛實兩忘」？簡單地說，就是孔子所說的「古之
學者為己，今之學者為人」（《論語・憲問篇》），朱熹引程子曰：
「為己，欲得之於己也；為人，欲見知於人也」，既是為己之學，自
然外在的虛名、實名，乃至於榮辱毀譽，均非聖賢所應斤斤計較之
事。這也是為什麼公冶長身繫囹圄，孔子仍以女妻之，顏回居陋巷而
不改其樂的原因。

　　在《論語・里仁篇》裏，孔子曾說：「仁者安仁，知者利仁」。
孔子並不反對人好名，但好名者充其量祇是「知者利仁」的境界，智
者知行仁之利而行之，好名者知名之好而好之，畢竟仍祇是孟子所說
的「行仁義」而不是「仁義行」，⁶「行仁義」終不免有沽名釣譽之
心，是以仁義為美，而後勉強行之。不若仁義已根於心，所以動作

3　如程頤：〈答朱長文書〉云：「夫子『疾沒世而名不稱焉』者，疾沒身無善可稱
　　云爾，非謂疾無名也。名者可以厲中人，君子所存，非所汲汲。」見《河南程氏
　　文集》，卷9，收錄於《二程集》（北京市：中華書局，2004年2月），頁601。
4　《宋史・薛季宣傳》（臺北市：鼎文書局，1983年），卷434，頁12885。
5　顧炎武：《日知錄》（臺北市：臺灣商務印書館景印文淵閣《四庫全書》，1983
　　年），卷10，頁15。
6　見《孟子・離婁下》：「舜明於庶物，察於人倫，由仁義行，非行仁義也。」

云為，皆能從此而出，而達乎不勉而中，從容中道的「仁義行」之境界。

透過上述的說明，吾人在閱讀《中庸》第十七章所謂「必得其名」時，方不致誤以孔子好名如此！何況美好的聲名，往往是不求而得，不期而至。凡是強求期至而得者，往往只是虛名浮名耳！

三　必得其壽

本章「必得其壽」一語，正如前三句——必得其位、必得其祿、必得其名，皆就道德理想的必然性來談，非就現實的必然性立言。然而「必得其壽」的解釋，孔穎達《禮記正義》云：「必得其壽者，據舜言之。而夫子不長壽，以勤憂故也。」[7]朱熹《章句》云：「舜年百有十歲。」二說皆從舜的軀體生理年齡來論斷，雖迎合了世俗追求長壽的心理，卻未能反映古來聖賢所追求者，非侷限在軀體的長壽，其所追求者，尤在精神的不朽，如《左傳・襄公二十四年》云：

> 太上有立德，其次有立功，其次有立言，雖久不廢，此之謂不朽。若夫保姓受氏，以守宗祊，世不絕祀，無國無之，祿之大者，不可謂不朽。[8]

這是春秋時代魯大夫叔孫豹對晉國大夫范宣子所問「死而不朽」的回答，文中清楚說明「不朽」的概念，並不在於宗廟「世不絕祀」的世祿，亦非如後世導氣鍊丹等，追求肉體的長生，而是就立德、立功、立言三件事來立論。而三事中又以「立德」為最上。杜預《注》中曾

7　孔穎達：《禮記正義》，頁885。

8　見《春秋左傳正義》（臺北市：藝文印書館影印嘉慶20年南昌府學十三經注疏本本），頁609。

以「黃帝堯舜」當之。所謂「立德」，依孔穎達《正義》的說法是「創制垂法，博施濟眾，聖德立於上代，惠澤被於無窮」。[9]這是因為有德者為一切立言（言）、立功（行）之本。

　　至於《論語・雍也篇》，孔子所說的「仁者壽」，亦不能如何晏引包咸所說：「性靜者多壽考」，或如邢昺所說「仁者少思寡欲，性常安靜，故多壽考」來詮解。[10]雖然，仁者性靜，故多壽考，似乎也有幾分道理，然而「壽考」二字，究竟仍在肉體生命上打轉。固然「富貴壽考」均為世人之所樂，聖賢亦不例外，但畢竟不是聖賢最在意的事務。聖賢君子所措意者，尤在一個「道」字耳！所以孔子說：「朝聞道，夕死可矣」（《論語・里仁篇》），又說：「志士仁人，無求生以害仁，有殺身以成仁」（《論語・衛靈公篇》）。由此可見，對孔子來說，生命的意義，無非寄託在道德的體證上。正如傅偉勳先生所說：「仁人君子並不憂慮世俗世間的富貴貧賤等利害得失……，他所真正關懷的是，能否完成自己生命歷程上的道德使命，如此貫徹天命，踐行仁道、天道（命之），死而後已」。[11]傅先生所說的「仁人君子」，主要就儒家言。其實就道家來說，雖然在「道」的說解上與儒家或異，在論及生命的意義，亦容或不同，然而以實踐「道」做為其生命的價值意義所在，則是儒道一致。如《老子》第三十三章云：「不失其所者久，死而不亡者壽」，修道者以道為處所，守道而不離，道無終無始，先天地而生，人能法道，以道為處所，亦能同其長久。因此，其人雖死，然其道則可長存，因而《老

9　見《春秋左傳正義》（臺北市：藝文印書館影印嘉慶20年南昌府學十三經注疏本），頁609。

10　何晏、邢昺二說，俱見《論語注疏》（臺北市：藝文印書館影印嘉慶20年南昌府學十三經注疏本），頁54。

11　傅偉勳：《死亡之尊嚴與生命之尊嚴》（臺北市：正中書局，1993年），頁160-161。

子》纏說：「死而不亡者壽。」[12]

　　綜合上述諸說，若依孔穎達、朱熹等人，專就軀體生命的久長來發揮《中庸》「必得其壽」，或《論語》「仁者壽」，恐易偏離儒家對生命意義的終極關懷（Ultimate Concern）。所以「必得其壽」之「壽」，宜如「與山河並壽」之「壽」，均指精神意義上的「壽」。否則執著於軀體之壽，以舜的歲壽來說，無論是《史記》的百歲，[13]或《尚書・舜典》的百有十歲，[14]或《尚書・偽孔傳》的百一十二歲，相較一九九八年全世界男性人口的平均壽命六十四歲[15]，舜確屬高壽無疑；惟若以韓愈〈論佛骨表〉所云：「昔者黃帝在位百年，年百一十歲。少昊在位八十年，年百歲。顓頊在位七十九年，年九十八歲。帝嚳在位七十年，年百五歲。帝堯在位九十八年，年百一十八歲。帝舜及禹年皆百歲」，[16]若韓愈之說屬實，則上古之世，天下太平，百姓安樂壽考，甚是平常，舜雖稱百歲，似不可言壽。職是之故，「必得其壽」若就軀體生命言，正如「名」者，僅能勉勵「中人」，卻不足以勸「君子」，更何況「人生非金石，豈能長壽考」，以復聖顏回而言，亦不過四十歲，[17]即短命死矣，然顏回並未因短

12　王弼注云：「身沒而道猶存」是也。（臺北市：河洛出版社，1974年），頁46。

13　如《史記・五帝本紀》云：「舜年二十以孝聞，年三十堯舉之，年五十攝行太子事，年五十八堯崩，年六十一代堯踐帝位。踐帝位三十九年，南巡狩，崩於蒼梧之野。」（臺北市：鼎文書局，1986年），頁44。

14　如《尚書・舜典》偽《孔傳》所注：「（舜）為天子五十年，凡壽百一十二。」見孔穎達：《尚書正義》（臺北市：藝文印書館影印嘉慶20年南昌府學十三經注疏本），頁48。

15　資料來源為中華民國行政院經建會人力規劃處「1998年世界人口估計要覽」，其中臚列1998年全世界人口之平均壽命，其中兩性平均為66歲，男性為64歲，女性為68歲。見http://www.moi.gov.tw/W3/stat/Life/World1998analy.html

16　見《朱文公校昌黎先生集》（臺北市：臺灣商務印書館四部叢刊景元刊本），卷39，頁240。

17　關於顏回的年壽主要有18歲、32歲、40歲等等說法。本處採用劉寶楠《論語正

命，遂失聖賢之名，可見「必得其壽」一語，應從精神的不朽來闡
發，較為妥切。

【附錄一】《史記・仲尼弟子列傳》[18]

顏回者，魯人也，字子淵。少孔子三十歲。顏淵問仁，孔子曰：「克
己復禮，天下歸仁焉。」孔子曰：「賢哉回也！一簞食，一瓢飲，在
陋巷，人不堪其憂，回也不改其樂。」「回也如愚；退而省其私，亦
足以發，回也不愚。」「用之則行，捨之則藏，唯我與爾有是夫！」
回年二十九，髮盡白，蚤死。[19]孔子哭之慟，曰：「自吾有回，門人
益親。」魯哀公問：「弟子孰為好學？」孔子對曰：「有顏回者好
學，不遷怒，不貳過。不幸短命死矣，今也則亡。」

【附錄二】劉寶楠〈顏回壽夭考〉[20]

短命者，言顏子受命短也。《史記・仲尼弟子傳》：「顏回少孔子
三十歲，年二十九，髮盡白，蚤死」，未箸卒之歲年。《家語・弟子
解》始云：「三十二而死」，王肅注：「校其年，則顏回死時，孔

義・雍也》所推論的40歲。

18 見《史記・仲尼弟子列傳》（臺北市：鼎文書局，1986年），頁2187-2188。

19 唐・司馬貞《史記索隱》：「按《家語》亦云：年二十九而髮白，三十二而死。
王肅云：此久遠之書，年數錯誤，未可詳也。校其年，則顏回死時，孔子年六十
一。然則伯魚年五十先孔子卒時，孔子且七十也。今此為顏回先伯魚死，而《論
語》曰顏回死，顏路請子之車，孔子曰『鯉也死，有棺而無槨』，或為設事之
辭」。（司馬貞）按：「顏回死在伯魚之前，故以《論語》為設詞。」

20 〈顏回壽夭考〉篇名，為筆者所加。原文見〔清〕劉寶楠所疏《論語正義・雍
也》哀公問：「弟子孰為好學？」孔子對曰：「有顏回者好學，不遷怒，不貳
過，不幸短命死矣！今也則亡，未聞好學者也」。收入於〔清〕王先謙主編：
《皇清經解續編》（臺北市：中華書局據南菁書院續經解本校刊），卷7，頁
1-2。

子年六十一」。李氏鍇《尚史》辨之云:「顏子卒於伯魚之後,按《譜》:孔子七十而伯魚卒,是顏子之卒,當在孔子七十一之年,顏子少孔子三十歲,是享年四十有一矣」,江氏永《鄉黨圖考》同。臧氏庸《拜經日記》:

《史記·列傳》但云「蚤死」。夫五十以下而卒,皆可謂之蚤。三十一之文,不知所本,必係王肅偽撰。《公羊傳·哀十四年》:「顏淵死,子曰:『噫!天喪予!』子路死,子曰:『噫!天祝予!』」。西狩獲麟,孔子曰:『吾道窮矣』」,何休注:「天生顏淵、子路為(夫子)輔佐,皆死者,天將亡夫子(之)證」、[21]「時得麟而死,此亦天告夫子將沒之徵」。又《史記·孔子世家》:「河不出圖,雒不出書,吾已矣夫」,顏淵死「天喪予」,及西狩獲麟曰:「吾道窮矣夫」。曰「天喪予」、曰:「天祝予」、曰「吾道窮」、曰「吾已矣」者,皆孔子將沒之年所言,故《公羊春秋》及《弟子傳》皆連言之。則顏子之死,必與獲麟、子路死、夫子卒,相後先。孔子年七十一獲麟,七十二子路死,七十三孔子卒。顏子少孔子三十歲,孔子七十,顏子已四十也。又《史記·世家》云:「伯魚五十,先孔子卒」,以核《家語》,孔子年二十而生伯魚之說,尚不甚遠。則伯魚卒時,孔子年六十九,據《論語》,顏子死在伯魚之後,則孔子年七十,顏子正四十也。魯哀、季康之問,皆在哀十一年,孔子反魯之後,時顏子新卒,故聖人述之,有餘痛焉。

案:臧說甚核。毛氏奇齡《稽求篇》、孔氏廣森《公羊通義》並略

---

21 括弧中文字為筆者依《公羊傳》何休所注原文補。

同，但與李鍇說差少一年，今更無文定之也。又案：秦漢人說顏子卒年，本多乖互。《列子・力命篇》：「顏子之才不出眾人之下，而壽十八。」《淮南子・精神訓》：「顏淵夭死」，高誘注：「顏淵十八而死。」《後漢書・郎顗傳》：「顏子十八，天下歸仁。」皆以顏子卒年為十八，此真異說，非可據也。《三國志・孫登傳》：「權立登為太子，年三十三卒。臨終上疏曰：『周晉顏回有上智之才，而尚夭折，況臣愚陋，年過其壽』。」亦以顏子卒年未至三十三，則或與《家語》同，未可知也。

四 栽培傾覆

《中庸》第十七章：「故天之生物，必因其材而篤焉，故栽者培之，傾者覆之。」由於東漢鄭玄《注》：「善者，天厚其福；惡者，天厚其毒，皆由其本而為之。」孔穎達《禮記正義》亦推衍其說謂：「厚其福，舜禹是也。……厚其毒，桀紂是也。」[22]以致傳統注家，大抵皆以「可栽植之材，必加培溉；將傾倒之樹，始因而斫伐」之意來解說。[23]不過，先師愛新覺羅毓鋆曾謂此處宜解為：「可栽植之材，必加土施肥；將傾倒之樹，則把它支起後，再覆土鞏固」，並謂：「斫伐，乃法家思想；覆之以土，乃儒家思想。」

觀察上述兩種說法，均有其理據。傳統的說法是順著上文對舜「德為聖人，尊為天子，富有四海之內，宗廟饗之，子孫保之」的讚美而來，因而在解說上，似無不妥。但若從《周易・繫辭傳》：「天地之大德曰生」，以及上蒼有好生之德來考量，毓鋆老師的說法，

---

22 見孔穎達：《禮記正義》（臺北市：藝文印書館影印嘉慶20年南昌府學十三經注疏本），頁885。

23 如蔣伯潛即作此解。見《中庸新解》，頁18。

亦不無道理。況父母生下殘障兒，尚且百般照顧，何忍加手摧殘！因此，二說或可並存，以備讀者參酌。不過，個人有個折衷的想法，即鄭玄的說法可用於在位者，至於毓鋆老師的說法似以用於百姓為宜。

拾參
「無憂」章釋疑

　　《中庸》第十八章載子曰：「無憂者，其惟文王乎！以王季為父，以武王為子，父作之，子述之。武王纘大王、王季、文王之緒，壹戎衣而有天下，身不失天下之顯名，尊為天子，富有四海，宗廟饗之，子孫保之。武王未受命，周公成文武之德，追王大王、王季，上祀先公以天子之禮，斯禮也達乎諸侯大夫，及士庶人。父為大夫，子為士，葬以大夫，祭以士；父為士，子為大夫，葬以士，祭以大夫。期之喪達乎大夫，三年之喪，達乎天子，父母之喪，無貴賤一也。」本文擬就五處疑義，說明如下：

一　無憂

　　人為感情動物，「憂」之為物，與人類的七情六慾同是情感表達的方式之一。因此，「憂」若從情感言，乃人之常情，人人不可或免。更何況對一個飽受憂患的民族，憂不僅是一種情感，更是一種智慧，這種智慧表現於先秦典籍，可謂俯拾即是。如《易經・坤卦・初六》：「履霜堅冰至」，即說明了防微杜漸的憂慮；又如〈否卦・九五〉：「其亡其亡，繫于苞桑」，亦說明了深思遠戒的憂慮；《易經》以下，儒道二家亦有類似的思想，如《論語・衛靈公篇》云：「人無遠慮必有近憂」，而《老子》亦云：「其安易持，其未兆易謀，其脆易泮，其微易散，為之於未有，治之於未亂」（第六十四章），以上種種憂患意識，正是中國傳統民族精神的寫照。

　　至於《中庸》本章所說文王的「無憂」，主要是就「繼志述事」言，這種針對特定事物的無憂，自然不同於前述憂患意識的概念，兩者不可混為一談。在儒家經典中，凡論及「無憂」、「不憂」者，主要皆指精神價值的體悟或實現，如《論語‧子罕篇》言「仁者不憂」，邢昺《疏》云：「仁者知命，故無憂患」。《周易‧繫辭上傳》云：「樂天知命，故不憂」，孔穎達《正義》亦謂「順天施化，是歡樂於天。識物始終，是自知性命。順天道之常數，知性命之始終，任自然之理，故不憂也。」[1]由此可見，當一個人所思所行，能契合於天道，不愧不怍，樂道如此，甚至「朝聞道，夕死可矣」（《論語‧里仁篇》），死且不懼，又何憂之有？君子念茲在茲，無非在道，苟有憂者，無非「道之不行」、亦無非「修己以安百姓」耳？這也是顏回「在陋巷，人不堪其憂，回也不改其樂」（〈雍也篇〉）的原由，此正是孔子所說「君子憂道不憂貧」的寫照。如本章文王的無憂，主要端在武王能繼志述事，纘繼父祖之業，以王天下。《禮記‧祭義》引曾子曰：「孝有三：大孝尊親，其次弗辱，其下能養。」由此可知，口體物質的奉養，祇是孝道最基本的要求，而「弗辱」與「尊親」二者，均著重在精神層次的滿足。觀《中庸》論及大舜與武王周公之大孝、達孝，均著重於這種顯親揚親、順意承志的行為。相較於堯子丹朱、舜子商均的不肖，舜父瞽叟的不慈，禹父鯀的不賢，湯孫太甲的昏暴。[2]文王有父子如此，不僅可以無憂，亦可含笑九泉矣。

1　見《周禮正義》，頁147。

2　丹朱、商均事蹟可見《史記‧五帝本紀》；鯀的事蹟可見《史記‧夏本紀》；太甲事蹟可見《史記‧殷本紀》。

二　壹戎衣而有天下

從清初毛奇齡《中庸說》云：「壹戎衣」即〈康誥〉：『殪戎殷』，言滅大殷也。壹殪、殷衣，聲之轉也。」[3]自茲以降，將《中庸》「壹戎衣」解為「滅大殷」，已成為學界定論。後雖有進一步闡述者，大抵亦踵事增華耳。不過，「壹戎衣」曾為歷來研究《中庸》者討論的重點，故在此仍有闡述的必要。茲將毛奇齡之前，歷代重要注家對於「壹戎衣」的解說，臚列如下：

> 一著戎服而滅紂。　　（偽孔安國《尚書・武成傳》）[4]
>
> 壹用兵伐殷也。　　　（鄭玄《禮記・中庸注》）[5]
>
> 一著戎衣以伐紂也。（朱熹《中庸章句》）[6]

以上三說，大抵皆望文生義。「壹戎衣」，《偽古文尚書・武成》作「一戎衣，天下大定」；《偽孔傳》：「一著戎服而滅紂。」由於《孔傳》訓「衣」為「戎服」，影響所及，竟歷千年之久。如朱熹《中庸章句》即作「一著戎衣以伐紂」。

早在東漢鄭玄即認為「衣」應解為「殷」，如其《禮記・中庸注》云：

> 戎，兵也。衣讀如殷，聲之誤也，齊人言殷聲如衣。虞夏商周，氏者多矣，今姓有衣者，殷之冑與。壹戎殷者，壹用兵

3　毛奇齡：《中庸說》（臺南縣：莊嚴文化事業公司《四庫全書存目叢書》影印清華大學圖書館藏清康熙刻西河合集本，1997年），卷3，頁1。

4　見《尚書正義》，頁162。

5　見《禮記正義》，頁885。

6　見朱熹：《四書章句集注》，頁35。

伐殷也。[7]

其實，鄭玄解「衣」為「殷」是正確的，如《尚書‧康誥》說：「天乃大命文王，殪戎殷，誕受厥命」，其大意略同〈武成〉，可知「一戎衣」即「殪戎殷」。另《偽孔傳》於「殪戎殷」則解為「殺兵殷」，因此，以「殪」為「殺」，以「戎」為「兵」，便成為後世訓解「殪戎殷」一辭的依據。不過，《禮記‧中庸》：「壹戎衣」，與《尚書‧康誥》：「殪戎殷」，始終未被相提並論，互相訓解，遲至明代楊慎方併而言之，如楊氏云：

> 殷有天下，又號曰：商。《詩》云：「商之子孫」。又曰：「宜鑒于殷」。《書》云：「殪戎殷」。又曰：「伐商必克」，皆互稱也。……《中庸》云：「壹戎衣」，「壹」即「殪」、「衣」即「殷」也。[8]

楊慎雖知《中庸》「壹戎衣」，即《尚書‧武成》「殪戎殷」，不過，「戎」字仍未加以訓解。訓「戎」為「大」，謂「殪戎殷」即「滅大殷」，則始於清初毛奇齡。如毛氏云：

> 《中庸》：「壹戎衣而有天下。」此壹字是殪字。《尚書‧康誥》曰：「殪戎殷」，言滅大殷也。故（鄭玄）《中庸注》：「衣讀如殷，齊人言殷聲如衣。今有衣姓者，殷之裔也」，若「戎殷」則與〈泰誓〉稱「戎商」正同。自註〈武成〉者，多誤解作「一著戎衣」，竟以「壹」解「一」字，而朱子亦即以「一著戎衣」為註。夫以「兵衣」為「戎

7　見楊慎：《升菴全集》（臺北市：臺灣商務印書館國學基本叢書，1968年），卷63，頁806-807。

8　《禮記正義》，卷52，頁14。

衣」，如甲衣、甲裳等，不知有據與否？若一著戎衣，添一
「著」字，便是難通，著者，附也。衣服附在吾身曰：著，
若甲則但貫之于身，故《左傳》：「躬擐甲胄」，又曰：
「擐甲執兵」，未有言「著」者。[9]

文中毛氏訓「戎」為大，並舉〈泰誓〉：「戎商必克」為例證。[10]
其實卜辭中屢見殷人常自稱為「大邑商」或「天邑商」，「天邑」
即「大邑」。《尚書》中周人稱殷，也往往加一「大」字，如〈召
誥〉：「茲大國殷之命」、「天既遐終大邦殷之命」、〈康王之
誥〉：「皇天改大邦殷之命」、〈多士〉：「肆予敢求爾於天邑商」
等等，而自稱為「小邦周」。[11]

　　先秦典籍訓「戎」為「大」者頗多。如《詩經・大雅・江漢》：
「肇敏戎公」，《傳》曰：「戎，大也；公，事也。」〈周頌・烈
文〉：「念茲戎功」、〈大雅・韓奕〉：「纘戎祖考」，《傳》並
曰：「戎，大。」以上「戎」字均訓為「大」，可知「戎殷」亦可訓
為「大殷」，所以「殪戎殷」可解為「滅大殷」。

　　雖然訓「戎」為大，已為多數人共識，不過，民國章太炎則訓
「戎」為「拔」，如其〈古文尚書拾遺定本康誥篇〉云：

　　　殪戎殷，《傳》言殺兵殷，文不可通。《春秋・宣公傳》
　　　引此，杜（預）解：「殪，盡也。」又《方言》：「戎，
　　　拔也。」言「盡拔殷」，義或當爾。《（禮）記・中庸》：

9　〔清〕毛奇齡：《四書賸言》（臺北：臺灣商務印書館影印文淵閣《四庫全書》
　　本，1983年），卷2，葉7-葉8。擐，穿也，音ㄏㄨㄢˋ。

10　〔清〕毛奇齡舉〈泰誓〉：「戎商必克」為例，並不夠明確。因為，「戎商」毛
　　氏雖解為「大商」，但是《偽孔傳》仍解為「以兵誅紂」。

11　如《尚書・大誥》：「天休于寧王，興我小邦周。」

「壹戎衣」，語亦本此，而屬諸武王。以文王雖宰割殷畿，未盡拔殷，至武王乃盡拔耳。《逸周書‧商誓篇》：「上帝弗顯，乃命我文考曰：『殪商之多罪紂。肆予小子發不敢忘天命朕考」，則其事也。殪亦訓盡，猶言殲也。[12]

依章氏之說，則「殪戎殷」解為「完全殲滅拔取殷商」，義亦可通，可別為一解。

《中庸》：「壹戎衣」三字的解釋，從東漢鄭玄訓「衣」為「殷」，明‧楊慎訓「壹」為「殪」，以迄清代毛奇齡訓「戎」為「大」，總算撥雲見日，真相大白，然歲月攸攸，竟歷一千八百年之久，學術之難，由此可見。

三　追王之禮

《中庸》論述武王克商受命為天子，於是追贈冊封古公亶父為太王、季歷為王季。這種追封的行為，開啟後代追諡、追贈的風氣，如魏文帝黃初元年（220），追尊太王曰太皇帝[13]；武王曰武皇帝，廟號太祖[14]。不僅帝王之家有追王之禮，人臣亦有追贈追封之制，如《漢書‧張賀傳》載賀為掖庭令[15]，宣帝以皇曾孫收養於掖庭，張賀恩待之甚密。及帝即位，追思賀，封為恩德侯[16]。而歐陽脩更以宋朝推恩三世之制，使其父歐陽觀得於神宗朝追封為崇國公，遂在其父親

---

12 見《制言半月刊》25期（蘇州：章氏國學講習會編印，1936年9月），頁36。
13 太王即曹嵩，為曹丕之祖，生前為漢太尉，文帝黃初元年五月，漢帝已追尊太王。
14 武王即曹操。曹操於黃初元年春正月庚子，薨於洛陽，諡曰武。
15 掖庭，宮殿中傍舍，妃嬪所居。
16 見《漢書‧張湯傳》（臺北市：鼎文書局，1986年3月），卷59，頁2651。

逝世後六十年，依先前所作〈先君墓表[17]〉，重新增改而為著名於世的〈瀧岡阡表〉，而傳為天下美談。諸如此類追封之制，均是「報情反始」[18]與「顯親揚親」的表現。《中庸》論及武王追王太王、王季，其原因依朱熹《章句》的說法，乃「及乎王跡之所起」，孔穎達《疏》亦云：「《詩・頌・閟宮》云：『（實維）大王，居岐之陽，實始翦商』，是王跡起也」。這種感念「王跡之起」的態度，即是上述「報情反始」心理的投射。

　　惟《中庸》論武王追王太王、王季，卻未言及追王文王之事，其故安在？依據《史記・周本紀》的說法：

> 西伯蓋受命之年稱王而斷虞芮之訟。後十年而崩，謚為文王。改法度，制正朔矣，追尊古公為太王，公季為王季，蓋王瑞自太王興。[19]

從司馬遷這段話中，可歸納其要點有二：其一，西伯稱王是在其斷虞芮之訟後，[20]亦即在崩殂前十年。其二，文王在崩殂後，方謚為「文」。由是《中庸》但追王太王、王季二人，而不及文王，以文王在生前已稱王，故也。不過文王生前究竟有否稱王，尚有爭議，如張守節《史記正義》即反對生前稱王之說，如其注云：

17　宋仁宗皇祐五年（1053），歐陽脩四十七歲，護母喪歸葬吉州時，曾作〈先君墓表〉。

18　見《禮記・樂記》，孔穎達《正義》云：「言行禮者，他人有恩於己，己則報其情。但先祖既為始於子孫，子孫則反報其初。始以人意言之，則謂之報情；以父祖子孫言之，則謂之反始，其實一也。」

19　此文詳見《史記》，收入〔清〕紀昀等編：《四庫全書》（臺北市：臺灣商務印書館，1986年），卷4，頁8。

20　依張守節《史記正義》云：「二國相讓後，諸侯歸西伯者四十餘國，咸尊西伯為王，蓋此年受命之年稱王也。」詳見《史記》，收入〔清〕紀昀等編：《四庫全書》（臺北市：臺灣商務印書館，1986年），卷4，頁8。

《禮記·大傳》云:「牧之野,武王成大事而退,追王太王
亶父、王季歷、文王昌」,據此文乃是追王為王,何得文王
自稱王,改正朔也?[21]

張氏引《禮記·大傳》之說,確為有別於《史記》生前稱王之說的反
證。惟孔穎達於《毛詩·大雅·文王》下《疏》云:「文王九十七而
終,終時受命九年,受命之元年,年八十九。其即諸侯之位已四十二
年矣。故《帝王世紀》云:『文王即位四十二年,歲在鶉火,文王於
是更為受命之元年,始稱王矣。』」張守節單從《禮記·大傳》此條
孤證來推翻前人之說,恐難以使人信服。至於《禮記·大傳》與《中
庸》說法的出入,據孔穎達的說法是:

《中庸》云:「周公追王大王、王季者,謂以王禮改葬耳,
不改葬文王者,先以王禮葬,故也。」此大王、王季追王
者,王跡所由興,故追王也。所以追王者,以子為天子,而
不以卑臨尊。[22]

孔氏以《中庸》不言追王文王,蓋因文王崩時,已以王禮葬之故。而
《禮記·大傳》言及文王昌者,以「文王生雖稱王,號稱猶未定,故
武王追王,乃定之耳」。[23]孔穎達的說法,似能解決《禮記·大傳》
與《中庸》的歧異,姑從其說。

---

21 按張守節所引《禮記·大傳》文字,與今本略有出入,概約取其意,省簡文字之
   故。此文詳見《史記》,收入〔清〕紀昀等編:《四庫全書》(臺北市:臺灣商
   務印書館,1986年),卷4,頁8。
22 見《禮記正義》,頁617。
23 見《禮記正義·大傳》:「不以卑臨尊也」以下,孔穎達《疏》,頁617。

四 葬祭之禮

　　《中庸》論及「父為大夫，子為士，葬以大夫，祭以士；父為士，子為大夫，葬以士，祭以大夫」，朱熹《章句》用鄭玄之說，謂「葬用死者之爵，祭用生者之祿」，此說大體無誤，惟貴賤有儀、爵祿有等，鄭、朱二人惜未能進一步具體說明。蓋在先秦封建社會，階級制度謹嚴，各有其應守的分際，不可僭越躐等。因此，魯國季孫用天子八佾的樂舞，孔子謂其「是可忍也，孰不可忍也」（《論語·八佾篇》），至於喪祭之禮，孔子亦謂「死，葬之以禮，祭之以禮」（《論語·為政篇》），由於禮的內容包羅萬象，亦甚為繁文縟節，鄭玄、朱熹諸人，自難一一縷述，本文亦僅略舉有關喪祭者，聊以說明一、二。如喪葬的棺槨，《禮記·檀弓篇》云：「天子之棺四重」，鄭玄注云：「諸公三重，諸侯再重，大夫一重，士不重」。[24] 又如葬期之日，《左傳·隱公元年》云：「天子七月而葬，同軌畢至；諸侯五月，同盟至；大夫三月，同位至；士踰月，外姻至」，[25] 以上為有關葬期，貴賤上下的等差。至於所謂「葬用死者之爵，祭用生者之祿」，可借《孟子·梁惠王篇》的一段記載來說明：

　　魯平公將出，嬖人臧倉者請曰：「他日君出，則必命有司所之。今乘輿已駕矣，有司未知所之，敢請。」公曰：「將見孟子。」曰：「何哉！君所為輕身以先於匹夫者？以為賢乎？禮義由賢者出；而孟子之後喪踰前喪。君無見焉！」公

24　見《禮記·檀弓》，卷8，頁21。另《莊子·天下篇》亦有「天子棺槨七重，諸侯五重，大夫三重，士再重」之說。

25　孔穎達：《春秋左氏正義》：「鄭玄服虔皆以軌為車轍也。王者取天下，必令車同軌，書同文。同軌畢至，謂海內皆至也」。又云：「同位，謂同為大夫，共在列位者」，頁38-39。

曰「諾。」樂正子入見，曰：「君奚不見孟軻也？」曰：
「或告寡人曰『孟子之後喪踰前喪，是以不往見也。』」
曰：「何哉？君所謂『踰』者？前以士，後以大夫；前以三
鼎，而後以五鼎與？」[26]

在本文中，魯平公因寵臣臧倉的進讒，謂孟子對母親喪禮辦治的豐
厚，超過以前對父親喪禮的辦治，如此厚母薄父，非賢者所為，於是
平公遂打消訪晤孟子的念頭。而孟子的學生樂正子則以孟子父喪用士
禮三鼎祭祀，母喪用大夫禮五鼎祭祀，乃因前後官職不同，所以禮數
各異，提出辯解與說明。不過，依舊未能改變平公的心意。清儒・焦
循《孟子正義》對於〈梁惠王篇〉此段文字，並對貴賤爵祿的內容，
有更詳細的敘述如下：

《儀禮・士虞禮》云：「陳三鼎於門外之右，北面北上，
設扃鼏。」是士用三鼎也。〈少牢饋食禮〉云：「雍人陳
鼎五，三鼎在羊鑊之西，二鼎在豕鑊之西。」是大夫用五鼎
也。《禮記・郊特牲》云：「鼎俎奇而籩豆偶」，孔氏《正
義》云：「少牢陳五鼎：羊一，豕二，膚三，魚四，腊五。
特牲三鼎：牲鼎一，魚鼎二，腊鼎三。」楊復《儀禮旁通・
鼎數圖》云：「三鼎特豕，而以魚、腊配之也。羊、豕曰少
牢。凡五鼎皆用羊、豕，而以魚、腊配之。少牢五鼎，大夫
之常事；又有殺禮而用三鼎者，如〈有司徹〉乃升羊、豕、
魚三鼎，腊為庶羞，膚從豕，去腊、膚二鼎，陳於門外如
初。以其繹祭殺於正祭，故用少牢而鼎三也。又士禮特牲三

---

26 見孫奭：《孟子正義》（臺北市：藝文印書館影印嘉慶20年南昌府學十三經注疏
   本），卷2下，頁13。

鼎，有以盛葬奠加一等用少牢者，如〈既夕〉遣奠，陳鼎五
於門外是也。」《桓二年公羊傳·注》云：「禮祭，天子九
鼎，諸侯七，卿大夫五，元士三。」徐氏《疏》云：「《春
秋》、《說文》、〈士冠禮〉、〈士喪禮〉皆一鼎者，士
冠、士喪，略於正祭故也。」[27]

上文詳細羅列天子、諸侯、卿大夫、士等各階層，在祭祀上的禮數
等差，如果再配合象徵身分等級的「鼎簋配合律[28]」，可繪成簡表如
下：

身分＼器數＼器名	青銅禮鼎	青銅禮簋	鼎實內容
天子	九	八	(1)牛(2)羊(3)豕(4)魚(5)腊(6)腸胃(7)膚(8)鮮魚(9)鮮腊
公與諸侯	七	六	(1)牛(2)羊(3)豕(4)魚(5)腊(6)腸胃(7)膚
卿大夫	五	四	(1)牛(2)豕(3)魚(4)腊(5)腸胃

---

27 見焦循：《孟子正義》（臺北市：中華書局據學海堂經解本校刊，1966年3月），
卷5，頁16。

28 所謂「鼎簋配合律」據邱德修教授云：「『鼎』、『簋』以其所盛之牲體與黍稷
悉為食禮之主，必須密切配合，職是之故遂有『鼎簋配合律』。特牲為三鼎配二
簋，特鼎或配二簋，或無之少牢為五鼎配四簋。大牢為七鼎配六簋，九鼎配八
簋。不論文獻或銘文，咸以簋數為偶，是故〈郊特牲〉之『鼎俎奇而籩豆偶』及
明堂位之『兩敦』、『四璉』、『六瑚』、『八簋』之說，皆為可信，實不誣
也。」見邱德修：《商周用鼎制度之理論基礎》（臺北市：五南出版公司，1989
年3月），頁536-553。

器數 身分	器名	青銅禮鼎	青銅禮簋	鼎實內容
士	上士	三	二	三鼎：(1)豚(2)魚(3)腊 一鼎：特豚
	中下士	一		
庶人		0	0	無

從表列中，可看出貴賤爵祿不同，禮數亦異。因此，〈梁惠王篇〉所載孟子於父喪用三鼎為祭，母喪用五鼎為祭，即因「祭用生者之祿」。當時孟子身分已由士晉升為大夫，是以鼎制也隨之改變，並無臧倉所說的蹦越禮制的行為。透過以上，以經解經，援經證經的方式，吾人於《中庸》「父為大夫，子為士；葬以大夫，祭以士」諸語，以及鄭玄「葬之從死者之爵，祭之用生者之祿」，當能體會一、二。

拾肆
「達孝」章釋疑

一　《中庸》中「宗廟」一辭的爭議

　　宗廟（祖廟）是人類藉以祭祀先人，庇祐子孫的場域。不過，宗廟制度的源起，宗廟制度的內容，究竟為何？由於時代湮邈，難得其詳。雖然古來有帝嚳高辛氏始立宗廟，堯舜建七廟以享先祖之說，然而畢竟文獻不足，難以稽考。因此，論宗廟制度，較保守的推論，至遲應始於殷商，而大備於周代。[1]

　　宗廟主要在祭祀祖先，而祖先誕受天命，或由天降命而生的觀念，由來久矣。因此，享（上）帝立（宗）廟，以配祖考，便向來是「國之大事」。

　　《中庸》一書中，論及「宗廟」（祖廟）者，共有五處，除第十七、第十八章各有一則外，主要集中在如下第十九章：

> 子曰：春秋，脩其祖廟，陳其宗器，設其裳衣，薦其時食。
> 宗廟之禮，所以序昭穆也；序爵，所以辨貴賤也；序事，所以辨賢也；旅酬下為上，所以逮賤也；燕毛，所以序齒也。

1 　雖然《史記》中〈五帝本紀〉、〈夏本紀〉與〈三代世表〉略載有帝王世系，然迄今惟見殷商卜辭，得藉以推斷殷代先王先公。宗廟制度的建立繫於宗法制度的確立，宗法制度的確立，又關係著王位的繼承。因此，夏朝若為家天下的開始，則必然有其宗法制度與宗廟制度，以確立其王位的繼承，只是迄今未見其出土文獻以佐證耳。

踐其位，行其禮，奏其樂，敬其所尊，愛其所親，事死如事
生，事亡如事存，孝之至也。郊社之禮，所以事上帝也；宗
廟之禮，所以祀乎其先也。明乎郊社之禮，禘嘗之義，治國
其如示諸掌乎！[2]

由於文中論述「宗廟」之事頗多，且與《中庸》全文主要在論性、論
道、論誠，殊不相類。因此，前儒於此章頗有疑義，如宋・陳善《捫
蝨新話》便謂：

予舊曾為《中庸說》，謂《中庸》者，吾儒證道之書也。然
至今疑自「春秋脩其祖廟陳其宗器」以下一段，恐只是漢儒
雜記。或因上文論武王周公達孝，遂附於此，當時雖為之
解，然非成說也。又云：「郊社之禮，所以事上帝也；宗廟
之禮，所以祀乎其先也。明乎郊社之禮，禘嘗之義，治國其
如示諸掌乎」，此尤不可曉。按《論語》「或問禘之說。子
曰：『不知也。知其說者之於天下也，其如示諸斯乎』，指
其掌」，此孔子以當時之禘，有不如禮，不欲斥言之，因以
掌而示門人，曰：其甚易知如此耳。弟子因而記當時，孔子
所謂示諸斯者，是指其掌也。今《中庸》乃言治國其如示諸
掌，無乃非其義也。〈仲尼燕居〉又曰：「明乎郊社之禮，
禘嘗之義，治國其如指諸掌而已乎」，予以此知三者，皆是
漢儒誤讀《論語》之文，因而立說，非孔子之意也。[3]

陳善認為《中庸》第十九章「春秋脩其祖廟」以下，為漢儒雜記。近
人徐復觀先生，雖反對其說，然亦謂本章與《中庸》無關，而為禮家

2　見朱熹：《四書章句集注》，頁35-36。

3　陳善：《捫蝨新話》（北京市：中華書局，1985年），卷3，頁72。

所雜入[4]。由於陳善以《中庸》本章乃漢儒誤讀《論語》之文，因此，認為「郊社之禮、禘嘗之義」與治國的關係，非孔子本意，其義亦不可知曉。惟清・翟灝《四書考異》則反對其說云：

> 陳氏說尤膚淺。示掌之文，孟子已屢用之，猶「運掌」，猶「反手」，皆即此語。謂：「漢儒誤讀《論語》」，孟子先誤讀《論語》手？[5]

《中庸》第十九章作者與撰作時代的爭議雖多，然而儒家向來主張以禮樂教化天下，況中國古來祭政合一。因此，本章就精神意義言，實未嘗偏離此一基本立場，而且《中庸》雖論述「至誠盡性」之旨，亦談「成己成物」、「治國九經」之道，全書藉明體以達用，復即用以顯體，可謂合外內之道而體用不二。況宗廟祭祀以誠為主，若說本章與《中庸》無關，似乎難以盡服學者之心。因此，「明乎郊社之禮，禘嘗之義」，自然有可通乎治國者。

二　宗廟祭祀與治國的關係

正如上文所述，宗廟誠有通於治國者。然而，何以明乎「郊社之禮，禘嘗之義」，治國便能如視掌般的容易？[6]此一問題，在《論語》中，孔子並未有直接而正面的說明，吾人僅能從儒家的經典中，去探尋孔子當時的語境（context），[7]並試圖說明宗廟與治國的關係。由於

4　徐復觀：《中國人性論史》（臺北市：臺灣商務印書館，1990年12月），頁102。

5　〔清〕翟灝：《四書考異》（上海市：上海古籍出版社影印北京圖書館藏清乾隆刻本），上編卷6，頁26-27。

6　「示諸掌」之「示」，鄭玄讀如「寘諸河干之寘」。寘，置也，指置物於掌中。朱熹則解「示」為「視」，本文採朱熹之說。

7　哈特曼、斯托克：《語言與語言學詞典》謂廣義的語境指「話語或文句的意義所

歷代大儒對此亦未見較深入的闡述,例如:鄭玄但謂「序爵辨賢,尊尊親親,治國之要。」朱熹在《論語‧八佾篇》已略作論述(說詳於後),是以《中庸章句》但云:「此與《論語》文意大同小異,記有詳略耳」,未再加以說明。因此,吾人不揣淺陋,尋思《中庸》本章旨意,並綜合儒家相關經典,析論如下:

(一)治國以禮說

《禮記‧仲尼燕居》云:「禮也者,理也。」《禮記‧樂記》云:「禮也者,理之不可易者也。」又云:「禮者,天地之序也。」由此可見,禮為事理統緒的法則,有條理秩序之意。儒家向來崇尚禮樂教化,即欲藉此來維繫社會秩序。尤其孔子處在春秋中葉,社會結構急遽變化的時代,對於禮壞樂崩的現象,曾有諸多的批評與感慨。如《論語‧八佾篇》載季孫氏於家廟之庭作八佾之舞,[8]孔子云:「是可忍也,孰不可忍也?」而魯大夫孟孫、叔孫、季孫三家以〈雍〉徹。[9]孔子亦曰:「『相維辟公,天子穆穆』,奚取於三家之堂?」[10]批判三家的僭越禮制。至於談到宗廟祭祀與治國的關係,《論語》、《中庸》與《禮記》均有所記載,如《論語‧八佾篇》云:

> 或問禘之說。子曰:「不知也。知其說者之於天下也,其如

反映的外部世界的特徵」。

8　八佾,為天子的樂舞。諸侯六佾、大夫四佾、士二佾。季孫氏為魯大夫,卻僭用天子的八佾。

9　朱熹注云:「〈雍〉,〈周頌〉篇名。徹,祭畢而收其俎也。天子宗廟之祭,則歌〈雍〉以徹。是時三家僭而用之。」見朱熹:《四書章句集注》(臺北市:大安出版社,2009年8月),頁81。

10　出自《詩經‧周頌‧雍》。詩中載天子祭祖時,諸侯都來助祭。而為大夫身分的三家,竟歌天子徹供時所用的〈雍〉詩。相,助也。辟公,諸侯。穆穆,狀天子容貌的莊嚴。

示諸斯乎？」指其掌。[11]

由於朱熹以禘為王者之大祭，[12]故於《論語集注》中，蓋以魯祭非禮，魯君非天子不得行禘祭，遂謂文中孔子所說「不知也」一語，蓋為魯諱。[13]朱熹復從「報本」與「誠敬」兩方面來闡述禘祭與治理天下的關係（說詳後文），由於朱熹於《中庸章句》謂《中庸》此章與《論語》文意大同小異，並未再加以闡述。因此，朱熹論禘祭與治道的觀點，自然可以《論語·八佾》所注為依準，雖然其說亦有幾分道理，然若以經解經來看《中庸》所云：「明乎郊社之禮，禘嘗之義，治國其如示諸掌」，單就「報本」與「誠敬」來論述，仍不夠完備。試觀《禮記·仲尼燕居》一文所云：

> 子曰：「郊社之義，所以仁鬼神也；嘗禘之禮，所以仁昭穆也；饋奠之禮，所以仁死喪也；射鄉之禮，所以仁鄉黨也；食饗之禮，所以仁賓客也。[14]」子曰：「明乎郊社之義，嘗禘之禮，治國其如指諸掌而已乎！」是故以之居處有禮，故

---

11 見《論語注疏》，頁27-28。

12 禘，祭名。約有三種說法：一為時祭之禘。指宗廟四時之祭，於夏季舉行。如《禮記·王制》所云：「天子諸侯宗廟之祭，春曰礿，夏曰禘，秋曰嘗，冬曰烝。」一為殷祭之禘，指天子諸侯宗廟之大祭。如《公羊傳·文公二年》云：「五年而再殷祭。」一為郊祭之禘。指天子諸侯祭天之祭。如《禮記·大傳》：「禮不王不禘。王者禘其祖之所自出，以其祖配之。」鄭玄注云：「凡大祭曰禘。自，由也。大祭其先祖所由生，謂郊祀天也。」

13 朱熹之說，實承自何晏《論語集解》引孔氏：「答以不知者，為魯諱」而來。惟這種說法，恐有待商榷。蓋孔子一生素重「正名」，若以魯祭非禮，孔子當不至於親臨其祭。而《論語·八佾》：「禘自既灌而往者，吾不欲觀之矣」，其中已載孔子親臨其祭矣，足見孔子所不欲觀者，恐非以魯祭之非禮，而是在既灌之後，誠意之稍衰！

14 鄭玄注云：「仁猶存也。凡存此者，所以全善之道也。郊社、嘗禘、饋奠，存死之善者也。射鄉食饗，存生之善者也。」

長幼辨也；以之閨門之內有禮，故三族和也；以之朝廷有
禮，故官爵序也；以之田獵有禮，故戎事閑也；以之軍旅有
禮，故武功成也。是故宮室得其度量，鼎得其象，味得其
時，樂得其節，車得其式，鬼神得其饗，喪紀得其哀，辨說
得其黨，官得其體，政事得其施，加於身而錯於前，凡眾之
動，得其宜。[15]

在上文宗廟禘嘗之禮中，特別著重序昭穆者，正如《禮記·祭
統》所言：「夫祭有昭穆。昭穆者，所以別父子、遠近、長幼、親疏
之序而無亂也。是有事於大廟，則群昭群穆咸在，而不失其倫。此
之謂親疏之殺也。」其中「序而無亂」、「不失其倫」，正是「禮
者，理也」的意義，此正為儒家主張透過「禮」來裁制人事之宜，使
其合於中道的目的所在。藉由「禮」來辨「長幼」、和「三族」、序
「官爵」、閑「戎事」、成「武功」。於是上下定位，尊卑有序，此
即「禮所以制中」、「禮者……事之治也」。所以，孔子特別強調禮
的重要，所謂「治國而無禮，譬猶瞽之無相」、「禮之所興，眾之所
治也；禮之所廢，眾之所亂也」。[16]在郁郁乎文哉的周代，正如《中
庸》所說：「禮儀三百，威儀三千」，吉凶軍賓嘉，各種場合各具其
禮。其中宗廟之禮中，更包含了無數的禮儀與職官。若依周制，有事
於廟，內外諸司均各率其職，以供役事，幾可謂百官總動員，甚至邦
國諸侯也都前來助祭。[17]因此，序昭穆、序爵、序事等等各種繁文縟
節的安排，顯然必須有一套制度以確保其并然有序。所謂「禮者，理

---

15 依鄭玄的說法，本文中所謂「得」，指「得法於禮」之意。見《禮記正義》，頁
   853。
16 以上「禮所以制中」、「禮者……事之治也」、「治國而無禮」、「禮之所興」
   諸句，俱見《禮記·仲尼燕居》。
17 如上文「相維辟公，天子穆穆」一詩，可為旁證。

也」，在國之大事的祭祀大典上，各項禮儀均能有條不紊地進行，推之於治國，則又何難之有？由此可見，《中庸》本章論宗廟與治國的關係，雖可另從多元角度來分析，然著重「治國以禮」，或為其第一要義。

（二）治國以誠說

《禮記・仲尼燕居》從「禮」來談「郊社」、「禘嘗」與治國的關係。雖然這或許是孔子所認為治國如視掌的要義所在。然而代表「祭祀」的郊社與禘嘗，與政治的關係，又非僅止於行「禮」如儀而已，更重要的還要包含一分「誠敬」，否則正如孔子所說的「禮云禮云，玉帛云乎哉」（《論語・陽貨篇》）當失去內在的誠敬，則禮不過徒具虛文而已，更何況是玉帛等外在的獻供之物。所以《易經・觀卦》論「盥而不薦」，[18]《論語・八佾篇》載「禘自既灌而往者，吾不欲觀之矣」，均說明了誠敬的重要。蓋有如程頤所說的「盥者，事之始，人心方盡其精誠，嚴肅之至也；至既薦之後，禮數繁縟，則人心散，而精一不若始盥之時矣」。[19]所以《中庸》論「齊明盛服以承祭祀」，《論語・八佾》論「祭如在。祭神如神在」，均無非強調祭祀時，誠敬的重要。朱熹《論語集註》亦引范氏云：

> 君子之祭，七日戒，三日齊。必見所祭者，誠之至也。是故郊則天神格，廟則人鬼享，皆由己以致之也。有其誠則有神，無其誠則無其神，可不謹乎！吾不與祭如不祭，誠為實，禮為虛也。[20]

18　盥為古代宗廟祭祀時，用鬱鬯（香酒）澆灌地面以降神之禮。通「灌」、「祼」。一作洗手後行灌祭之禮，亦可通。薦為祭祀時，向鬼神的獻供。

19　黃忠天：《周易程傳註評》（高雄市：復文出版社，2006年），頁180。

20　見朱熹：《四書章句集注》，頁86。

由此可見，祭祀之禮，重在誠敬，不在祭品與儀式，蓋「誠為實，禮為虛」。因此，對於《論語・八佾》所載「或問禘之說」，孔子謂知其說者之於天下，蓋有如示掌，朱熹亦從「誠」字來解說，而云：「蓋知禘之說，則理無不明，誠無不格，而治天下不難矣。」[21]因此，《中庸》一書，雖自第十六章「鬼神之為德，其盛矣乎」以下，多涉宗廟鬼神之事，然以祭祀中，特別在「齊明盛服」與「降神」之際，所抱持的誠敬之心，更可通於治國，蓋「誠者，物之終始，不誠無物」，所以《中庸》往往援祭祀齋戒時的誠一，以喻在位者修身應有的態度，如「齊明盛服，非禮不動，所以修身也」（第二十章）、「齊莊中正，足以有敬也」（第三十一章）。因此，若從祭祀之誠，推而廣之，論修身之誠，藉內聖而後外王，由成己而後成物，論「明乎郊社之禮，禘嘗之義，治國其如示諸掌」者，蓋言「治國惟誠」。如此立論，雖不同於《禮記・仲尼燕居》著重「治國以禮」的說法，但仍是可以成立的。

（三）報本追遠說

《左傳・成公十三年》云：「國之大事，在祀與戎。」祭祀不僅有其宗教的特性外，在中國更有政治上的意義。論及祭祀的意義與治國的關係，試觀《禮記・祭義》所說：

> 天下之禮，致反始也，致鬼神也，致和用也，致義也，致讓也。致反始，以厚其本也；致鬼神，以尊上也；致物用，以立民紀也；致義，則上下不悖逆矣；致讓，以去爭也。合此五者，以治天下之禮也，有奇邪而不治者，則微矣。[22]

---

21 見朱熹：《四書章句集注》，頁85。
22 見《禮記正義》，頁813。

文中所說五種禮，前兩者均與祭祀有關。「致反始」即鄭玄所說的「郊祭以報天之類」；「致鬼神」，即指鄭玄所說的「宗廟祭祀之類」。而宗廟的作用，依《白虎通・宗廟》所說：

> 王者所以立宗廟者何？曰：生死殊路，故敬鬼神而遠之。此孝子之心，所以追孝繼養也。宗者，尊也；廟者，貌也，象先祖之尊貌也。所以有室何？所象生之居也。祭宗廟所以禘祫何？尊人君、貴功德、廣孝道也。[23]

其中「貴功德、廣孝道」，正是報本追遠的寫照，蓋天地為人之本，透過郊天祭地（郊社之禮）與宗廟祭祀（宗廟之禮），表達了在位者對天地與祖先鬼神的崇敬與感恩，此即《禮記・祭義》所說：「君子反古復始，不忘其所由生」，如此追本溯源，敬天如父，事死如生，自然能感發百姓，使之「興孝」、「興弟」，進而守法重紀，上下不悖，而達於國治。所以曾子說：「慎終追遠，民德歸厚矣」（《論語・學而篇》）。朱熹注云：「慎終者，喪盡其禮；追遠者，祭盡其誠。民德歸厚，謂下民化之，其德亦歸於厚。蓋終者，人之所易忽也，而能謹之。遠者，人之所易忘也，而能追之，厚之道也。故以此自為，則己之德厚，下民化之，則其德亦歸於厚也。」試想一個民風淳厚感恩惜福的社會，在上者自然易於治理。

　　《中庸》言治，一如《大學》，均主張由內聖而后外王，由修己而后治人，由家齊而后國治，所以《中庸》論及治天下國家九經，內聖方面首言「修身」；外王方面首言「齊家」，如「君子之道造端乎夫婦」、「仁者，人也。親親為大」、如「在下位，不獲乎上，民不

23　本文見於〔清〕莊述祖：《白虎通闕文》，收錄於《白虎通》（北京市：中華書局，1985年），頁2-3。

可得而治矣。獲乎上有道，不信乎朋友，不獲乎上矣。信乎朋友有
道，不順乎親，不信乎朋友矣。順乎親有道，反諸身不誠，不順乎親
矣」，文中所說的「夫婦」、「親親」、「順親」等，均是齊家的重
要項目，而「孝」又是維繫家庭親情的鈐鍵，所以《中庸》一書屢稱
虞舜、武王、周公之孝，便不足為怪，學者每謂中國自漢代以來，皆
以孝治天下，固是無誤，然推其根源，先秦典籍，特別是儒家經典中
論孝者，更是隨處可見。觀《中庸》言治，亦以孝為本，而「祭祀」
一事，無論郊社，乃至宗廟祭祀，均為孝道的表現。

　　所以，從報本追遠的孝道表現來看宗廟祭祀，確實有助於世道人
心的淳厚良善。因此，以之論「郊社之禮，禘嘗之義，治國其如示諸
掌」，自亦有其論據。

（四）神道設教說

　　「神道設教」一詞，最早出現於《周易・觀卦・彖傳》：「觀天
之神道，而四時不忒。聖人以神道設教，而天下服矣。」《周易》對
「神道」的解釋，原指大自然神奇奧妙的規律，如春夏秋冬四季的更
迭，毫無差忒，所以古代聖王亦默契大自然的規律，體其妙用，藉以
設立典章制度禮樂教化，使百姓在無形中自然地涵泳其德，並服從接
受在上者的教化。《周易・觀卦・彖傳》基本上繼承周初以來，漸漸
將原始宗教氛圍中，因天災人禍所導引的恐怖情緒，反映於對天地鬼
神的皈依與附從，轉化為道德上的意義，並賦予人性的自覺，如《尚
書・召誥》云：

> 我不可不監于有夏，亦不可不監于有殷。我不敢知曰，有夏
> 服天命，惟有歷年；我不敢知曰，不其延，惟不敬厥德，乃
> 早墜厥命。我不敢知曰，有殷受天命，惟有歷年；我不敢知

> 曰，不其延，惟不敬厥德，乃早墜厥命。[24]

文中說明夏殷兩朝由於接受天命，故能延續國祚，同時也因敗德而喪失國運。這種「天命靡常」的觀念，[25]使人開始自覺，單求諸天命、依恃天命，已難以信靠，惟有反求諸己於道德實踐，方能「克配上帝」，方能「得眾則得國，」[26]此即《左傳》所謂「皇天無親，惟德是輔……神所馮依，將在德矣」。[27]

由於周初以來，努力將宗教人文化，[28]使得宗廟祭祀漸漸褪去原始的、非理性的鬼神色彩，而代之以對先人的緬懷眷念，以及對天地的報本反始。代表儒家的孔子繼承了周人所闡揚的人文精神。因此，避談「怪力亂神」，自然對鬼神抱持著「敬而遠之」的態度。

雖然儒家在春秋戰國積極提昇人類的主體性，欲圖擺脫原始宗教非理性的行為，但宗教意義的神鬼思想，實際上，並未能全然從百姓思想觀念中徹底根絕。試觀先秦有關鬼神的記載，如《左傳・莊公十年》記載齊師伐魯，曹劌問莊公何以戰？莊公云：「犧牲玉帛，弗敢加也，必以信。對曰：小信未孚，神弗福也。」又如《左傳・僖公五年》記載晉獻公欲假道虞國以伐虢國，虞公貪圖晉國的美玉與良馬，拒絕了虞國大夫宮之奇的忠諫，曰：「吾享祀豐絜，神必據我。」文中魯莊公與虞公均以祭祀的虔誠信實，認為必蒙鬼神的眷顧。然而，這種藉祭祀時的虔誠與祭品的豐美來邀神賜福，不正也反映春秋時代的羣眾心理？倘若代表知識分子與在上位者的莊公與虞公，尚且做如

---

24 見《尚書正義》，頁222。
25 見《詩經・大雅・文王》，頁536。
26 見《禮記・大學》，頁987。
27 見《左傳・僖公五年》宮之奇諫虞侯所引《周書》語。
28 有關周人宗教人文化的情形，可詳見徐復觀先生：《中國人性論史》第2章，頁15-62。

是觀，試想下層廣大無知的百姓，又如何能免於這種原始宗教中，藉著對神明的崇敬，以邀福納祥的心理。再試以《左傳·定公元年》所載為例：

> 薛徵於人，宋徵於鬼，宋罪大矣。且已無辭而抑我，以神誣我也。[29]

上述引文中，曾記載宋國大夫仲幾援鬼神以羞辱晉使，並藉以抗拒增築成周城牆工程的任務，導致晉大夫彌牟對其深表憤怒，進而加以拘拿懲戒。不過，從中也說明了「鬼神」在春秋時代，上至知識分子，下至愚夫愚婦，在芸芸眾生中仍存有一定的地位與重要性。正如同在極力闡揚人文精神的孔門中，仍有問事鬼神的子路，而《禮記》中更記載了孔子回答宰我有關鬼神的問答，如〈祭義〉云：

> 宰我曰：「吾聞鬼神之名，不知其所謂？」子曰：「氣也者，神之盛也；魄也者，鬼之盛也。合鬼與神，教之至也。眾生必死，死必歸土，此之謂鬼。骨肉斃于下陰為野土，其氣發揚于上為昭明焄蒿悽愴，此百物之精也，神之著也。因物之精，制為之極，明命鬼神以為黔首，則百眾以畏，萬民以服。」[30]

文中從「氣」、「魄」來詮釋鬼神的涵義，最後又以明命鬼神，做為百姓的法則，欲使眾人事其祖禰、畏敬鬼神。值得注意的是，在這裏已揭示了有別於《周易·觀卦·彖傳》以法天為依據的「神道設教」觀念，而保留了自古以來，原始宗教中對鬼神的畏敬心理，藉以設教

---

29 見《春秋左傳注疏》，頁941。
30 見《禮記正義》，頁814。

施化、羈縻人心。

因此，對於《中庸》所說的「明郊社之禮、禘嘗之義」與治國的關係，蔣伯潛《中庸新解》便從此處立說：

> 古代以政治宗教合，儒家尤重祭祀。祭祀時，人人都恭敬誠虔，如有鬼神在上監察一般，為非作惡的念頭，自然沒有了，這是聖人神道設教的本意，可以通於治國。[31]

蔣氏「神道設教」的概念，雖不同於《易傳》，然而卻同於世俗之人對「神道設教」的理解，也反映了群眾實際生活中敬畏鬼神的心理。所以，民間善書中藉鬼神以說明福善禍淫的方式，乃至於廟宇中圖繪地獄種種酷刑，藉以勸化世人的果報觀念，均是「神道設教」具體的表現。雖然儒家未必主張如是的「神道設教」，但卻也無法改變千古以來原始宗教的群眾意識。因此，若以宗教意義上的「神道設教」論宗廟與治國的關係，也應該可以成立。

（五）收族統宗說

宗廟制度以宗法為其骨幹。所謂「宗法」，即家族的組織法。在宗法制度下，「宗子」（嫡子），成為領導統治的階層，擁有執守宗廟社稷主祭的權柄，相對於「宗子」的「支子」（庶子），則無此權利。所以《禮記‧曲禮下》說：「支子不祭，祭必告於宗子。」鄭玄注云：「不敢自專，謂宗子有故，支子當攝而祭者，五宗皆然」，孔穎達疏云：「祭必告於宗子者，支子雖不得祭，若宗子有疾，不堪當祭，則庶子代攝可也，猶宜告宗子然後祭。」除上述之外，《禮記》中〈喪服小記〉與〈大傳〉均有「庶子不祭祖者，明其宗也」之說。

31　見蔣伯潛：《中庸新解》，頁22。

　　宗子為本宗的嫡系繼承人，宗子以受命於天的身分，率領文武百官以承祭祀，除敬事天命外，更有序昭穆、別親疏、明長幼、敦人倫，而達尊尊親親、收族統宗之效。透過宗廟之禮，界定了倫常的關系，強化了宗族的秩序，進而也鞏固了領導中心。

　　由於宗廟向為國之重地，因此，一切重要事務，如冠禮、婚禮、喪禮、燕享、征伐（廟算）、獻俘、戮宗人等等，均在宗廟中舉行或議定，其重要性可想見一斑。然而周代自平王東遷之後，封建制度逐步瓦解，王綱蕩然，禮樂征伐自諸侯出，宗廟之禮，必難以一如往昔地正常運作。春秋末葉，其勢尤甚，宗廟不謹，德命不修，故孔子慨嘆：「明乎郊社之禮，禘嘗之義，治國其如示諸掌」。必然有感於斯時的禮壞樂崩，思欲藉「郊社之義」、「禘嘗之禮」的闡揚來收族統宗，重整綱紀，建立秩序。正如《禮記·大傳》所說「親親故尊祖，尊祖故敬宗，敬宗故收族，收族故宗廟嚴，宗廟嚴故重社稷，重社稷故愛百姓，愛百姓故刑罰中，刑罰中故庶民安，庶民安故財用足，財用足故百志成，百志成故禮俗刑，禮俗刑然後樂[32]」，而上述「尊祖、敬宗、收族」三事，均可透過宗廟之禮來達成，亦藉由三事進而重社稷、愛百姓、中刑罰、安庶民、足財用、成百志、刑禮俗，使黎民得以安樂。所以，若從「收族統宗」來談宗廟與治國的關係，確有其道理。

　　龔鵬程先生在〈宗廟制度論略〉一文中，曾指出秦漢以降，大小宗制宗法逐漸隳壞，但宗族仍為社會構成的基本組織，而宗廟在宗族內的意義，仍具有由尊祖、敬宗、收族而表現出親親的倫理精神之特質，成為團結各社會內容的力量。雖然政治因封建不行而逐漸與宗廟疏離，但宗廟制度卻隨著社會結構的變動，隨時調整其面目，繼續發

32　嚴，敬肅也。百姓，百官也。百志，人之志意所欲也。刑通「型」也。

揮其功能。[33]因此，上至天子的宗廟，下至百姓的宗祠家廟，在君主專制時代與安土重遷的農業社會中，宗祧相承的承繼秩序，及其所發揮收族統宗的作用，仍深具影響力。

《左傳・成公十三年》云：「國之大事，在祀與戎」。兵戎非年年有之，然祭祀則歲時不絕。在各種祭祀中，又以郊社與宗廟為重。尤其宗廟制度所包含眾多的禮儀與職官形成一內容繁複的「文化叢」（culture complex），影響所及，可謂至深且鉅，對先秦封建社會，尤其關係密切。以致在《論語》與《禮記》中，均載有明乎宗廟祭祀則治國有如視掌之說。雖然《禮記・仲尼燕居》曾從宗廟之禮論治國之道，但是以宗廟祭祀關涉文化層面的複雜，若光從單一面相來論述，實難以盡窺全豹。因此，本文分別從治國以禮、治國以誠、報本追遠、神道設教、收族統宗等五方面來分析。上述五點除「神道設教」一項外，孔子地下有知，或能欣然同意吾說，惟本文中所論宗教意義的「神道設教」，以仲尼向來不語怪力亂神的態度，或未必接受拙見。不過，在春秋戰國之時，自天子以至於庶人（含孔門後學），或仍無法根絕原始宗教中敬神畏鬼的心理。試想在教育普及、科技昌明的今日，普羅大眾尚且俎豆馨香，虔誠地匍伏在各地廟宇神殿之前，吾人又如何責求兩千年前民智未開的百姓，心中能不有鬼神洋洋乎如在其上，如在其左右的惶恐畏敬，又如何責求其能理解孔子苦心孤詣，將宗教人文化的努力，而代之以理性的方式，重新點燃人類智慧的明燈。

33　參考龔鵬程：〈宗廟制度論略〉下，《孔孟學報》第44期（1982年9月），頁269。

拾伍
「哀公問政」章釋疑

　　《中庸》第二十章載魯哀公問孔子為政之道，本章素來為在位者所重，如《宋史‧邢昺傳》記載：「景德四年（1004），邢昺欲告老還鄉曹州（今山東省菏澤市），上慰勞，並超拜工部尚書，使知曹州。入辭之日，帝賜襲衣、金帶，特開龍圖閣，召近臣宴崇和殿。昺視壁間《禮記圖》，指〈中庸篇〉曰：『凡為天下國家有九經』，因陳其大義，上嘉納之。」[1]由於北宋時，邢昺為真宗陳述《中庸》「凡為天下國家有九經」一節的大義，深為真宗皇帝所嘉許採納，由是仁宗、高宗朝均有天子以《中庸》賜進士之事。[2]南宋時，孝宗更詔以《中庸》進講，並親臨太學，講《中庸》九經。[3]由此可見「哀公問

1　見《宋史‧邢昺傳》（臺北市：鼎文書局，1983年），卷431，頁1279。

2　如王應麟《玉海》：「天聖五年（1027）四月辛卯，賜進士王堯臣等聞喜宴於瓊林苑，人賜御書《中庸篇》各一軸。自後，遂以為常。初上欲賜《中庸》，先命中書錄本。既上，乃令宰臣張知白進讀，至修身治人之道，必使反覆陳之，上傾聽，終篇始罷。是歲，進士三百七十七人。景祐元年（1034）四月乙卯，賜新第張唐卿詩及《中庸》。慶曆二年（1042）四月己亥，又賜楊寘。皇祐元年（1049）四月戊子，賜馮京御詩及《中庸》。五年（1053）四月壬辰，賜鄭獬。嘉祐二年（1057）四月乙亥，賜章衡。四年（1059）四月戊子，賜劉輝。」（臺北市：臺灣商務印書館影印文淵閣《四庫全書》本，1983年），卷34，頁3。

3　如王應麟《玉海》：「乾道三年（1167）九月，詔擇《禮記》諸篇最要切者，如〈王制〉、〈學記〉、〈中庸〉、〈大學〉之類，先次進講。先是中書舍人梁克家言，《禮記》出於漢儒，非全經也，欲如元祐范祖禹所請，從之。淳熙四年（1177）二月，幸太學，講《中庸》九經。」（《宋史‧高閌傳》：「紹興元年（1131），以上舍選賜進士，時將賜新進士〈儒行〉、〈中庸〉篇。閌奏〈儒行〉詞說不醇，請止賜〈中庸〉，庶幾學者得知聖學淵源，而不惑于他說，從

政」章所受到的重視。惟本章有待辨證與發揮者有六，茲分別論述如下：

一 為政在人取人以身

《中庸》第二十章載哀公問孔子為政之道，孔子云：「文武之政，布在方策。其人存，則其政舉。其人亡，則其政息。人道敏政，地道敏樹。夫政也者，蒲盧也。故為政在人。取人以身，修身以道，修道以仁……。」其中「為政在人取人以身」，句中兩個「人」字，歷來解說不一。鄭玄注「為政在人」為「在於得賢人也」；又注「取人以身」為「言明君乃能得人」。朱熹則謂：「人，謂賢臣；身，指君身」。依鄭注則第一個「人」字，並未專指賢臣，朱熹則將兩個「人」字作「賢臣」解。揆諸本章首揭文王、武王來論述為政在於得人，蓋以文武二王，人存則政舉，人亡則政息，文中充分反映儒家人治的精神。既論人治，則不能不論修身踐德的重要，所謂「一人有慶，兆民賴之」，所謂「自天子至於庶人，一是皆以修身為本」。故儒家的人治，實即仁治、實即德治。是故本章「故為政在人」一句，乃是總結上文，說明得賢人的重要。而此「賢人」不僅包括君（如文中的文王、武王），也包括臣，是以鄭玄注，於語意上較為周全。朱熹身處君主專制時代，在詮釋義理，或有其現實的顧忌與考量，是以諱言君王；或因下文「取人以身」，主要乃就國君選取賢才而言，遂併二「人」字作「賢臣」看。殊不知古人行文說話，未必句句謹嚴。

之。」王應麟《玉海》：「（紹興）五年（1135）九月，賜汪應辰以下御書石刻《中庸》，廷試畢，賜御書，自此始。」又「十年（1140）五月十六日御書《中庸》賜秦檜」，又「十三年（1143）頒御書《孝經》《周官》《中庸》《羊祜傳》傳于天下州學」（俱見《玉海》，卷34，頁22-23）。

宋・饒魯（雙峰）以為：「上『人』字兼君臣，下『人』字專指臣，『身』字指君言」，[4]其中言「兼君臣」，是也。至於言「專指臣」或「指君」之語，則又與朱熹同犯說得太滿之病，若改「臣」字為「在下者」，改「君」字為「在上者」，語意較為周全，亦不致使淺學之人執著於君臣二字，而不知聖賢著書立說，原非僅為君王一人設教也。

二　修道以仁

《中庸》第二十章載「故為政在人，取人以身，修身以道，修道以仁。仁者，人也，親親為大。義者，宜也，尊賢為大。親親之殺，尊賢之等，禮所生也。」天按：原文「修道以仁」，疑應作「修道以仁義」。如此方能與下文：「仁者，人也……義者，宜也」，上下呼應。

「仁義」一詞並舉，在春秋以前，蓋為罕見。《論語》一書中雖然「仁」字出現一○九次，「義」字出現二十四次，卻未見有「仁義」並舉者。其他如《易》、《書》、《詩》、《禮》、《春秋》各經亦然。「仁義」並舉恐怕要到戰國時代始大量出現。在經傳中出現「仁義」並舉者，計《孟子》十三次、《穀梁傳》一次、《禮記》五次，餘則未見。諸子典籍中出現「仁義」並舉者，計《老子》一次、《孫子》一次、《尹文子》三次、《商君書》四次、《晏子》六次、《列子》七次、《呂氏春秋》八次、《管子》九次、《墨子》二十九次、《荀子》三十二次、《莊子》三十三次、《韓非子》四十六次。

4　見〔元〕景星：《中庸集說啟蒙》，收錄於《通志堂經解》（臺北市：大通書局影印清康熙十九年刻本），頁40。

「仁」、「義」二詞的連用，世人多以為是從孟子開始的。不
過，從一九九三年湖北省郭店楚墓出土大量儒家典籍，在這些被視為
是子思至孟子之間的思孟學派著作中，已有頗多「仁義」並舉的篇
章，如「孝，仁之冕也；禪，義之至也」（《唐虞之道》）、「忠，
仁之實也；信，義之期」（《忠信之道》）、「仁生於人，義生於
道，或出於內，或生於外」（《天生百物》）、「何謂六德？聖、
智也，仁、義也，忠、信也」（《六德》），其中《六德》篇中的
「仁，內也。義，外也」之說，更促使諸多現當代學者重新援以探討
《孟子·告子上》的「仁內義外」之說。[5]

如果上述郭店楚簡中思孟學派作品已呈現頗多「仁義」並舉的現
象，那麼思孟學派的開宗——子思，其在《中庸》本章中的「修道以
仁」，作「修道以仁義」，應不致令人意外，不僅與下文「仁者，人
也……義者，宜也」，相互呼應，更可證成《孟子》書中「仁義」並
舉，實受到到子思思想學說的啟迪與影響。

三　所以行之者一

《中庸》第二十章載「天下之達道五，所以行之者三，曰：君臣
也，父子也，夫婦也，昆弟也，朋友之交也，五者天下之達道也。知
仁勇三者，天下之達德也，所以行之者一也。」

5　如劉丰：〈從郭店楚簡看先秦儒家的「仁內義外」說〉，見《湖南大學學報》
　　（社會科學版），2001年6期；梁濤：〈孟子的「仁義內在」說〉，見《燕山大學
　　學報》（哲學社會科學版），2001年11期；王博：〈論「仁內義外」〉，見《文
　　史哲》，2004年2期；李景林：〈倫理原則與心性本體——儒家「仁內義外」與
　　「仁義內在」說的內在一致性〉，見《中國哲學史》，2006年4期；龐樸：〈試析
　　仁內義外之辨〉，見《文史哲》，2006年5期；肖群忠：《儒家「仁內義外之辨」
　　的現代倫理意義》，見《齊魯學刊》，2009年3期。

　　其中「所以行之者一也」，歷來對此句有許多不同的說詞。從文
句的形式上，大致可分為「所以行之者一也」、「所以行之者也」與
「所以行之者一也，一者，誠也。」三種。關於此問題，可藉蔣伯潛
《中庸新解》說明如下：

> 朱子說：「所以行之者一也」的「一」是「誠」。按何
> 孟春訂注的《孔子家語》，「一也」之下有「一者誠也」
> 句，正與朱子相合。王引之《經義述聞》說「一」是衍文。
> 「所以行之者也」，正與上文「所以行之者三」相應，不當
> 有「一」字，此因下文「所以行之者一也」句而衍。《史
> 記·通津侯傳》：「智仁勇此三者，天下之通德，所以行之
> 者也。」《漢書·公孫弘傳》：「仁智勇三者所以行之
> 也。」皆無「一」字。鄭玄《禮記注》於下文「所以行之者
> 一也」句，注「一，謂當豫也。」於此句不釋「一」字，則
> 鄭注本無「一」字可知。[6]

從上述各家說法來看，似乎都有其理據，難以斷其是非。不過，從
《史記》、《漢書》、鄭玄《禮記注》諸書推斷，漢人所見《中
庸》，疑作「所以行之者也」，似無「一」字。不過，通行本《中
庸》作「所以行之者一也」，亦由來久矣，可見古書的版本非一，難
以定其是非。不過，從通經致用的立場來看，《孔子家語》在「一
也」之下，有「一者誠也」，朱子之說恰與之相合。可見加個「一」
字，使得文義更為曉然可知。試再從誠、三達德、五達道三者的關係
說明如下：

6　蔣伯潛：《中庸新解》（臺北市：啟明書局，未註出版日期），頁24-25。

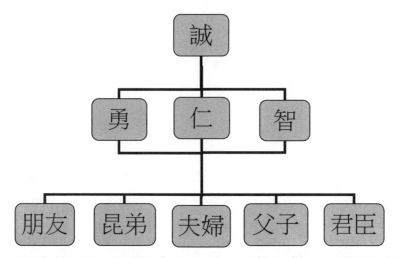

試以君臣為例，若五達道的「君臣」無三達德的「智」來規範，則其弊病或一為昏庸之君，一為愚忠之臣。然三達德的「智」若不以一「誠」字為來規範，則君臣之「智」，或少誠實而多行詭詐權謀，仍無以維繫良好的君臣關係。可見「誠」之一字，其重要如此，不誠蓋無物矣。在《中庸》本章，由一（誠）統三（達德）領五（達道），組成了相當嚴謹的統領結構。職是之故，維持通行本作「所以行之者一也」，竊以為應是較佳的選擇。

四　或生而知之

　　《中庸》第二十章載「或生而知之，或學而知之，或困而知之，及其知之一也。或安而行之，或利而行之，或勉強而行之，及其成功一也」，上文中孔子將人分為「生知／安行」、「學知／利行」、「困知／勉行」三等。類似的話語，亦出現在《論語・季氏篇》載孔子曰：「生而知之者，上也；學而知之者，次也；困而學之，又其次也。困而不學，民斯為下矣！」不過，後者顯然分人為四等。比較

兩者的說法，基本上大致相同，惟若綜合兩者的說法，則意義上更為明確。此四等人可依《中庸》分別從知行兩方面來說明，以「知」來說，分為生知、學知、困知、不知四等；以「行」來說，分為安行、利行、勉行、不行四等。第一等的「生知／安行」是仁者安仁的境界；第二等的「學知／利行」是智者利仁的境界；[7]第三等的「困知／勉行」，由於能勇於遷善改過，可說是知恥近乎勇的境界；至於第四等的「不知／不行」，則正如《莊子》所說的「大惑者，終身不解；大愚者，終身不靈」的「下愚」之人。[8]（可參考如下附錄〈知行四等圖〉）

　　職是之故，朱熹於《中庸章句》謂「以其等而言，生知安行者，知也。學知利行者，仁也。困知勉行者，勇也。」按：朱子之說除「困知勉行者勇也」外，其餘恐未必妥當，蓋「生知／安行」，宜為仁者境界；「學知／利行」宜為智者境界，前者乃「既仁且智」，後者則「智未必仁」，兩者境界有別。

7　子曰：「不仁者，不可以久處約，不可以長處樂。仁者安仁，知者利仁。」（《論語・里仁》）

8　「大惑者，終身不解；大愚者，終身不靈。」（《莊子・天地》）子曰：「唯上知與下愚不移。」（《論語・陽貨》）

【附錄】知行四等圖（人分四等）

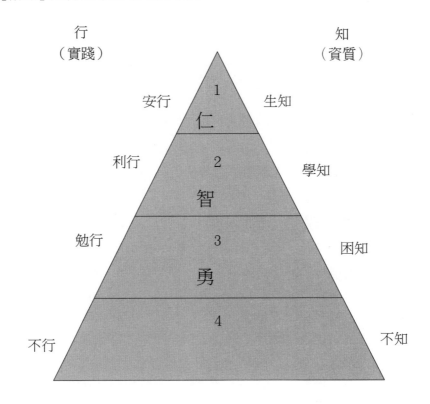

五　來百工

〈哀公問政〉章談到治天下國家有九經之說，其中一項為「來百工」，並謂「來百工則財用足」、「日省月試，既稟稱事，所以勸百工也」。鄭玄未注「來百工」一語，惟孔穎達則謂「來百工也者，謂招來百工也。」朱熹亦未注「來百工」之義，然從其《章句》所注：「來百工，則通工易事，農末相資，故財用足」，可見對「來百工」一辭的看法，殆與孔《疏》無別。惟清‧王引之《經義述聞》則云：

來讀勞來之來，謂勸勉之也。來字本作勑，《說文》：
「勑，勞勑也。」《孟子·滕文公篇》：「勞之來之」，謂
勸勉之也。〈月令〉：「為天子勞農勸民」，鄭注曰：「重
力來之。」《漢書·王莽傳》：「力來農事」，顏師古注
曰：「力來，勸勉之也。」來，音郎代反，是相勸勉謂之
來，故下文曰：「日省月試，既稟稱事，所以勸百工也。」
《釋文》來字無音，《正義》以為招來百工，皆失之。[9]

從上文可知，王氏以「來」為勸勉之意，揆諸下文「財用足」與「日
省月試，既稟稱事」，可謂前後文意連貫而無抵忤。設若朱注為是，
則亟待澄清者有二端，其一「通工易事」一語。設若工可通流，事可
變易，則此工宜屬一般的勞工，而非專業的技術工。而朱注於下文又
云：「農末」，更點出其為農人於農閒之時，轉為一般的勞工言。
其二既是「農末相資」，則似此於農閒可轉為勞工的農民，理應屬
於短期工，既屬短期工，自無「日省月試，既稟稱事」的必要。蓋力
役之征，向為古聖先王所審慎者，如《論語》中所云：「使民以時」
（〈學而〉）、「使民如承大祭」（〈顏淵〉），《禮記·王制》亦
云：「用民之力，歲不過三日」，《周禮·均人》云：「均人掌均地
政，均地守，均地職，均人民、牛馬、車輦之力政。凡均力政，以歲
上下，豐年則公旬用三日焉，中年則公旬用二日焉，無年則公旬用一
日焉。凶札則無力政。」[10]

9　王引之：《經義述聞》（臺北市：臺灣商務印書館，1979年1月），卷16，頁628-
　　629。

10　均人，官名，《周禮》地官之屬。主平土地的力政者。力政，猶言力役，謂征人
　　力，以築城垣、道路也。公旬，古力役之征，人民每歲給事於公家，曰：公旬。
　　旬，讀如均。公，事也。旬，均也。孫詒讓《周禮正義》：「役法當均勞逸，故
　　謂之公旬」。

由上述觀之，古代力役的徵調，為時甚短（不仁之君，自然不在此限），所從事的力政，民力方面，主要為治城郭、涂巷、溝渠之類，牛馬車輦則指轉輸委積之屬。簡而言之，即工程與運輸二事。惟僅此二事，實不足以當《中庸・哀公問政章》所說的「百工」一辭。本章的「百工」宜如《周禮・考工記》所說：「國有六職，百工與居一焉」的百工。按《禮記・曲禮》云：「天子之六工，曰土工、金工、石工、木工、獸工、草工，典制六材。」〈考工記〉又云：「凡攻木之工七，攻金之工六，攻皮之工五，設色之工五，刮磨之工五，搏埴之工二。」[11]《正義》云：「其曰某人者，以其事名官也者，匠人、梓人、韗人、鮑人之類是也，[12]此等直指事上為名也。云其曰某氏者，其義有二：一者，官有世功，則以官為氏，若韋氏、裘氏、冶氏之類是也。二者，族有世業，以氏名官，若鳧氏、栗氏之等是也。」[13]古代工業大體而言，乃由官辦而漸變為民營，其因端在工業初起，技巧未精，誠非人人所能為，如《穀梁傳・成公元年》云：

> 丘甲，[14]國之事也。丘作甲，非正也。丘作甲之為非正，何也？古者立國家，百官具，農工皆有職以事上。古者有四民，有士民，有商民，有農民，有工民。夫甲，非人人之能為也，丘作甲，非正也。[15]

古時列國並立，戰事繁多，戰甲的製造既非人人所能為，其他有待智

11　搏埴之工，指製陶器磚瓦之工。鄭玄注：「搏之言拍也。埴，黏土也。」
12　匠人，主建築。梓人，造器具。韗人，製作皮鼓。鮑人，鞣制皮革。
13　鳧氏，製作樂器。栗氏製作量器。俱見《周官・考工記》（臺北市：藝文印書館影印嘉慶20年南昌府學十三經注疏本），卷39，頁8。
14　《周官・小司徒》：「九夫為井，四井為邑，四邑為丘」。丘作甲者，使一丘之民皆作甲也。
15　見《春秋左傳注疏》，頁128。

巧的各類器物，亦復如此。古者百工多集中居住於官府所建造的工作坊，如《論語・子張篇》「百工居肆」，又如《管子・小匡》云：

> 今夫工群萃而州處，相良材，審其四時，辨其功苦，權節其用，論比計，制斷器，尚完利，相語以事，相示以功，相陳以巧，相高以知事，旦昔從事於此，以教其子弟，少而習焉，其心安焉，不見異物而遷焉，是故其父兄之教，不肅而成，其子弟之學不勞而能，夫是故工之子常為工。[16]

百工既為父子相承，群聚而居，自然宜有管理百工者，如工師、工正之官來監督管理，此即《荀子・王制》所云：

> 論百工，審時事，辨功、苦，尚完利，便備用，使雕琢文采，不敢專造於家，工師之事也。[17]

以及《禮記・月令》所云：

> 季春，命工師，令百工，審五庫之量，金、鐵、皮、革、筋、角、齒、羽、箭、幹、脂、膠、丹、漆、毋或不良。百工咸理，監工日號，毋悖于時，毋或作為淫巧，以蕩上心。……季秋，霜始降，則百工休。……孟冬，命工師效功，陳祭器，按度程，毋或作為淫巧，以蕩上心。必功致為上。物勒工名，以考其誠。功有不當，必行其罪，以窮其情。[18]

從上文可見古代工師課試監督百工的情形，此即《中庸》所說「日省

16　王冬珍等人校注：《新編管子》（臺北市：國立編譯館，2002年2月），頁527。
17　廖吉郎：《新編荀子》（臺北市：國立編譯館，2002年7月），頁699。
18　見《禮記正義》，頁304-342。

月試,既稟稱事,所以勸百工」之意。綜合上述諸說,九經所謂「來百工」,宜作勸勉百工為宜。「來」字作「招來」解,雖非全謬,畢竟成立「百工」之初,自亦有招聘而至者,惟百工所指為專門技術工,久居官府造作之肆,多為父子相承,世繼其業。因此,能由官府對外招致而來者,究屬有限。對於人數多寡,技巧工拙,均茫然不可預期的「百工」,似乎難保其必使國家「財用足」。因此,「來」百工若作「招徠」解,恐有不妥。由此可見,「日省月試,既稟稱事」一語,顯然,是針對世守其業的百工,來做省試考績的工作。而且「日省月試,既稟稱事」,更非「招來百工」此一作業程序上的當務之急。是故以事理邏輯言,「招來」百工,實存有諸多破綻,若解為「勸勉」百工,則可渙然冰釋矣。雖然朱熹在解說「既稟稱事」時,曾引《周禮·夏官》:「稟人掌受財于職金,以齎其工……書其等,以饗工;乘其事,試其弓弩,以下上其食而誅賞」之例,頗符合古代工師課試監督百工的行為,然對於「來百工」一語,朱熹卻又以「招來百工」解說,並謂「通功易事,農末相資」,於理誠難解說得通,故吾人期期以為不可也。

六　遠色

《中庸》於治國九經云:「去讒遠色,賤貨而貴德,所以勸賢也。」關於「遠色」一詞,注家多從「遠離女色」詮釋,此種說解雖大體無誤,然終不免略顯拘隘。蓋「色」字,《說文》云:「色,顏气也。」原指人的「顏色」、「氣色」言,引申為一切美好可觀者,均可謂之「色」,如「景色」、「美色」、「男色」、「女色」等等。

雖然,在中國傳統父系社會制度下,先秦典籍中論及好色之義,

正如宋・邢昺所說，指「女人」言，[19]如《論語・學而篇》：「賢賢易色」、〈季氏篇〉：「少之時，血氣未定，戒之在色」、《孟子・梁惠王篇》：「寡人有疾，寡人好色」等等，大體均指女色。因此，《中庸》所說的「遠色」的「色」，自然也應指「女色」言。惟為求經典意義避免過於窄化，在詮釋上若做較為寬鬆的解釋，或更為妥切。例如：改「女色」為「美色」。如此，其義不變，而涵蓋面則更具彈性與開放性。如《淮南子・時則》云：「去聲色」，高誘注云：「色，美色也」，[20]即為佳例。

　　在傳統君父主政制度下，女性被剝奪了參政的機會。因此，《中庸》所說的「去讒遠色」，自然指女色言。然而在中國歷史的長流中，卻也不乏對「男寵」的記載。如《尚書・伊訓》有「比頑童，時謂亂風」之戒，[21]可見上古已有男子以美貌見寵的現象，[22]下迄春秋戰國有彌子瑕、[23]鄂君之流，[24]皆以貌美而見重。而西漢以降，此風尤甚，如高祖時的籍孺、孝惠時的閎孺，兩人非有材能，但以婉媚邀寵，與天子同臥，公卿多藉二人之力關說。孝文時的鄧通、孝武時的

19　如邢昺：《論語正義》於「賢賢易色」注云：「色，女人也。女有姿色，男子悅之，故經傳之文，通謂女人為色。」

20　見《淮南子・時則》（臺北市：藝文印書館影鈔宋本《淮南鴻烈解》21卷本，1968年），頁147。

21　頑童即孌童，孌童本指美少年，引申為被猥褻的美少年之意。

22　〈伊訓〉為《偽古文尚書》篇章，其說或未可盡信，然有是說必非無其事。聊資作旁證來看。

23　彌子瑕，春秋衛靈公幸臣，曾偽託君命，私駕衛君車，又食桃而甘，以其半奉衛君。二事俱為衛君讚許，後復以此得罪。詳見陳奇猷：《韓非子集釋・說難》（臺北市：河洛出版社，1974年），頁123。

24　鄂君，即鄂君子晳。春秋楚王母弟，官令尹。越人悅其美，因作〈越人歌〉而贊之。見劉向：《說苑・善說》（臺北市：臺灣商務印書館影印文淵閣《四庫全書》本，1983年），卷11，頁9。

韓嫣也大抵類此。[25]而哀帝時，董賢更以色媚上，復蒙斷袖之眷愛，[26]
父子並為公卿，貴重人臣。下迨魏晉南北朝，流風餘韻未減，如《晉
書・五行志》載：「自咸寧、太康之後，男寵大興，甚於女色，士
大夫莫不尚之，天下相傚效，或至夫婦離絕，多生怨曠」，[27]而《南
史・梁宗室列傳》亦載：「（蕭）韶昔為幼童，庾信愛之，有斷袖之
歡，衣食所資，皆信所給」，[28]諸如上述情事，可謂史不絕書，正如
班固所說的「柔曼之傾意，非獨女德，蓋亦有男色焉」。[29]

　　至於婦居尊位而好色者，如戰國之時，秦華陽太后私通呂不韋、
嫪毐諸人，國事多決於二人。[30]南朝・宋山陰公主有面首（男寵）
三十人，[31]武則天有內寵薛懷義、張易之、張昌宗諸人，復欲令選美
少年為左右奉宸供奉，而政事多委易之兄弟，諸賢臣如魏元忠、張說
等，皆遭貶竄，[32]可見男寵之害，有時甚於女色。朱熹《中庸或問》
云：

25　俱見《漢書・佞幸傳》（臺北市：鼎文書局，1978年），卷93，頁3721-3725。

26　《漢書・佞幸傳》載：「董賢寵愛日甚，為駙馬都尉中，出則參乘，入御左右，
　　旬月間賞賜累鉅萬，貴震朝廷。常與上臥起。嘗晝寢，偏藉上袖，上欲起，賢未
　　覺，不欲動賢，乃斷袖而起。其恩愛至此。」，頁3733。

27　《晉書・五行志》（臺北市：鼎文書局，1983年），卷29，頁908。

28　《南史・梁宗室列傳》（臺北市：鼎文書局，1985年），卷51，頁1270。

29　《漢書・佞幸傳贊》，卷93，頁3741。

30　秦莊襄王即位三年，薨。太子政立為王，尊呂不韋為相國，號稱「仲父」。秦王
　　年少，太后時時私通呂不韋。及始皇漸長，太后淫不止，不韋恐覺禍及己，乃私
　　進嫪毐，詐為宦者，得侍太后，太后私通，絕愛之，賞賜甚厚，事皆決於嫪毐。
　　事見《史記・始皇本紀》（臺北市：鼎文書局，1986年），卷6，頁223-227。
　　〈呂不韋列傳〉，卷85，頁2509-2511。

31　《宋書・前廢帝紀》：「山陰公主淫恣過度，謂帝曰：『妾與陛下，雖男女有
　　殊，俱託體先帝。陛下六宮萬數，而妾唯駙馬一人。事不均平，一何至此！』帝
　　乃為主置面首左右三十人。」（臺北市：鼎文書局，1984年），卷7，頁147。

32　事見《舊唐書・張行成傳》（臺北市：鼎文書局，1985年），卷78，頁2706-
　　2708。

信讒邪，則任賢不專；徇貨色，則好賢不篤。賈捐之所謂
「後宮盛色，則賢者隱微；佞人用事，則諍臣杜口」，蓋持
衡之勢，此重則彼輕，理固然矣。[33]

重於彼則輕於此，乃人情之常。好色則易信讒，重貨則易輕德，所以
魯定公十三年接受齊國饋贈女樂八十名，孔子勸定公退還，定公不
聽，君臣相與觀之，廢朝禮三日。孔子灰心之餘，於是辭官率弟子離
開魯國，開始長達十四年的周遊列國之旅。《莊子》謂：「嗜欲深
者天機淺」，個人的天理良知，往往難以敵擋人欲的誘惑。《中庸》
論治國之要，蓋以天下至廣，非一人所能獨治，既不能獨治，則須任
賢，然苟不「去讒遠色，賤貨貴德」，則賢者止步。在中國傳統的父
系社會制度下，「遠色」的「色」字，在理解上，固然多指「女色」
言，然吾人在詮釋義理時，倘能在不失經典原意下，作較為寬鬆的訓
解，則更能擴大經典的內涵，發揮經世致用的功效，畢竟聖人立教，
亦非專為特定的身分與性別服務。

---

33 見朱熹：《中庸或問》，頁83。

拾陸
「至誠無息」章釋疑

　　《中庸》第二十六章引《詩經・周頌・維天之命》作結，其文如下：「《詩》云：『維天之命，於穆不已』，蓋曰：天之所以為天也。『於乎不顯，文王之德之純』，蓋曰：文王之所以為文也，純亦不已。」關於文中「於乎不顯」的訓解，朱熹《中庸章句》承孔穎達《禮記正義》於本章所注：「於乎不光明乎？言光明矣」之說，亦注為「不顯，猶言豈不顯也」。由上述可見，孔、朱二人皆把「不」字訓為否定詞，於是不得不增一「乎」字於句末，或增一「豈」句於句首，使整句成為反問句法，以免違離文意。殊不知「不」字於先秦經傳中，音義多同「丕」字，置於句首或句中，而為語助詞之用。如《尚書・君奭篇》云：「惟文王德丕承，無疆之恤」，[1] 句中「丕」字，即為語詞，無義。「丕承」，即「承」也。又如《尚書・康誥》云：「惟乃丕顯考文王，克明德慎罰」，[2] 句中「丕」字，亦為語詞，無義。「丕顯」，即「顯」也。

　　除此之外，類似如此的用法者頗多，如《孟子・滕文公篇》引《書》曰：「丕顯哉，文王謨；丕承哉，武王烈」，意謂「文王的謀略是多麼地光明，武王的功業是多麼地承先啟後」。王引之《經傳釋詞》云：「顯哉承哉，贊美之詞。『丕』則發聲也，字通作『不』，《詩・清廟》曰：『不顯不承』，《傳》云：『顯於天矣，見承於人

1　意謂「只有繼承著文王的德行，並無窮無盡地憂恤（國事）」。
2　意謂「你那顯赫的先父文王，能夠公明地施人恩惠，謹慎地執行懲罰」。

矣』，則『不』為發聲可知。《箋》乃云：『是不光明文王之德與！
是不承順文王志意與！』失其意矣！丕顯丕承，即不顯不承。《趙
注》訓丕為大，亦失之。」[3]由上述例證，可知《中庸》第二十六章
所說的「於乎不顯」，以及《中庸》第三十三章所引《詩經・周頌・
烈文》：「不顯維德，百辟其刑之」，文中「不顯」二字皆通「丕
顯」，作語詞而無義。不過，由於「丕」字另有「大」的涵意，如
《說文》：「丕，大也。」《爾雅・釋詁》：「丕，大也。」因此，
本為語詞的「丕」字，後人遂承此「大」義，訓「丕顯」為大顯，如
《左傳・僖公二十八年》：「重耳敢再拜稽首，奉揚天子之丕顯休
命」，《左傳・昭公三年》：「昧旦丕顯」，杜預均注云：「丕，大
也」。

　　語言文字雖是工具，然約定可以成俗，甚至積非可以成是，惟為
探求經文義理，還原本義，仍宜求訓詁的精確。更何況孔穎達、朱熹
訓「不顯」為否定詞，復改為反問句法；不如依杜預訓「丕顯」為
「大顯」，或王引之將「不」字作「語詞」解為妥。

3　見王引之：《經傳釋詞》（臺北市：臺灣商務印書館，萬有文庫薈要本，1965
　　年），卷10，頁70-73。

拾柒
「愚而好自用」章釋疑

　　《中庸》：「子曰：愚而好自用，賤而好自專，生乎今之世，反古之道，如此者，災及其身者也」，其中「反古之道」的「反」字，自漢末鄭玄作「返復」之意以來，歷代諸家如孔穎達、朱熹、胡廣、胡渭、康有為、蔣伯潛等等均守是說，古今學者亦大多習焉而不察。惟學術一事，有時後出而轉精，況智者千慮亦難免一失，自不必惟鄭玄、朱熹諸人馬首是瞻。清代學者治學嚴謹，於學術每有獨到精闢之見，如孫星衍、俞樾即對《中庸》此章提出疑義，[1]均以「反古」為「變古」之意。其後贊同是說者，近代以來，則有蔡愛仁、黃美煌諸人等。[2]其中尤以黃美煌論述較詳。惟「反」字解為「變」，雖合理可信，然見道者蓋寡，從善服義者，亦不復多見，學者依舊墨守舊說，以「反古」為「復古」，故不揣淺陋，不避續貂，重新歸納前人的說法，並略抒一己之見，希望端正視聽，並證成前人研究的成果。

　　「反」字於《中庸》一書，除「反古之道」外尚有三處，分別為「小人反中庸」、「反求諸其身」、「反諸身不誠」，歸納其用法祇有兩種：一作「違反」，一作「復返」。至於先秦典籍中，「反」字

1　孫氏之說見孫應科《四書說苑》引孫星衍：《問字堂集》（上海市：上海古籍出版社《續修四庫全書》本），卷2，葉11。（惟《問字堂集》似未見此文，待考。）俞氏之說見《群經平議》（上海市：上海古籍出版社《續修四庫全書》本），卷22，頁19。

2　蔡氏之說見《大學中庸精注》（臺北市：正中書局，1982年9月），頁115。黃氏之說，見〈反古之道解〉，載於《孔孟月刊》13卷4期（1974年12月），頁27-28。

除上述兩種用法外，可作為「反古之道」解釋的，尚有「變改」，如《列子‧仲尼》：「回能仁而不能反」，張湛注：「反，變也。」《呂覽‧誣徒》：「以簡則有相反。」高誘注：「反，易也。」，不過無論作「違反」或「變易」，解說上雖有不同，然其意義則相通，因此可視為一類，至於《中庸》本章「反古」的「反」，何以宜作「變」、「違」解，其理由如下：

一　從本書行文來看

《中庸》第二章到第十一章，旨在強調中庸的重要，認為惟君子能行中庸，小人則違反中庸之道。同樣地，《中庸》第二十八章特別強調「禮」的重要性，並認為苟「無其德」、「無其位」均不敢擅作禮樂（按：擅作為新），蓋禮樂皆三代聖王因襲損益而制定的（按：因襲為古），故不可輕易「違反古道」，否則災及其身，而且在本章中兩次申說「不敢作禮樂」，不無暗批諸侯時君的「擅作禮樂」，若依傳統的解說，解為「復返古道」，以致災及其身，從文氣上來說，殊不可通。除非《中庸》文中特別針對「古聖先王之道」曾有批判、否定之語，在詮釋的邏輯上，方能成立。惟不僅本章前後文未見批判之辭，在《中庸》全書中更未有片語隻字批判古道。相反地，卻隨處可見頌揚古道的文句。如「吾學周禮，今用之，吾從周」、「仲尼祖述堯舜、憲章文武」、「夫孝者，善繼人之志，善述人之事者也」，上文中「周禮」、「堯舜」、「文武」、「人志」、「人事」等，均為古道、古人。因此，從以上諸章來看，若依傳統解說，認為復返古道會因而帶來災害，是嚴重悖離本書弘揚古道的一貫立場。

二 從儒家思想來看

　　孔子深諳周禮，崇尚古道，亦欲以禮樂來維繫社會的秩序。所以孔子說：「周監於二代，郁郁乎文哉，吾從周。」（《論語·八佾》）、又說：「吾非生而知之者，好古敏以求之也」（《論語·述而》）、「述而不作，信而好古」（《論語·述而》），並對魯哀公說：「生乎今之世，志古之道，居今之俗，服古之服，舍此而為非者，不亦鮮乎？」（《大戴記·哀公問五義》）其中所謂的「古」，即指周代的禮樂教化與典章制度而言。亦即孟子所謂的「先王之道」、「先王之法」。試問對向來嚮慕古道的儒家，對孔門嫡傳的子思，竟會說出「復返古道，則災及其身」的話來嗎？職是之故，惟有解為「違反」古道，災及其身，方能合於儒家一貫稽古貴古的立場。而且《禮記·經解》所說的：「以舊禮為無所用而去之者，必有亂患」，也正可用來說明《中庸》本章的真義。若依從鄭玄、朱熹等，以否定的立場來詮釋「古道」，則何異於《商君書·更法篇》所說的：「前世不同教，何古之法？帝王不相復，何禮之循？……反古者未必非，循禮者未足多是」的法家思想。無怪乎徐復觀先生會誤認為《中庸》此節「分明係法家責備儒家的口氣」。[3]如果依俞樾等人的說法，以「反古」為「變古」，則可一掃徐復觀諸人的疑惑，也不致有本章為「秦博士所雜入」的問題，而商鞅昔日因變古而遭到車裂，不也恰可印證本章「災及其身」的不幸事例。

3　見徐復觀：〈中庸的地位問題〉一文，收錄於《學術與政治之間》，（臺北市：臺灣學生書局，1980年4月），頁397-416。

三　從子思傳承來看

　　《中庸》一書為子思所作，從《史記・孔子世家》首揭其說以來，殆無異辭。惟自宋代起，頗有疑之者，如歐陽脩〈問進士策〉、陳善《捫蝨新語》等疑為漢儒雜記；如毛先舒《聖學真語》、翟灝《四書考異》等，則疑為孔子所作；如崔述《洙泗考信錄餘錄》等，則認為子思後學所為，眾說紛紜，相互攻駁，難以遽定是非。後人既無法完全推翻前人的定論，不妨遵從最古的說法，即以司馬遷所說：「子思作《中庸》」為宜。

　　孔伋，字子思，為孔子之孫，伯魚之子。子思為遺腹子，在其出生時，父親已逝，一歲時，祖父亦逝，[4]所以子思並未能親炙父祖的教誨。不過，子思曾受學於曾子，故仍能獨得孔門心法，作《中庸》，而有「述聖」之稱。《中庸》云：「仲尼祖述堯舜，憲章文武」（第三十章），而全書當中論述舜德與文武周公德業，亦復不少。如「舜其大知也與，舜好問而好察邇言，隱惡而揚善」（第六章）、「舜其大孝也與，德為聖人，尊為天子」（第十八章）、「無憂者其惟文王乎」（第十八章）、「武王末受命，周公成文武之德」（第十八章）、「武王周公其達孝矣」（第十九章）、「文武之政，布在方策」（第二十章），類似此者，不一而足。因此，在稱揚古聖先王的態度上，可說是祖孫一致。至於孟子師承子思，姑不論其受業於子思，或為子思的再傳弟子。[5]然孟子在〈離婁篇〉上說：「《詩》云：『不愆不忘，率由舊章』，遵先王之法而過者，未之有也。」於〈盡

4　見孔穎達《禮記正義》引鄭玄《三禮目錄》。

5　《史記》本傳言「孟軻，鄒人也，受業子思之門人」，班固：《漢書・藝文志》云：「名軻，鄒人，子思弟子。」按：孟子宜為子思的再傳。

心篇〉也說：「堯舜，性者也。湯武反之也。[6]動容周旋中禮者，盛德之至也。」從《孟子》書中每每稱美堯舜、湯武之盛德，可見在稱揚古聖先王的態度上，從孔子、曾子，以迄子思、孟子，亦是師徒一致。因此《中庸》本章所說的「反古之道」，宜解為「違反古道」，方能符合子思上下傳承的思想。

四　從語言邏輯來看

《中庸》本章首云「愚而好自用，賤而好自專」，若依鄭朱之說，則愚賤者易於「復返古道」，以致災及其身。但從語言邏輯來看，愚者、賤者相較於智者、貴者，是否易於「復古」，是頗值商榷的問題。一個智者，如《中庸》所云，是「好問而好察邇言」的，是用眾智而不用己智的。相對於愚者，則往往役一己的聰明而師心自用，不知天下至廣，非一人所能獨治，所以雖智亦愚，因此目空一切，不能祖述憲章往聖前賢，不能察納雅言諮諏善道，非但不能「復古」，反易於「違古」、「變古」。至於賤者，出身卑微，一旦掌權，初嚐權力滋味，每每患得患失，以致專斷自我，相較於出身傳統世襲制度下的貴者，自難安於「復古」而思欲「變古易常」了。所以，從語言邏輯上來看，愚賤者反易於「變古」。因此，下文緊接「苟無其德不敢作禮樂焉」、「苟無其位，亦不敢作禮樂焉」（俱見第二十八章），句中「不敢作」，即不敢輕易「變古」。因為這些「古道」，都是古代有德有位的聖王藉由因革損益，「本諸身，徵諸庶民，考諸三王而不繆，建諸天地而不悖，質諸鬼神而無疑，百世以

6　指堯舜所行的善政，都是從本性自然流露而出，而湯武則是藉由修身求學，回返於本性。從孟子稱美堯舜、湯武之盛德

俟聖人而不惑」（《中庸》第二十九章）而建立的，也是天下可以遵
循的常道常法。不是愚賤者所能擅自變革，輕易改作的。因此本章的
「反古」惟有解為「違古」或「變古」，方能符合《中庸》的語言邏
輯。

五 從時代背景來看

從春秋中葉至戰國初年，是整個社會的轉型期。在政治上，逐漸
由封建轉為郡縣；在經濟上，逐漸由井田轉為賦稅；[7]在社會秩序上，
逐漸由禮治轉為法治。隨著霸權的興起，各國諸侯與大夫們漸漸取代
天子作「議禮」、「制度」、「考文」的工作，過去維繫春秋時代一
切道德觀念的「周禮」，[8]以及在東周共主之下，「車同軌、書同文、
行同倫」的制度，[9]正面臨前所未有的疲弊與轉變，所以孔子不禁油然

---

7 如《左傳‧宣公十五年》云：「初稅畝，非禮也。」

8 徐復觀先生認為「禮的觀念，是萌芽於周初，顯著於西周之末，而大流行於春秋
   時代」，並引《左傳‧僖公十一年》：「禮，國之幹也。」《左傳‧隱公十一
   年》：「禮，經國家、定社稷、序民人、利後嗣者也。」等等經文，來說明春秋
   時，禮為一切道德的依歸。見徐復觀：《中國人性論史》（臺北市：臺灣商務印
   書館，1990年12月），頁43-51。

9 近人馮友蘭、錢穆等，每以《中庸》有「今天下車同軌，書同文，行同倫」之
   言，認為乃秦漢統一中國後之景象，以此論定《中庸》非子思所作。因為子思所
   處時代，乃列國分據，絕不可能車同軌、書同文、行同倫。然吾人從《左傳》
   《國語》等先秦文獻考查，春秋時代，似乎仍保有一定程度周代禮法，如《左
   傳‧閔元年》：「猶秉周禮。……魯不棄周禮，未可動也。」而《左傳‧僖公三
   十三年》秦師過周北門雖超乘無禮，尚知免冑而下。孔子責備季氏八佾舞於庭，
   亦說明過去似不曾有如此僭妄無禮之事。足見「禮壞樂崩」，應在春秋中葉以
   後，隨著社會的變遷轉型至戰國時代而日趨嚴重。郭沫若《十批判書》亦謂：
   「『書同文，行同倫』，在春秋戰國時已有其實際。金文文字與思想之一致性，
   便是證明，不必待秦漢之統一。僅『車同軌』一語或有問題，但在目前亦尚無法
   足以斷言秦以前各國車軌決不一致。」

生起「文沒在茲」的使命感，不禁有「生乎今之世，反（違反）古之道，如此者，災及其身」的控訴，不禁有「非天子不議禮，不制度，不考文」（《中庸》第二十八章）的感慨，並於字裏行間，不無暗批當時諸侯大夫的任意變亂古道。

嗚呼！自東漢鄭康成釋「反古之道」為「曉一孔之人，不知今王之新政可從」，[10]千百年來，學者多因襲此說，遂以「反古」為「復古」，如元・許謙《讀中庸叢說》云：「居今之世，當遵守當代之法，若欲反用古之道，即是改作矣，必獲罪於上」；或如康有為《中庸注》所說：「古今異，宜日新其道，今世當用今法，若遠引神農之並耕，禹之土階土簋，非徒不行，亦且招災，此孔子改三世之制，開新王之法以治後世，而子思引之，以攻時流守舊復古之徒也。」倘信許謙之說，則儒家與法家何別？信康氏之說，則子思儼然為今文家者流，而《中庸》一書又何嘗有教人遠宗神農大禹之論？又何來有攻駁守舊復古之說？凡此，皆是不通之論。

透過上述的五項例證，《中庸》本章的真知正解，應可撥雲見日，而契合子思的原旨。學術中人也應實事求是，惟義是從，不可再囫圇吞棗，惟鄭、朱是從。其實「復古」不必然是完全恢復古人原貌，而是鑑古以明今，承先以啟後。藉著因革損益的方式，訂定出符合時宜的制度，如此方能「知天」、「知人」，而「可法」、「可則」，必欲視「古道」為洪水猛獸，則文化大革命的浩劫，殷鑑不遠，我中華民族的文化珍貴遺產，也勢將繼續遭受踐踏蹂躪而消剝殆盡，凡我炎黃子孫能不戒慎恐懼乎！

10　「一孔」，指所見狹隘，不知權衡之意。孔穎達：《禮記正義》曰：「孔謂孔穴。孔穴所出，事有多塗，今惟曉知一孔之人，不知餘孔通達，惟守此一處，故云：曉一孔之人。」

拾捌
「王天下有三重」章釋疑

　　《中庸》第二十九章云：「王天下有三重焉，其寡過矣乎？上焉者，雖善無徵，無徵不信，不信民弗從。下焉者，雖善不尊，不尊不信，不信民弗從。故君子之道，本諸身，徵諸庶民，考諸三王而不繆，建諸天地而不悖，質諸鬼神而無疑，百世以俟聖人而不惑。質諸鬼神而無疑，知天也；百世以俟聖人而不惑，知人也。是故君子動而世為天下道，行而世為天下法，言而世為天下則；遠之則有望，近之則不厭。《詩》曰：『在彼無惡，在此無射；庶幾夙夜，以永終譽。』君子未有不如此而蚤有譽於天下者也。」關於本章待考辨者有二，茲分別說明如下：

一　三重

　　「三重」的說法，眾說紛紜。歷來至少有六種不同的解釋，茲分別論述如下：
（一）「三重」為三王之禮。主其說者有鄭玄、孔穎達、程頤等等。如鄭玄《禮記注》云：

　　　　三重，三王之禮。[1]

孔穎達《禮記正義》加以詳述云：

1　見《禮記正義》，頁898。

言為君王有天下者，有三種之重焉。謂夏、商、周三王之
禮，其事尊重，若能行之，寡少於過矣。[2]

（二）「三重」為議禮、制度、考文。主其說者有宋·呂大臨[3]、朱熹
等。如朱熹《中庸章句》引呂大臨的說法云：

呂氏曰：三重，謂議禮、制度、考文。惟天子得以行之，則
國不異政，家不殊俗，而人得寡過矣。[4]

（三）「三重」為本身、徵民、考古。主其說者如宋·黎立武。如黎
氏云：

王天下有三重，即所謂本身、徵民、考古也。自上文至此凡
三節，明愚而自用，是居上而驕也；有位無德，雖善無徵，
何本身之可言？賤而自尊，是居下而倍也。有德無位，不尊
不信，何徵民之可言？生今之世，反古之道；是夏殷周之禮
無所徵也，無徵不信，何考古之可言？惟本諸身、徵諸民、
考諸古，於此三者，慎重之，無有繆亂之失，則建天地、質
鬼神、百世俟聖不悖不惑矣。[5]

2　見《禮記正義》，頁899。

3　呂大臨，字與叔，初學於張載，後入程門，與謝良佐、游酢、楊時，並稱為程門
　四先生。著有《中庸解》一卷。據朱彝尊引宋人楊萬里、胡宏等均謂世傳程顥
　《中庸解》非程顥所為，乃呂大臨所著。又引康紹宗說：「昭德《讀書志》有明
　道《中庸解》一卷，《伊川大全集》亦載此卷。竊嘗考之，《中庸》，明道不及
　為書；伊川雖言已成《中庸》之書，自以不滿其意，已火之矣。反復此解，其即
　朱子所辨藍田呂氏講堂之初本改本無疑矣。」《經義考》（臺北市：中華書局四
　部備要本），卷151，頁3。

4　見朱熹：《四書章句集注》，頁49。

5　黎立武：《中庸分章》（臺北市：中國子學名著集成編印基金會影印清道光辛卯
　六安晁氏刊學海類編本），頁188-189。

（四）「三重」為率性、脩道、體中庸。主其說者如明・王文祿。如王氏云：

> 三重，君上率性、脩道、體中庸，寡過。人人率性脩道、體中庸，災不及身矣。[6]

（五）「三重」為時、位、德。主其說者有清・胡渭、郭嵩燾等。如胡氏云：

> 愚謂三重，即德、位、時。[7]

而郭氏亦云：

> 呂氏之說，非也。姚景星《中庸集說》云：「微以時言，一重也；尊以位言，二重也；善以德言，三重也。言王天下者，合德位時，以建中和之極而百姓會歸奉禮，以幾於寡過，蓋承上言聖人制作禮樂，兼備德位時三者，而後可以有譽於天下。」[8]

（六）「三重」為三世。主其說者如康有為。康有為將「重」字讀為平聲，作「重複」、「層次」解，並以「三重」為撥亂世、升平世、

6　王文祿：《中庸古本旁釋》（臺北市：中國子學名著集成編印基金會影印明隆慶戊辰刊萬曆甲申年重編刊百陵學山本），頁428。

7　胡渭：《中庸諸註糾正》（臺北市：中國子學名著集成編印基金會影印清鈔本），頁599-600。

8　郭嵩燾：《中庸章句質疑》（臺北市：廣文書局影印中央研究院藏光緒十六年思賢講舍開雕本），葉31。惟郭氏於文中似將元・浙江餘姚的景星，誤為姚景星。而所引景星之說，又與《通志堂經解》本所收錄景星《中庸集說啟蒙》文字略有出入。《通志堂》本云：「饒魯曰：呂氏以議禮、制度謂三重，可也。考文獻而言，一重也；尊指位言，二重也；善以德言，三重也。」或許郭氏所見版本與《通志堂》本有異，姑暫闕疑之。

太平世。如康氏云：

> 三重者，三世之統也。有撥亂世、有升平世、有太平世。撥
> 亂世，內其國而外諸夏；升平世，內諸夏而外夷狄；太平
> 世，內外遠近大小若一。每世之中，又有三世焉。則據亂亦
> 有亂世之升平、太平焉；太平世之始，亦有其據亂、升平之
> 別，每小三世中，又有三世焉。於大三世中，又有三世焉，
> 故三世而三重之為九世，九世而三重之為八十一世，展轉三
> 重，可至無量數，以待世運之變，而為進化之法，此孔子制
> 作所以大也。蓋世運既變，則舊法皆弊而生過矣，故必進化
> 而後寡過也。[9]

以上六種說法，似乎都言之成理，難定其是非。不過，如果我們站在
以經解經立場，並考慮前後諸章文意，仍應以朱熹引呂氏所說將「三
重」解釋為「議禮、制度、考文」為宜。

朱熹在《中庸章句》中，將「愚而好自用」以下歸在第二十八
章；將「王天下有三重」以下，歸在第二十九章，其實這兩章應該合
併來看，文意也前後一致。文中主要在說明孔子身處春秋末葉，對於
當時各國諸侯、大夫僭禮、違禮，乃至變亂古道，造成禮壞樂崩的
現象，提出非天子不議禮、不制度、不考文的沈痛呼籲。我們可以從
《論語・八佾篇》中，孔子對魯大夫季孫等嚴辭批判中，試想在春秋
諸侯國中保留最多且完備周禮的魯國，尚且如此，其他各國變亂古道
的情形，必然更形嚴重。對於一位畢生祖述堯舜，憲章文武，述而不
作，信而好古的孔子，自然不免有《中庸》第二十八章與第二十九章
所記載的諸多感慨。歷代諸儒從鄭玄以下，往往將「反古」解釋成

---

9 康有為：《中庸注》（臺北市：臺灣商務印書館，1987年2月），頁36-37。

「復古」，把夏禮、殷禮劃歸為「古」，把周禮劃歸為「今」。[10]或認為古有古之時，今有今之時，處今之世，當創制立法，方不致有繆亂之失而災及其身。[11]如此解說，恐忽略孔子立論所反映的時代背景，以致斷章取義，雖似言之成理，其實祇是各得一察焉以自好而已。

綜合上述，關於「三重」的說法，以朱熹所說的「議禮、制度、考文」為妥，不過仍宜修正朱熹將「反古」解為「復古」，以及把夏禮、殷禮解為「古」，周禮解為「今」之非。如此，方能通達《中庸》第二十八、二十九兩章文義，而不致有解說上的偏失與矛盾。

二　天下道、天下法、天下則

「君子動而世為天下道，行而世為天下法，言而世為天下則」，此三者是指王天下的君子，在完成議禮、制度、考文三件重大事項後，所獲致的成效。

三重中的「議禮」，著重禮樂的議定。禮樂議定後，百姓於揖讓進退之際，動作威儀之間，方有規矩可以遵奉，進而得以周旋中禮，從容中道。此即前章所說「行同倫」的由來，所以說統治天下的王者，他的動作威儀，可以世世為天下常道。《中庸》第三十一章所謂「見而民莫不敬」，即指此也。這是三不朽中「立德」的境界。[12]

10　如朱熹：《中庸章句》云：「夏禮既不可考證，殷禮雖存，又非當世之法，惟周禮乃時王之制，今日所用」

11　如黎立武：《中庸分章》云：「生今之世，反古之道，是夏殷周之禮無所徵也。無徵不信，何考古之可言？惟本諸身、徵諸民、考諸古，於此三者，慎重之，無有繆亂之失。」康有為《中庸注》云：「古今異，宜日新其道，今世當用今法」（頁34）。又謂：「孔子思患而預防之，故制三重之道，待後世之變通，以去其弊，此孔子立法之至仁也」（頁36）。

12　《左傳・襄公二十四年》：「太上有立德，其次有立功，其次有立言，雖久不

　　三重中的「制度」，著重於法度的制定。法度制定後，百姓車輿、度量、服冕、律呂、器物等等，均能有法可守，執以為行。此即前章所說的「車同軌」的由來。所以說統治天下的王者，他的行為事功可以世世做為天下的常法。《中庸》第三十一章所謂「行而民莫不說」，即指此也。這是三不朽中「立功」的境界。

　　三重中的「考文」，著重於文字的考訂。此即《周禮・春官・外史》所說的「掌達書名于四方」，[13]由於文字的考訂，百姓得以知書識字，於是王令可達，教化可行。此即前章所說的「書同文」的由來，所以說統治天下的王者，他的言語可以世世為天下的準則。《中庸》第三十一章所謂「言而民莫不信」，即指此也。這是三不朽中「立言」的境界。

　　由君子「動而世為天下道」，「行而世為天下法」，「言而世為天下則」三者來看，也印證「三重」一詞，宜如朱熹所云：「議禮」、「制度」、「考文」三事。不過，朱熹在解說「君子動而世為天下道，行而世為天下法，言而世為天下則」之時，謂：「動，兼言行而言；道，兼法則而言」，將「動」「行」「言」三者併為一談，似乎忽略三者之間的異同。加以若干前賢在解說「動」與「行」時，往往未詳加釐清，但云：「動作」與「行為」，[14]以致後學亦往往含混帶過，將三者合併為二。因此，本文不得不略費筆墨，陳述如上。

廢，此之謂不朽。」

13　「書」本指《尚書》，亦泛指一切書籍，如《說文解字・敘》：「箸於竹帛謂之書」。「名」，古者文字少，直曰：「名」，後代文字滋乳浸多，故曰：「字」，字者，滋也。所以，「書名」即「文字」之謂。

14　如康有為：《中庸注》解為「動作」與「德行」（頁39）。蔣伯潛：《中庸新解》解為「舉動」與「行為」（頁43）。謝冰瑩《四書讀本》亦解為「舉動」與「行為」（頁59）。

拾玖
「仲尼祖述」章釋疑

　　《中庸》第三十章云：「仲尼祖述堯舜，憲章文武；上律天時，下襲水土。辟如天地之無不持載、無不覆幬；辟如四時之錯行，如日月之代明。萬物並育而不相害，道並行而不相悖。小德川流，大德敦化。此天地之所以為大也。」本章待辨疑者有二處，茲論述如下：

一　上律天時，下襲水土

　　鄭玄在解釋本章時，認為《中庸》本章，旨在以「春秋之義，說孔子之德」，並謂「律，述也。述天時，謂編年四時具也。襲，因也。因水土，謂記諸夏之事、山川之異」（俱見《禮記・鄭注》）。鄭玄純粹從孔子撰作《春秋》的方法（編年四時）與《春秋》的內容（諸夏之事）來解說，顯然與本章前四句中，「祖述」、「憲章」、「上律」、「下襲」均著重「取法」之意相違，故朱熹不以鄭說為是，而謂「律天時者，法其自然之運；襲水土者，因其一定之理，皆兼內外、該本末而言也」（《中庸章句》）。由於朱熹之說，契合章旨，解說妥切，因此，後代學者，大抵翕然風從。不過，朱熹雖語多精要，惟後學仍難盡諳其義。朱熹大概亦有此自覺。因此，他另於《中庸或問》一書，做較詳細的論述如下：

　　　　姑以夫子已行之迹言之。則由其書之有得夏時，贊《周易》也，由其行之有不時不食也，迅雷風烈必變也，以至於仕止

久速之皆當其可也，而其所以律天時之意可見矣。由其書之
有序〈禹貢〉述〈職方〉也，由其行之有居魯而逢掖也，居
宋而章甫也，以至於用舍行藏之所遇而安也，而其襲水土之
意可見矣。若因是以推之，則古先聖王之所以迎日推策，頒
朔授民，而其大至於禪授放伐，各以其時者，皆律天時之事
也。其所以體國經野，方設居方，而其廣至於昆蟲草木各遂
其性者，皆襲水土之事也。[1]

文中朱熹列舉孔子行迹，暨古聖先王的作為，如「得夏時」、「贊周
易」、「不時不食」、「迅雷風烈必變」、「仕止久速」、「迎日推
策」、「頒朔授民」、「禪授放伐」等等，以論律天時之意；又舉
「序禹貢」、「述職方」、「居魯逢掖」、「居宋章甫」、「用舍行
藏」、「體國經野」、「方設居方」、「昆蟲草木各遂其性」等等，
以論下襲水土之意。如果說朱熹於《中庸章句》的詮釋，失於粗略而
簡單，則《中庸或問》的說明，則恐又流於拘泥而細碎。

其實，本章中所的「上律天時，下襲水土」，一言以蔽之，即
「法天」耳。在儒家哲學中，「天」從廣義言，即指整個大自然。如
《論語·陽貨篇》所說的：「天何言哉？四時行焉，百物生焉，天何
言哉？」又如《詩經·大雅·文王》所說的：「上天之載，無聲無
臭」。「天」從狹義言，指天體，與「地」相對而有所分別。如《易
經·益卦》：「天施地生」，又如《尚書·堯典》：「乃命羲和，
欽若昊天；歷象日月星辰，敬授人時。」因此「上律天時，下襲水
土」，就廣義言，乃上下取法於自然；就狹義言，自亦可從孔子取法
於天道與地道，分別立論。「天時」指天，「水土」指地。在先秦典
籍中，「地」往往以「土」來代替，如《易經·離卦·彖》：「日月

1　見朱熹：《中庸或問》，頁99。

麗乎天，百穀草木麗乎土」，今通行本作「麗乎土」，惟陸德明《經典釋文》則謂：「乎土，王肅本作地」，可見「土」、「地」在經典中，二字可以通用。又如《易·繫辭上》云：「與天地相似，故不違；知周乎萬物而道濟天下，故不過；旁行而不流，樂天知命，故不憂；安土敦乎仁，故能愛。」文中顯然改「地」為「土」。而《中庸》：「仲尼祖述堯舜，憲章文武，上律天時，下襲水土」，文中改「地」為「土」之因，除二字字義可通外，或許亦為求文句的叶韻。蓋從《廣韻》來看，「憲章文武」的「武」字為上聲麌韻第九，「土」為上聲姥韻第十，兩韻韻部相近，故古韻可通。

　　孔子的法天思想在先秦的儒家典籍中，隨處可見。如《論語·子罕篇》載：「子在川上曰：『逝者如斯夫，不舍晝夜』」這是以江水的流逝，不分晝夜，永無止息，以喻君子進德脩業，當努力不懈。又曰：「歲寒，然後知松柏之後彫也」（〈子罕〉），這是以松柏經霜雪而彌勁的精神，以喻面對艱難，亦當堅貞自守。至於《中庸》所論亦復不少，如「人道敏政，地道敏樹，夫政也者，蒲盧也」（第二十章），這是孔子藉地道來說明以人立政，猶如以地種樹，成效的顯著易見。又如「天地之道，可一言而盡也，『其為物不貳，則其生物不測』」（第二十六章），這是以天地化生萬物所以令人不可測度者，即在其「至誠無息」。《中庸》藉以說明人當法天地的至誠，否則不誠無物。《中庸》云：「仲尼祖述堯舜」，而孔子在論述堯德時，更以「唯天為大，唯堯則之」（《論語·泰伯》）來形容其偉大。由上文可見孔子法天思想的一斑。

　　其實法天思想在先秦中，也並非為儒家所專擅，在九流十家中，

墨家、陰陽家等率皆法天，[2]而以自然為師的道家，更不例外。[3]因此，法天的觀念可說是中國傳統思想中一項重要的特質，道家藉以崇尚無為，復返自然；儒家藉以制定禮樂制度，[4]以達順天應人。正如《禮記・喪服四制》所說：「凡禮之大體，體天地、法四時、則陰陽、順人情，故謂之禮」。蓋一切禮法不能違背天理人情，能順乎天則能應乎人。因此，有感於上蒼有好生之德，仁君於佃獵之時，當思三驅以為度；體悟大自然春夏的化生與秋冬的肅殺之理，於是吾人當「斧斤以時入山林」（《孟子・梁惠王上》），在上位者的施政作為，也當「賞以春夏，刑以秋冬」。[5]而傳統認為成於孔子之手的《周易・象傳》，[6]特別是〈大象傳〉的部分，其上半句論述八經卦所象徵的八種自然現象，及其重卦後所顯示的天道變化，引出下半句人事所當遵循的準則，[7]更是《四庫全書總目提要》所說「《易》之為書，推

2　如《墨子・天志》有「順天之意，得天之賞……，反天之意，得天之罰」之說，班固《漢書・藝文志》亦謂墨家蓋「順四時而行」。至於陰陽家者流，班固謂其「蓋出於羲和之官，敬順昊天，歷象日月星辰，敬授民時」，蓋可謂「觀乎天文，以察時變」，將時空予以條理化，以配合人事的運作。

3　如《老子》云：「人法地，地法天，天法道，道法自然」（二十五章），可為《老子》全書作結。

4　如《易經・觀卦・彖》云：「觀天之神道，而四時不忒。聖人以神道設教，而天下服矣。」

5　如《周易・乾卦・九五文言》孔穎達注云：「與天地合其德者，莊氏云：謂覆載也。與日月合其明者，謂照臨也。與四時合其序者，若賞以春夏，刑以秋冬之類也。」

6　最早提出〈象傳〉作於孔子者，首推《史記・孔子世家》所云：「孔子晚而喜《易》，序〈彖〉、〈繫〉、〈象〉、〈說卦〉、〈文言〉，讀《易》韋編三絕，曰：『假我數年，若是，我於《易》則彬彬矣。』」有關〈象傳〉作者問題，雖有許多爭議，但吾人可視為以孔子為代表的儒家思想著作。

7　如〈觀卦・大象〉：「風行地上，觀；先王以省方，觀民設教」上半句既論述〈觀卦〉乃八經卦的巽（風）與坤（地）所組合而成，及其組合後〈重卦〉，所顯示的風行地上，遍觸萬物的概念，引出下半句，說明古代先王亦效法如此精

天道以明人事者也」的寫照。因此，一部〈大象傳〉，即在說明「法天思想」而已。而《中庸》載「上律天時，下襲水土」，亦無非在說明孔子的法天，藉由「法天」而與天地合其德，達於天人合一的境界。

二 德侔天地

歷來學者針對本章，主要採兩種理解方式。其一是一元理解。即從孔子之德來論述。其一是二元理解。即分別從孔子之德與天地之道來論述。首先先論二元理解，持此論者，其中可以朱熹為代表。朱熹大致認為「仲尼祖述堯舜」至「如日月之代明」，乃言「聖人之德」。「萬物並育而不相害」以下，乃言「天地之道」。[8]朱熹如此解說，大概有兩種考量，第一：「萬物並育」與「小德大德」的概念，若從天地之道來解說，較為容易，也不致產生異議。第二：本章最後一句，的確也明示「此天地之所以為大也」。朱熹認為正由於天地之道的偉大，所以上文仲尼「上律天時，下襲水土」有所取法於天地。[9]朱熹的說法，基本上尚屬合理可以接受，尤其在解說「小德者，全體之分；大德者，萬殊之本」，更精闢扼要。不過，歷代學者亦頗有覺得本章旨在贊孔子之德。所以，即或文中似在論述天地之德的部分，亦無非在言孔子之德偉大如此耳。由於仲尼能「上律天時，下襲水土」，取法於天地，故能與天地合其德。因此，本章「辟如天地」以下，無非均在做孔子德侔天地的譬喻，而末句「此天地之所以為

神，來省視四方，觀察民情風俗，以設立教化。六十四卦〈大象〉的釋經方式，大體均可作如是觀。

8　見朱熹：《中庸章句》第三十章。

9　朱熹：《中庸章句》云：「此言天地之道，以見上文取辟之意」。

大」，蓋非藉此無以形容聖人之德。採此「一元理解」者，亦不乏其
人。如明‧釋德清《中庸直指》云：

> 此乃明言孔子之德大如此，所以實上文之意也。言我仲尼道
> 全而德備者，以遠則祖述堯舜之道，近則憲章文武之法，上
> 則法乎天時生物之運，下則承乎水土成物之宜。襲，承也。
> 而高厚之德，如地之無不持載，如天之無不覆幬，而賞罰之
> 權，如四時之信。喜怒通乎四時，故曰：「錯行」。錯、如
> 錯綜以成其變化之錯，如子溫而厲，威而不猛，淒然似秋，
> 暖然似春，而其德容之盛，不可以一定窺測者，故曰：「錯
> 行」。而鑒物之智，無所不照，故如日月之代明。代謂相
> 代，言日但能照晝而不能照夜；月但能照夜而不能照晝，若
> 夫代明，則無不照矣。且天地之德，不以虎狼不仁而不生，
> 不以蛇虺之毒而不長，故曰：「萬物竝育而不相害」。不相
> 害，言其君子小人智愚賢不肖，即鰥寡孤獨、顛連無告，皆
> 使各遂其生也。至若九流百氏，各行其志；百工技藝，各盡
> 其能，故曰：「道竝行而不相悖」，以曲成萬物而不遺，細
> 無不入，故曰：「小德川流」。範圍天地而不過，大無不
> 容，故曰：「大德敦化」，此其德也。集諸聖之大成，合天
> 地之大量，非天下之至聖，又何以能至於此哉！故曰：「此
> 天地之所以為大也」。唯吾夫子天下之至聖，為能如天地之
> 大也，故下極贊之如此。前云：「唯聖者能之」，故以此句
> 為結文。[10]

---

10 〔明〕釋德清：《中庸直指》（臺北市：中國子學名著集成編印基金會影印清覆
　　明刊本），頁591-593。

釋德清本段文字甚長，其中雖也提到天地之德，如「無不持載」、
「無不覆幬」、「不以虎狼不仁而不生」、「不以蛇虺之毒而不長」
等，然無非藉此來說明孔子至聖之德，所以在結尾時，謂「唯吾夫子
天下之至聖，為能如天地之大也。」持此一元論說者，除釋德清外，
尚有胡渭、蔣伯潛諸人，如胡渭云：

> （自「辟如天地之無不持載」至「如日月之代明」）此節明
> 仲尼修道之教同于天也。辟如者，以聖道之大，不可以言語
> 形容，故取其等量而共見者以示之。[11]

又云：

> （自「萬物並育而不相害」至「此天地之所以為大也」）此
> 節專以所辟者之大，以明聖人修道之教之大也。末句乃正結
> 天字，謂聖人之教同于天，而所修之道之大可知。[12]

胡渭本章俱從仲尼修道之教來立論。因此，在《中庸諸註糾正》中，
論述「錯行」，則謂「教之各當時」，論及「代明」則謂「教之各因
其明」，其意蓋以聖人修道之教，乃同于天，「教」為道的所已然，
故藉「教」來論「道」。另蔣伯潛《中庸新解》亦本一元理解認為本
章是子思褒贊孔子之道，如其書云：

> 這一段是子思贊孔子之道，遠宗堯舜，近法文武，上法天
> 時之順，下因水土之宜。其道之大，如天之無不覆，地之
> 無不載；其至誠無息，如四時之更迭而運行，日月之更迭而
> 普照。萬物並育於其間而不相害，是說天地之大；諸子之道

11　胡渭：《中庸諸註糾正》，頁616。
12　胡渭：《中庸諸註糾正》，頁618。

與之並行而不相悖，是說孔子之道之大。「小德川流」即指「並行不悖」之諸子之道，如川之流，以海為歸，所謂諸子俱出於六藝，各得一察焉以自好，終殊塗而同歸。「大德敦化」指孔子之道，如天地之化育萬物。天地之所以為大在此；孔子之道之所以為大亦在此。[13]

上述各家之說，或從一元立論，或從二元解說，似略見分歧，但我們從本章首論仲尼「祖述」、「憲章」、「上律、」「下襲」來看，全章描述孔子藉由法天而達到與「天地合其德」、「與日月合其明」、「與四時合其序」的歷程。[14]另從《中庸》第二十九章論述「君子」，第三十一章論述「至聖」，均著重於「人」來參看，因此，本章（第三十章）亦的確著重在對孔子之道的描述。是故諸家之說，似宜以蔣伯潛所論，較為明白妥切。

13　蔣伯潛：《中庸新解》，頁44。
14　《周易·乾卦·文言》云：「夫大人者，與天地合其德，與日月合其明，與四時合其序」，可與本章參看。

貳拾
「聰明睿智」章釋疑

　　《中庸》第三十一章云：「唯天下至聖，為能聰明睿知，足以有臨也；寬裕溫柔，足以有容也；發強剛毅，足以有執也；齊莊中正，足以有敬也；文理密察，足以有別也。溥博淵泉，而時出之。溥博如天，淵泉如淵。見而民莫不敬，言而民莫不信，行而民莫不說。是以聲名洋溢乎中國，施及蠻貊；舟車所至，人力所通，天之所覆，地之所載，日月所照，霜露所隊，凡有血氣者，莫不尊親，故曰配天。」

　　本章值得注意者，特別在「有臨」、「有容」、「有執」、「有敬」、「有別」之五「有」上。其基本架構是以一有統四有。即以「有臨」為綱，其餘「有容」、「有執」、「有敬」、「有別」為目。茲分別就此「五有」，闡述如下：

一　有臨

　　《說文》：「臨，監也」。《爾雅・釋詁》：「視也。」《穀梁傳・哀公七年》：「有臨天下之言焉」，范寧注：「臨，撫有之也」，綜合上述三說，「臨」有「由上視下」、「以尊臨卑」、「監臨治理」之意。《中庸》謂「唯天下至聖，為能聰明睿知，足以有臨也」，這句話反映了中國向來以聖人責求天子（在上位者）的傳統。蓋惟至聖之人，方能達於聰明睿智；惟能聰明睿智，方足以監臨天下。而一個至聖之人，必然也能具備「寬裕溫柔」、「發強剛毅」、「齊莊中正」、「文理密察」的四種才德，能具備這四種才德，自然

也就具備了「有容」、「有執」、「有敬」、「有別」四種能力，能具備了這四種能力，自然便足以監臨天下（有臨）了。

如果借用《中庸》前章所說的「小德川流，大德敦化」來說，「聰明睿知」有如「大德」，而「寬裕溫柔」以下四者，有如「小德」。朱熹將「寬裕溫柔」以下四者，分別為仁義禮智四德，則「聰明睿知」，我們可以將之比擬為統攝四德的「仁」，[1]這種道理就如同《周易》「元亨利貞」四德，雖各有偏重，然整體而言，可以一個「元」字來統攝一樣。

惟「聰明睿知」一語，一般人容易誤以為祇是著重在一「智」字，殊不知此四字，意義深長，《尚書·洪範》云：「聰作謀，睿作聖」，《傳》：「於事無不通謂之聖」，而「聰、明、睿、智」四字，俱有「明」與「通達」之意。所以，朱熹說：「聰明睿知，生知之質」（見《中庸章句》），而此生知安行之質，正是至聖的境界。

二 有容

在監臨天下的四種才德中，首揭「有容」的重要。惟要能容物，欲求須先有寬裕溫柔之德。「寬裕」指胸襟的寬大充裕；「溫柔」指性情的溫和柔順。這種「寬柔」精神，合於「仁」的德性。

至於「有容」何以有裨於監臨天下？蓋因天下至廣，非一人所能獨治，惟有容人之量，方足以招致天下賢才，為國效勞。所以，《大

---

1 此即宋儒「理一而分殊」的概念。蓋「仁」可以統攝諸德，但若為「五常」中的「仁」，或「八德」中的仁，則另有其偏重。所以朱熹曾說：「仁實貫通乎四者之中，蓋偏言則一事，專言則包四者，故仁者，仁之本體；禮者，仁之節文；義者，仁之斷制，智者，仁之分別。猶春夏秋冬雖不同，而同出於春。春則春之生也，夏則春之長也，秋則春之成也，冬則春之藏也。」（《文集》卷58〈答陳器之第二書〉）

學》引《尚書·秦誓篇》說：「若有一个臣，斷斷兮，無他技，其心休休焉，其如有容焉。人之有技，若己有之；人之彥聖，其心好之，不啻若自其口出，實能容之。以能保我子孫黎民，尚亦有利哉！」可見「有容」誠為治國之要。

三 有執

監臨天下的第二種才德，便是「有執」。惟要能做到有所執守，必須具備「發強剛毅」之德。而此奮發、堅強、剛直、勇毅四點，均指個人內在的涵養工夫。蓋「奮發」則能有為，「堅強」則能不屈，「剛直」則能無欲，「勇毅」則能持恆。能奮發有為，君子得以果行育德；能堅強不屈，君子得以造次顛沛必於是；能剛直無欲，君子得以富貴不能淫；能勇毅持恆，君子得以三月不違仁。透過這四項內在的涵養工夫，君子方能確保「慎獨」的可能，纔能謹守「中庸」而弗失，能落實內聖工夫的「有執」，方能進而實踐外王事業的「有臨」。

《大學》一書是儒家最重要的政治哲學，《中庸》則是儒家最珍貴的修養哲學，這並不是說《大學》著重外王事業，《中庸》著重內聖工夫，而是就二書內容旨趣來說。若就方法論言，二書均是由內聖而後外王，由成己而後成物，殊無二致。

因此，「發強剛毅，足以有執」，句中「有執」一語，若解釋為「執行大事而有餘」，恐不甚妥切。蓋「執行大事而有餘」，似乎容易使人誤解這句話似著重外在事功的執行上，與《中庸》著重內在修省的功夫不相契合，何況儒家向來重視知本務本之道，所謂「本立則道生」（《論語·學而》）。《中庸》亦強調「經綸天下之大經，立天下之大本」（第三十二章），當個人內在有所執守時，則無論待人

接物，進退出處，乃至於死生大事，均能守而弗失矣，又豈止侷限在「執行」外在的事務呢？

四　有敬

　　監臨天下的第三種才德，便是「有敬」。惟欲能「敬慎其事」，端賴具備「齊莊中正」之德。「齊莊」是敬肅莊重的意思。「齊」同「齋」，這是藉祭祀齋戒時莊嚴肅穆的態度，來說明在上位者，亦宜敬肅莊重，此即《論語·學而篇》所說：「君子不重則不威」之意，也是《中庸》第二十章所說：「齊明盛服，非禮不動」之意。「中正」是大中至正的意思，「中」則行事不過而得其宜，「正」則行事不邪而從其道。在上位者能做到「齊莊中正」四字，所謂「誠於中，形於外」，自然能敬慎其事。此「敬」與《周易·坤卦·文言》所說的「君子敬以直內」的「敬」字同，均指敬慎之意。若干學者將《中庸》「齊莊中正，足以有敬」，解為「足以使人恭敬而有餘」，如此解說，恐將至聖者「齊莊中正」的德性，轉化為藉此博取他人恭敬，藉以做為沽名釣譽的工具。如此，實有違古之學者為己不為人的精神。而且當淪為工具論的「齊莊中正」，在未能獲致預期的結果（使人尊敬）時，勢將崩潰瓦解，不復存在，這又豈是天下至聖者之所為？而且本章「有容」、「有執」、「有別」三者，均指個人所具備的才德。因此，此處的「有敬」，自然也應指稱個人內在的才德。倘能合此四德，自然便能「有臨」於天下。

五　有別

　　監臨天下的第四種才德，便是「有別」。惟要能別是非、明善

惡，必須具備「文理密察」的才能。所謂「文理密察」，朱熹云：
「文，文章也。理，條理也。密，詳細也。察，明辨也。」朱熹的
解說，大體無誤。歷來學者也都逕引其說，解為「文章條理，詳細
明察」。不過，這樣的解說，容易使今人誤以為指「寫作文章的條
理」，殊不知「文章」一詞，古今異義。今之「文章」，多採狹義的
概念，指寫作的文采章法等，古之「文章」，則為廣義的概念，泛指
一切事物外在的形貌、文飾、條理，如天文、地文、人文等等。《周
易・賁卦・彖辭》說：「觀乎天文，以察時變」。《周易・繫辭》亦
云：「觀鳥獸之文與地之宜」。又如《韻會》說：「文，理也。如木
有文，亦名曰：理」。而《莊子・應帝王》亦云：「鄉吾示之以地
文」，《釋文》：「文，猶理也。」因此，《中庸》所說的「文理密
察」簡單地說，指「能詳細明察事物之理」，蓋惟能如此，方足以明
辨是非善惡。

　　一個聰明睿智的聖者，之所以能監臨天下，自然具備了「文理密
察」的能力，故能明辨事理，察納雅言，知人善任，故朱熹將之比擬
為「智」。歷來昏君之所以為「昏」，就因為缺乏「文理密察」的能
力，以致偏聽生姦，妄用小人。吊詭的是，從來昏君往往不知道自己
的「昏」。正如唐德宗時，盧杞為相，蒙蔽天聽，隳紊朝典，忠良痛
骨，士庶寒心，天下無賢不肖，皆視盧杞為寇讎。德宗猶云：「眾人
論杞奸邪，朕何不知？」宰臣李勉對曰：「盧杞奸邪，天下人皆知，
唯陛下不知，此所以為奸邪也」。[2]換言之，此亦德宗所以為昏君也。
《中庸》第六章論舜的大智，正因其不自以為智而好問，《中庸》第
二十八章論愚者之好自用，因其始終自以為智，自以為賢。所以智者
愈智（如大舜），愚者愈愚（如德宗），智愚之間，竟有如霄壤矣！

2　見《舊唐書・盧杞列傳》（臺北市：鼎文書局，1985年），卷135，頁3713-3718。

貳壹
「大經大本」章釋疑

《中庸》第三十二章云：「惟天下至誠，為能經綸天下之大經，立天下之大本，知天地之化育。夫焉有所倚？肫肫其仁！淵淵其淵！浩浩其天！苟不固聰明聖知達天德者，其孰能知之？」本章有兩處疑義，茲考辨如下：

一 大經大本

鄭玄說：「至誠謂孔子也。大經謂六藝，而指《春秋》也。大本，《孝經》也」（《禮記‧中庸篇》注）。鄭氏之說，自趙宋以降，鮮有採用其說者，惟清‧康有為《中庸注》頗發揮其意云：

> 《春秋》為素王改制之書，該括諸經，發明三世，比之群經尤大，故子思稱為大經。孔子之道，本仁，孝又為仁之本，故謂《孝經》為大本。《孝經》亦如《春秋》有口說，廣大深美，惜今不傳。蓋孝子不匱，永錫爾類。蓋《春秋》為繼天奉元之書，《孝經》為報本愛類之書，皆孔子經綸之大也。知天地之化育，蓋言《易》也。《易》道陰陽，言天地之道，萬物之理，消息之微，死生之故，變通進化之故，尤為微妙，今口說不傳，不可復窺矣。[1]

1　康有為：《中庸注》（臺北市：臺灣商務印書館，1987年2月），頁43-44。

康有為為晚清公羊學家，其解《中庸》，採今文家之說，本不足怪，不過由鄭注「大經」為《春秋》，「大本」為《孝經》來看，足見鄭玄解說本章，亦採今文家的說法。試觀東漢・何休《公羊傳・序》：「昔者，孔子有云：『吾志在《春秋》，行在《孝經》，此二學者，聖人之極致，治世之要務也。』」而《孝經緯鉤命決》亦云：「子曰：『吾作《孝經》以素王無爵祿之賞，斧鉞之誅。』」[2] 自司馬遷首揭《孝經》為孔子所作，[3] 歷代學者多無異辭，惟宋代司馬光、晁公武等始疑其非孔子所自著。[4] 從此，《孝經》作者問題，便眾說紛紜，莫衷一是。不過，據近人王正己《孝經今考》的考證如下：

> 《孝經》思想有與孟子思想相同者五點，大概可斷定為孟子門人所作。至其成書年代，在戰國末年，早不過莊子時代，晚不出《呂氏春秋》成書時代。因稱經之始，起於《莊子・天運篇》云：「丘治《詩》、《書》、《禮》、《樂》、《易》、《春秋》六經」，而《呂氏春秋・察微篇》及〈孝行篇〉曾引《孝經》也。或以為《孝經》思想接近漢人，因推想為漢人作；但漢初思想最蓬勃者為迷信主義，故《緯書》叢出，而《孝經》不類《緯書》，且《緯》以補《經》，先有《經》而後有《緯》，《孝經》作於戰國末，

2　見〔宋〕李昉：《太平御覽》（臺北市：臺灣商務印書館，1973年，影印文淵閣《四庫全書》），卷610，頁10。

3　《史記・仲尼弟子列傳》：「曾參少孔子四十六歲，孔子以為能通孝道，故授之業，作《孝經》」

4　如司馬光：《孝經指解》：「孔子與曾參論孝，而門人書之，謂之《孝經》。」又如晁公武《郡齋讀書志》云：「何休稱『子曰：吾志在《春秋》，行在《孝經》』信斯言也，則《孝經》乃孔子自著者也。今首章云：『仲尼居，曾子侍』，則非孔子所著明矣。詳其文書，當是曾子弟子所書。」

　　　至漢人始作《緯》如《孝經緯鈎命決》之類。[5]

王氏的考證，大致合理可信。如果《孝經》為孟子門人所作，今文家
解釋《中庸》本章「大經」為《春秋》，「大本」為《孝經》恐有爭
議，蓋子思作《中庸》時，《孝經》尚未問世。因此，「大經」、
「大本」宜以朱熹所說的「五品之人倫」、「所性之全體」較為妥
切。胡渭申論其說云：

> 大經者，道也。經綸所以修之也。大經者，天下萬事萬
> 物，莫不有紀綱條理，所謂經也，而五常為大，故曰：大
> 經。……大本者，性也，立者，率之成也。天下千變萬化，
> 莫不有根源體段，而所性為大。大，故即君臣之敬本于義，
> 父子之親本于仁，夫婦之別本于知，長幼之序本于禮，朋友
> 之交本于信。又即孟子惻隱本仁，羞惡本義之類亦是。一在
> 倫上見，一在情上見也。《集注》：『所性之全體』，即仁
> 義禮知信之德性也。[6]

胡渭闡述朱熹之說，大致明白可從。雖然，大經大本的詮釋，鄭玄、
朱熹之說外，歷來另有其他幾種說法，[7]但宋以後學者大多仍依循朱
注。

5　見《古史辨》第4冊，收入顧頡剛等編：《中國古史研究叢書》第4冊（臺南：萬
　　象出版社，1979年），頁141-175。
6　胡渭：《中庸諸註糾正》，頁632-633。
7　如程頤：《中庸解》：「大經，庸也。大本，中也」黎立武《中庸指歸》亦同其
　　說。元‧許謙《讀中庸叢說》引饒雙峰曰：「大經是道，大本是性。」明‧釋德
　　清《中庸直指》則謂「大經，即天下國家有九經……。大本，即性德也。」蔣伯
　　潛《中庸新解》以大經即「凡為天下國有九經」，大本即「中也者天下之大本
　　也」的「中」。

二　其孰能知

　　本章末尾兩句「苟不固聰明聖知達天德者，其孰能知之？」朱熹引鄭玄「惟聖人能知聖人也」來解說，不過如此解說，卻引起部分學者的質疑，如明・周汝登云：

> 此亦重至誠二字，下皆至誠之能事。經綸、立本、知化三者，一體異名，一時俱了，根源只在至誠。《註》云：「此至誠自然之功用」，是也。孰能知之，知之就是至誠自能知之，非以聖知聖之謂也。[8]

清・胡渭亦云：

> 鄭氏專泥定惟聖知聖，則顏、曾以下，如端木夫子，亦非不足知聖者也。[9]

而清・郭嵩燾也說：

> 章首「惟天下至誠」，成德之極詣；末言「達天德」，存誠之實功。聖人所顯所藏，神化不測。而惟天德之依於性，自然效其成。能蘊之為性，發之為誠，知此者之必原於達天德。所以，明盡人合天之詣之不離乎性功也，惟能知之，是以能行之。鄭《注》惟聖人能知聖人，又別求一知聖人者，疑非經旨。[10]

8　〔明〕周汝登：《四書宗旨》（中國子學名著集成編印基金會影印國家圖書館藏明崇禎二年鄭重耀刊本），頁275-276。

9　〔清〕胡渭：《中庸諸註糾正》，頁638。

10　〔清〕郭嵩燾：《中庸章句質疑》（臺北市：廣文書局影印中央研究院藏光緒十六年思賢講舍開雕本），卷下，頁37。

朱熹採鄭玄「惟聖知聖」的說法，雖有如常言所說的「惟英雄能識英雄」。因此，一般人自然地便接受這種解說。不過，《中庸》一書目的在勉人盡性知天，進而能效法力行，而非在識不識一聖人。所以本章「其孰能知之」，其中「知」字若解為知「經綸」、「立本」、「知化」三事，似更為妥切。

貳貳
「衣錦尚絅」章釋疑

　　《中庸》第三十三章：「《詩》曰：『衣錦尚絅』，惡其文之著也。故君子之道，闇然而日章；小人之道，的然而日亡。君子之道，淡而不厭，簡而文，溫而理；知遠之近，知風之自，知微之顯，可與入德矣。」本段文字，有待辨疑者有六處，茲說明如下：

一　衣錦尚絅

　　「衣錦尚絅」一句，指穿著彩色的綢衣，外面還要加上一件單層的罩衫。「絅」字通「褧」，乃襌衣。《禮記・玉藻》：「襌為絅」，本指出嫁女子罩在錦衣之上，以避行路風塵的單衫。《中庸》作者則取其衍生而來的道德意義——「惡其文之著」。從厭惡錦衣文采的顯著，來說明君子為人之道「曖曖內含光」，謙抑內歛的精神。

（一）逸詩說

　　據《尚書大傳》引《詩》「衣錦尚頴」，鄭玄《注》說：「頴讀為絅，或為絺。」[1]如果依鄭《注》來看，則《尚書大傳》與《中庸》所引，應該相同，祇是傳授或異，所以「絅」或作「蘱」，由於此詩或為逸詩，所以不見載於《毛詩》中。清・毛奇齡《四書賸言》也

1　見伏勝撰、鄭玄注、陳壽祺校：《尚書大傳》（北京市：中華書局，1985年），卷3，頁135。

說：「《中庸》衣錦尚絅，必非〈碩人〉及〈丰〉詩，[2]未有衣褧衣而可改作衣錦尚絅者，此必逸詩也。」[3]而康有為《中庸注》也說：「今偽《毛詩·鄭風》作衣褧衣，子思引作衣錦尚絅，疑《魯詩》也。」[4]

上述諸說中，毛奇齡斬釘截鐵地認為《中庸》所引，必為逸詩。康有為則認為《中庸》所引乃《魯詩·鄭風·丰》詩，祇因家法傳授或異，以致有字句上的出入，所以不同於《毛詩》。不過，由於《魯詩》今佚，難考其詳，姑從廣義的逸詩（指原不見三百篇中的亡逸之詩）來解讀。至於《尚書大傳》所引《詩》，由於僅隻字片語，未有上下文，難以判別究為不見於三百篇的逸詩，或為〈碩人〉及〈丰〉詩的異字異義。因此，亦併於此節說明。

（二）增減改易說

最早提出此說者，首推唐·孔穎達《禮記正義》，孔氏云：

> 此《詩·衛風·碩人》之篇，美莊姜之詩。言莊姜初嫁在塗，衣著錦衣，為其文之大者，尚著襌絅加於錦衣之上。絅，襌也。以單縠為衣，尚以覆錦衣也。案《詩》本文云「衣錦褧衣」，此云「尚絅」者，斷截詩文也。又俗本云「衣錦褧裳」，又與定本不同者，記人欲明君子謙退，惡其文之彰著，故引詩以結之。[5]

---

2 按《詩經·衛風·碩人》有：「碩人其頎，衣錦褧衣」語。另《詩經·鄭風·丰》有「衣錦褧衣，裳錦褧裳」語。

3 〔清〕毛奇齡：《四書賸言》（臺北市：臺灣商務印書館影印文淵閣《四庫全書》本），卷2，頁8。

4 〔清〕康有為：《中庸注》，頁44。

5 《禮記正義》，卷53，頁7。按：襌，音ㄉㄢ，單衣也。襌衣為單層的衣服。縠，音ㄏㄨˊ，縐紗也。

孔穎達認為《中庸》「衣錦尚絅」，是截斷〈衛風・碩人〉「衣錦褧衣」而來。其中又提到另一俗本作「衣錦褧裳」。於是，清人俞樾便以此推論古本《禮記・中庸篇》當作「衣錦絅尚」，「尚」是「裳」的借字。並認為《中庸》作者撮舉〈鄭風・丰〉：「衣錦褧衣，裳錦褧裳」，而為「衣錦絅尚」，有如《毛詩・齊風・雞鳴》：「東方明矣，朝既昌矣」，《說文》引詩則作「東方昌矣」。後人不曉此例，遂把「絅尚」倒為「尚絅」。[6]

　　孔、俞二人所截斷撮舉之詩，雖有所不同，惟其方法大同小異。因此，可為增減改易之例。

（三）脫文說

　　主其說者，可以清・王引之為代表。王引之認為《中庸》「衣錦尚絅，惡其文之著也」二句，乃釋《詩經》「衣錦褧衣」之語，其上本有「衣錦絅衣」四字，惟唐・孔穎達作《禮記正義》時，已脫此四字，於是遂逕接「詩曰」二字之下，並誤以為是《中庸》作者「斷截詩文」所致。試觀《詩義述聞》所說：

> 《詩》曰：「衣錦尚絅，惡其文之著也」，《正義》曰：「此《詩・衛風・碩人》之篇。案《詩》本文云：『衣錦褧衣』，此云：『尚絅』者，斷截詩文也。」引之謹案：「衣錦尚絅」，《詩》無此語，竊謂《詩》曰下，本有「衣錦絅衣」四字。「衣錦尚絅」則釋《詩》之詞也。沖遠（孔穎達字）作《正義》時，已脫「衣錦尚絅」四字，於是「衣錦尚絅」遂承《詩》曰之下，故誤以為引《詩》作「衣錦尚

6　詳見俞樾：《古書疑義舉例・古人引書每有增減例》（臺北市：世界書局，1962年），卷3，頁28。

絅」，而謂之「斷截詩文」也。〈碩人〉《箋》曰：「裻，
襌也。尚之以襌衣，為其文之大著。」〈鄭風・丰篇〉：
「衣錦裻衣，裳錦裻裳」，《箋》曰：「裻，襌也。蓋以襌
縠為之，中衣裳用錦而加襌縠焉，為其文之大著也。」蓋
《中庸》「衣錦尚絅」二句，正釋《詩》之「衣錦裻衣」，
故鄭箋《詩》而用其義，則所據《中庸》本有「衣錦絅衣」
四字可知，否則《中庸》所引，與《詩》本文有異，鄭不應
不置一詞也。[7]

以上三說，究以何說為是？實在難以定奪。也許《中庸》作者祇是約
取其意，用來解說君子的謙抑內斂，有別於小人好自矜大的態度。幸
好以上三種說法，並無損於後人對《中庸》章旨的瞭解，且做為一樁
學術公案，留待後人研究。

二 的然

《中庸》說：「小人之道，的然而日亡」。其中「的然」之
「的」，清・錢大昕說：「當作『旳』，《說文》曰部：『旳，明
也。從日勺聲。』，引《易》為旳顙。今本《易》亦轉寫作『的』
矣。」[8] 段玉裁注云：「旳者，白之明也，故俗字作『的』。」又
云：「都歷切」《集韻》：「旳，或作的。」《正字通》：「旳，
今從白。」綜合上述諸說來看，「旳」應為「的」之本字，今俗字
「的」通行，本字「旳」反而漸不為人所知。

7　王引之：《經義述聞》，卷16，頁630。
8　詳見錢大昕：《十駕齋養新錄》（卷2〈的然〉條）。錢大昕：《十駕齋養新錄》
　　（臺北市：臺灣商務印書館，1978年5月），頁30。

至於「的」字的本意，依《玉篇》：「的，質也。」《正韻》：「的，射侯之中。」原指箭靶的中心。所以，《詩經·小雅·賓之初筵》說：「發彼有的，以祈爾爵」，[9]《荀子·勸學篇》也說：「是故質的張而弓矢至焉」。由於射箭質的有眾矢所集、眾目所集之意，於是又引申為鮮明、明白的意思。如《昭明文選·宋玉神女賦》：「朱脣的其若丹」。

《中庸》云：「君子之道，闇然而日章。小人之道，的然而日亡」，「闇然」與「的然」為相對之辭，一為幽暗，一為鮮明，藉以譬喻君子之道，雖有若無，雖實若虛，故能日見其明；小人之道以無為有，以虛為盈，故日漸消亡。

「的」字由射箭的靶心，引申而有鮮明之意。因此，錢大昕所說「當作旳」，可聊供參考，備為一說，但不必據以改正經典原文。

三　淡而不厭、簡而文、溫而理

「淡而不厭、簡而文、溫而理」三句，歷來說解雖多，不過，卻往往模糊其辭，或敘述過於簡略，或未能切中要旨，如鄭玄說：

> 淡，其味似薄也。簡而文，溫而理，猶簡而辨，直而溫也。[10]

鄭玄的說法雖簡略，大致還能切中要旨，蓋「其味似薄」者，意謂雖淡薄猶存有餘味；「簡而辨」者，意謂雖質簡猶能辨其文采；「直而溫」者，意謂雖正直猶不失其溫柔，這正是君子形象的最佳寫照。朱

9　意謂射箭欲中靶心，以求能不飲你的罰酒。

10　見《禮記正義》，頁900。

熹對此三句的解釋則謂：

> 淡、簡、溫，絅之襲於外也。不厭而文且理焉，錦之美在中也。小人反是，則暴於外，而無實以繼之，是以的然而日亡也。[11]

朱熹認為「淡簡溫」三句，是在解釋「衣錦尚絅」之意。朱熹的說法，雖不無道理，然既失於簡略，又未能將「淡簡溫」三句加以闡釋。同時，也失了焦點，祇執著在「衣錦尚絅」四字，忽略《中庸》作者引《詩經》，不過在藉以譬喻君子之道。亦即本章重點在「君子之道」。因此不僅，「衣錦尚絅」一句在說明「君子之道」，就是下文「淡簡溫」三句，也還是在說明「君子之道」。雖兩者有可通之理，卻不必勉強牽合為一，否則若執意牽合，便顯得難通難解。[12]本章論君子與小人之道「闇然」與「的然」，自然與解說「衣錦尚絅」四句有關。然而，下文「淡簡溫」三句，乃至於「知遠之近，知風之自」以下，不必然依舊在解說「衣錦尚絅」一句。否則，文中第二個「君子之道」之上，宜比照第一個「君子之道」，於句首再加一「故」字。

　　鄭玄、朱熹解說「淡、簡、溫」三句，雖然不同，然而二人從君子待人接物的方向來立論，並無二致。亦即文中「君子之道」四字，乃論述君子其人，而非論述君子其道。不過若干學者，卻專從形上之道發揮，於是「君子之道」等同「中庸之道」，而文中所說的「淡簡

11　見朱熹：《四書章句集注》，頁39。

12　例如：如薄紗般的單衫，固然可用「淡而不厭」、「簡而文」來形容，以其究竟內藏文采，依稀可見。但是用「溫而理」來形容，便顯得牽強難通。近人陳槃即受朱注影響謂「淡，淡泊。簡，簡潔。溫，和潤。這是指絅單在外面來說。文，文彩。理，不亂。不厭而又有文理，這是指衣錦而美在其中。」《大學中庸今釋》（臺北市：正中書局，1954年），頁78。

溫」三句，自然便從中庸之道的「淡、簡、溫」上來發揮。[13]這種說法，主要誤解《中庸》一書中，「君子之道」的意涵，殊不知在《中庸》中，「君子之道」實包括兩種涵義，其一是十二章、十三章、十五章中，等同「中庸之道」的「君子之道」。其二是著重君子之人格特質的「君子之道」，如本章。兩者是不宜混為一談的。

　　明清以降，近人在解說「淡、簡、溫」，大抵多從「君子其人」上立論，雖方向正確，不過往往失於太簡，未能深入發揮其中奧旨，以致容易使後學不知其所以然，如蔣伯潛云：

　　　　君子之道，就待人一面說，雖淡淡不見親密，然不會使人討厭；其本質說，雖簡易溫柔，而文理粲然。[14]

楊祖漢云：

　　　　平淡而不使人厭；簡單而又有文采，溫和而又嚴整。[15]

謝冰瑩等云：

　　　　君子待人之道，雖然平淡，但不令人討厭；雖然簡易，卻又文彩粲然；雖然溫和，卻條理細密。[16]

13　如〔元〕許謙云：「淡，只是人倫日用之常，無可喜可愕之事。不厭者，為道不可離也。簡是簡略，非繁碎，然秩然有序，節奏詳密，故有文。溫是溫厚。溫厚是混侖不分曉，而條理斬然。」（《讀中庸叢說》，葉28）又如〔清〕胡渭亦云：「淡者，無隱無怪，故不見奇異而曰淡。簡者，與知與能，故不見繁重而曰簡。溫者，無過不及，故不見緩急而曰溫。」（《中庸諸註糾正》，頁640）以上二說皆從形上之道立論。

14　蔣伯潛：《中庸新解》，頁48。

15　楊祖漢：《中庸義理疏解》，頁252。

16　謝冰瑩等：《新譯四書讀本》（臺北市：三民書局，2000年），頁64。

以上三說，蔣伯潛分別從「君子的待人」與「君子的本質」論君子之道，雖使讀者較易明白，不過仍如楊、謝諸人在解說上同犯簡略之病，而楊、謝等人不僅較蔣氏費解外，也容易導致誤解。

　　然而「淡而不厭、簡而文、溫而理」三句，究當如何解說為妥？試疏解如下：「君子之道，就待人來說：雖淡然不見親密，卻不令人厭棄。就本質來說：雖質樸，卻不失其文采；雖溫柔，卻不失其理則。」如果再深入地說：所謂「淡而不厭」依常理言，淡則易流於無趣，易令人生厭。君子待人始終如一，不以其人富貴貧賤，而有所改變，既不「以口譽人」，亦不「以色親人」，[17]然情真意誠，所以「德不孤，必有鄰」，不為人所厭棄。小人待人則前後不一，或前倨後恭，或前恭後倨，[18]至於逢迎諂媚，巧言令色，則更無所不用其極，不過終將自絕絕人。所以《禮記·表記》說：「君子之接如水，小人之接如醴；君子淡以成，小人甘以壞。」

　　所謂「簡而文」，依常理言，簡則易流於無文。君子沈靜樸素，無浮詞蔓說，無盛容繁飾，然言寡而中，貌質而恭，雖質簡而自有文采，雖居敬行簡，然誠中形外，篤實輝光，文質彬彬，有斐如此，截然有別於道家人物，雖質簡而無文。[19]

　　所謂「溫而理」，一般學者每每解釋「溫」字為「溫和」、「溫

---

17 《禮記·表記》：「君子不以口譽人，則民作忠」，意謂君子不以空口譽人，致口惠而實不至。〈表記〉又云：「君子不以色親人」，意謂君子待人表裏如一，不表面對人親近。

18 倨，傲慢也。

19 如道家人物子桑伯子一類。《論語·雍也篇》曾載「子曰：『雍也可使南面』，仲弓問子桑伯子。子曰：『可也，簡。』仲弓曰：『居敬而行簡以臨其民，不亦可乎？居簡而行簡，無乃大簡乎？』子曰：『雍之言然』」。子桑伯子者，魯國隱士，依朱熹引胡氏，懷疑即莊周所稱的「子桑戶」。《說苑》也曾記子桑不衣冠而處，欲同人道於牛馬。所以孔子認為子桑伯子「質美而無文」，仲弓也覺得他「太簡」（卷19）。

柔」，但對於「溫」與「理」的關連性，殊少發揮，使學者徒生疑惑。從句法上來分析，「淡」、「簡」、「溫」三者，雖是君子的人格特質，但是此三者也易滋生三種負面效果──即「生厭」、「無文」、「無理」。至於「溫」為什麼會產生「無理」的情形呢？就必須探究「溫」字的意涵。《爾雅·釋訓》說：「溫溫，柔也。」《疏》：「寬緩和柔也。」《詩經·大雅·抑》：「溫溫恭人」，《傳》：「溫溫，寬柔也。」《論語·述而》：「子溫而厲」，《皇疏》：「溫，和潤也。」綜合上述，「溫」字有「溫和、寬柔」之意。不過，除「溫和寬柔」外，「溫」字另有「渾淪」之意。[20]朱駿聲《說文通訓定聲》說：「溫，假借為榅《禮記·中庸》：『溫而理』，按：猶渾侖也。」再依《說文》：「榅，梡木未折也。」《段注》：「此梡作完，全也。」《篆文》：「未判為榅，凡全物渾大皆曰榅」由於「溫」有渾淪未分之意，因此，「溫」也可能帶來「事理不明」、「是非善惡未分」的流弊。所以，《中庸》：「溫而理」一句，說明君子雖溫厚，以和為貴，然和而不流，溫而不吞，柔而不闇，於是非善惡之際，昭然分明，條理井然，合於《周易·坤卦·文言》所說的「君子黃中通理」。[21]清·陸隴其也說：「不危激其言論，不峭厲其棱角者，溫也。然事之孰是孰非，人之孰賢孰否，胸中涇渭昭然，妍媸不混，雖溫而自有理焉」，[22]大體說的不錯。

20　渾淪，指渾然一片，囫圇未分的狀態。《朱子語類·輯略·讀書法》：「學者初看文字，只見得箇渾淪事物，久久看作三兩，以至於十數片，方是長進。」

21　指君子內有文采而通達事理。

22　陸隴其：《松陽講義》（臺北市：廣文書局影印同治十年公善堂集貲校刊曾國藩署檢本），卷3，頁29。

四 知遠之近、知風之自、知微之顯

「知遠之近，知風之自，知微之顯」三句，鄭玄注云：「三知者，皆言其睹末察本，探端知緒也。」鄭氏的說法精簡扼要地敘述進德脩業的工夫與途徑，所謂的「睹末察本」，即由流（末）以溯源（本）的工夫。有如《中庸》第二十一章「自明誠」的工夫，及《中庸》第十五章「行遠（末）必自邇（本）」、「登高（末）必自卑（本）」；又如《老子》六十四章「千里之行（末）始於足下（本）」的概念。所謂的「探端知緒」，即從本以逐流（末）的工夫。有如《中庸》第二十一章「自誠明」的工夫，及《中庸》首章論修身先強調「慎獨」的重要，蓋「慎獨」為修身之本，由本立而後修身可成，進而能齊家、治國、平天下。

鄭康成的解說掌握《中庸》一書著重本末內外的概念。[23]因此，朱熹在解說上，也大體承繼其說，朱氏云：

> 遠之近，見於彼者，由於此也。風之自，著乎外者本乎內也。微之顯，有諸己者形諸外也。[24]

鄭玄、朱熹從本末內外觀念解說，已成為千百年來學者解說此章的定調。雖然，俞樾《古書疑義舉例》針對此三句另有異說，但基本論調無別，祇是從文字上的訓詁，來補強本末內外相反相成之說耳，如俞氏云：

---

23 如上述諸章外，《中庸》論本末內外者，如第三十二章「大經」、「大本」之說；第二十五章「合外內之道」等等，至於在概念上含本末內外者，文本中隨處可見，茲不贅述。

24 見朱熹：《四書章句集注》，頁39。

「知遠之近，知風之自，知微之顯」此三句，自來不得其
解。若謂遠由於近，微由於顯，則當云：「知遠之由於近。
知微之由於顯」，文義方明。不得但云：「遠之近，微之顯
也。」且「風之自」句，義不一例。「微之顯」句，亦與第
一句不倫。既云「遠之近」，則當云「顯之微」矣。今按：
此三「之」字，皆連及之詞。知遠之近者，知遠與近也。知
微之顯者，知微與顯也。「知遠之近，知風之自，知微之
顯，可與入德矣。」猶《易‧繫辭傳》云：「君子知微知
彰，知柔知剛，萬夫之望也。」然則「知風之自」句，當作
何解？風讀為凡，風字本從凡聲，故得通用。《莊子‧天地
篇》：「願先生之言其風也。」風即凡字，猶云：「言其大
凡也。」自者，目字之誤。《周官‧宰夫職》：「二曰師。
掌官成以治凡。三曰司。掌官灋以治目。」鄭注曰：「治
凡，若月計也。治目，若今日計也。」然則凡之與目，事有
鉅細，故以對言。正與遠近、微顯一例。[25]

俞樾的論點大致可分為二，其一：以三「之」字為連接詞，「知遠
之近」即「知遠與近」；「知微之顯」即「知微與顯」。其二：認
為「知風之自」，與其他兩句，句義不一，並謂「風」即「凡」，
「自」字為「目」字之誤。因此，「知風之自」宜作「知凡（大旨）
與目（細目）」解。俞氏之說，徵引廣博，似較朱注明白，頗值參
考，其治學嚴謹，亦著實令人佩服。惟苟非經文義理渺茫難明，改字
解經但可聊備一說，恐不足以為典範。因此，此處仍以依朱注為是。

---

25 見俞樾：《古書疑義舉例‧古書連及之詞例》（臺北市：世界書局，1962年9月初
　版），卷4，頁49-50。

五　釋「屋漏」

　　《中庸》第三十三章曾引《詩經・大雅・抑篇》：「相在爾室，尚不愧于屋漏」，來說明君子慎獨的效驗。朱熹《中庸章句》注云：「相，視也。屋漏，室西北隅也。承上文，又言君子之戒謹恐懼，無時不然。」鄭玄《禮記・中庸》則注云：「言君子雖隱居，不失其君子之容德也。相，視也。室西北隅謂之屋漏。視女（汝）在室獨居者，猶不愧于屋漏。屋漏，非有人也，況有人乎？」鄭、朱以降，歷來諸家解說大致均未偏離本文「慎獨」要旨。不過，對於「屋漏」二字，向來大多僅以「室西北隅」一語帶過，罕有深入而明確的解釋。如《爾雅・釋宮》僅曰：「西北隅謂之屋漏」，郭璞注：「其義未詳」。

　　前賢對於「屋漏」曾予以闡析者，主要有三說，茲分別論述如下：

（一）「屋漏」為屋內隱僻可施幄帳之處。如鄭玄《毛詩箋》即云：「屋，小帳也。漏，隱也。」鄭玄訓「屋」為「幄」，訓「漏」為「陋」，雖亦有據，[26]惟「幄」、「陋」二字均與居室均無直接關係。而「屋」與「漏」二字本義，據《說文解字》云：「屋，尻（居）也。從尸，尸，所主也。一曰尸，象屋形；從至，至，所止也。屋、室皆從至。」至於「漏」字，《說文解字》作「屚」，謂「屋穿水入也。從雨在尸下，尸者，屋也。」無論「屋」與「屚」均與宮室有關，《爾雅》既然將「屋漏」一辭，置於〈釋宮〉之下，因此，「屋漏」二字，自不宜偏離宮室主題，另作別解為宜。

（二）「屋漏」為拆屋毀廟以致值雨則漏。如東漢・劉熙《釋名・釋

26　《小爾雅・廣服》：「幄，帳也。」《爾雅・釋言》：「陋，隱也。」

宮室》謂「西北隅曰：屋漏。禮：每有親死者，輒徹屋之西北隅薪以爨竈煑沐，供諸喪用，時若值雨則漏，遂以名之也。」按：劉熙的說法，或受《禮記・喪大記》：「甸人取所徹廟之西北扉薪，[27]用爨之」的影響。其意依北朝熊安生說法，本指甸人抽取西北隅屋外隱蔽處薪材，供爨煑之用。[28]劉熙依據舊說，把徹取西北隅屋外的薪材解為撤毀西北隅屋簷的屋材，如此拆屋毀廟，致使雨水漏下，故曰：屋漏。實不合情理。何況，若親人死喪，拆屋毀廟以致屋漏，遂以「屋漏」（不祥之事）為居室之常名，豈非不祥之至。

（三）「屋漏」為日光線從間隙穿漏而入。如三國時代，魏・孫炎注《爾雅》云：「屋漏者，當室之白，日光所漏入。」[29]已略揭其意。可惜，唐・孔穎達《禮記正義》謹守疏不破注的原則，以其不合《鄭注》之說，遂不取。至清・李慈銘方進一步闡述云：「古人牀在北牖。居室之西北，其上有囪（窗）以取明，故曰：『屋漏』。言日光所穿扇，故曰：『當室之白』。以日夕寢處其下，故曰：『仰不愧于屋漏』，即『獨寢不愧衾』之意。」

上述三說，以第三說較為妥當。至於何以用「漏」字形容日光之漏入？蓋中國傳統居室以坐北朝南為正向。旭日東昇、夕陽西下，陽光均能逶入東、西二牖，故居室西北隅相對為暗，雖開窗取明，然日光仍難以逶入。又冬月苦寒，面北或不開窗，或僅開小窗，其名

---

27 甸人，古官名，掌公田。《左傳》成公十年：「晉侯欲麥，使甸人獻麥。」《國語・周語》：「虞人（掌山林之官）入材，甸人積薪」，《周禮・天官》則作「甸師」，蓋掌「耕耨，王藉以供粢盛，又帥其徒以薪蒸，役外內饔。」由此可見，甸人大抵掌管柴、米之事。甸，音ㄕㄥˋ。扉，西北隅隱蔽之處也。音ㄈㄟˊ。

28 見《禮記・喪大記》孔穎達《正義》：「熊氏云：扉，謂西北隅扉隱之處，徹取屋外當扉隱處薪。」

29 見《毛詩正義》所引。所謂「當室之白」見《禮記・曾子問》，意指室的西北隅，陽光可以照射處。

為「向」。[30]《詩經‧豳風‧七月》：「塞向墐戶」，即說明冬月堵塞「向」的縫隙以禦北風之寒。由於北窗既小，日光更難逕入，故以「漏」字形容之，有光線從閒隙穿漏而入之意。

　　《中庸》引《詩》為喻，有時未必盡符《詩經》原意。如第三十三章所引《詩經‧大雅‧抑篇》，其原詩為「相在爾室，[31]尚不愧于屋漏。無曰不顯，莫予云覯。神之格思，不可度思，矧可射思。」此詩本指諸侯及卿大夫參與君王宗廟助祭，在室西南隅（奧）祭祀完畢後，接下來設饌於室西北隅（屋漏），此時因處於祭祀尾聲，[32]眾人或漸乏敬肅虔誠之心，故〈抑篇〉一詩藉此以儆醒助祭者，即使處於隱暗不明的屋漏（室西北隅），別說神明看不見我，其實神明始終監臨在上。因為神的降臨，是不可揣度的，更何況是對神明的厭怠不敬。《中庸》引此詩，藉由隱暗的屋漏，以及祭祀末了階段，助祭者可能產生的厭感不敬，引申為君子即使處在隱暗不明處，亦能不愧不怍。亦即由祭祀之誠，引申為個人行事作為之誠，藉以說明慎獨存養工夫的重要與效驗，並隱然與《中庸》首章「慎獨」的要旨，前後遙相呼應。

30　向，北窗也，較窗牖為小。

31　「相」字，鄭玄《禮記注》、朱熹《中庸章句》均作「視」。唯鄭玄《毛詩箋》則云：「相，助。」若就《詩經‧大雅‧抑》一詩原意解之，似以作「助」為妥。

32　據張鵬：《太昊廟樂曲》、胡續宗：《太昊廟樂章》，明嘉靖時秦州伏義廟的祭祀程序依次是迎神、初獻、亞獻、終獻、徹饌、送神、望燎七部分。先秦祭祀與明代雖不盡相同，然迎神應為最為肅敬虔誠階段，過此，每下愈況，此或正如孔子所說：「禘自既灌（迎神階段）而往者，吾不欲觀之矣。」

六 《詩》三篇「不大聲以色」、「德輶如毛」、「無聲無臭」的比較

　　《中庸》第三十三章於末尾引《詩經》〈大雅‧皇矣〉、〈大雅‧烝民〉、〈大雅‧文王〉三首詩作結，如下：「《詩》云：『予懷明德，不大聲以色。』子曰：『聲色之於以化民，末也。』《詩》曰：『德輶如毛。』毛猶有倫。『上天之載，無聲無臭。』至矣」。《中庸》藉此三詩來形容「以德化民」的情形，惟三者在敘述表達上，卻蘊涵著不同的境界層次，誠耐人尋味。

　　首先論及〈大雅‧皇矣〉：「予懷明德，不大聲以色」一詩。此詩原意本指上帝謂文王：「我眷顧有明德的人（指文王），因為他（文王）不會以大聲和嚴厲的臉色待人。」《中庸》斷章取義，藉以說明為政導民當以德為本，不用聲色。蓋以聲色化民，乃為末等下策。在此境界層次中，雖謂能「不大聲以色」，然畢竟仍有「聲色」，祇是「不大聲」耳。何況在上位者，位高權重，即使不動聲色，在下者焉有不畏威以從，小心翼翼服事者。因此，以感官知覺的符碼——「聲色」，實不足以形容「以德化民」的成效與氛圍。

　　次論〈大雅‧烝民〉：「德輶如毛」一詩。此詩原文為「德輶如毛，民鮮克舉之。」意指「道德的修行，乃輕而易舉，有如毛羽，然真正能落實踐履者，卻很少」。在《中庸》裏，乃斷章取義，藉以說明以德化民，輕如毛羽，不帶給百姓壓力。在此境界層次中，雖以毛羽之輕來描繪「以德化民」的功效，較諸前詩「不大聲以色」，更為具體明白。然而毛羽雖輕，究竟為形下具體之物，仍有其重量。如果依《莊子‧天下篇》所說的「至大無外」、「至小無內」的概念，同樣地，也可以說「至輕無重」，天下亦無物可以來比擬其輕重。由於毛羽雖輕，猶落入形下猶可倫比之域，尚不足將「以德化民」的效

用,形容地淋漓盡致,惟已遠勝前文所引〈大雅・皇矣〉一詩中所揭示「不大聲以色」的境界!

最後論述〈大雅・文王〉:「上天之載,無聲無臭」一詩。此詩原文作「上天之載,無聲無臭,儀刑文王,萬邦作孚」。[33]依孔穎達《毛詩正義》的說法,指此詩乃戒成王當順天而行,然而彼蒼者天,實難以倣效,蓋上天所為之事,人耳不聞其音聲,人鼻不聞其香臭,其事冥冥,欲效無由。因此,若欲順天,但從近法文王入手,則萬邦信順。在《中庸》中則藉上天之事(如生育萬物),亦無音聲臭氣,寂然無象而萬物自生,借喻聖人以德化民,亦無音聲臭氣而人自化。

以上《中庸》借《詩經・大雅》詩三首,形容以德化民之妙,至「無聲無臭」四字,始將「德」字形容盡致,境界全然拈出。《論語・陽貨篇》:「天何言哉?四時行焉,百物生焉,天何言哉!」由此可見,以「聲色化民」,實在卑不足道,必得以「無聲無臭」化民,方盡其妙。不過,欲躋此一境界,亦非一蹴可幾。因此,《中庸》所引三詩——「不大聲以色」、「德輶如毛」、「無聲無臭」也不妨當做以德化民的三個進程階段與境界。

---

33 載,事也。刑,法也,通「型」。孚,信也。

參考書目

壹　中庸方面

朱　熹　《中庸或問》　上海市　上海古籍出版社　2001年12月

黎立武　《中庸分章》　臺北市　中國子學名著集成編印基金會影印
　　　　　國家圖書館藏清道光辛卯六安晁氏刊學海類編本

許　謙　《讀中庸叢說》　臺北市　中國子學名著集成編印基金會影
　　　　　印韓應陛手書題記舊鈔本

胡　渭　《中庸諸註糾正》　臺北市　中國子學名著集成編印基金會
　　　　　影印清人鈔本

胡　廣　《中庸章句大全》　臺北市　中國子學名著集成編印基金會
　　　　　影印明內府寫本

趙　德　《中庸箋義》　臺北市　中國子學名著集成編印基金會影印
　　　　　韓應陛手書題記舊鈔本

王文祿　《中庸古本釋》　臺北市　中國子學名著集成編印基金會影
　　　　　印明隆慶戊辰刊萬曆甲申年重編刊百陵學山本

釋德清　《中庸直指》　臺北市　中國子學名著集成編印基金會影印
　　　　　清覆明刊本

景　星　《中庸集說啟蒙》　臺北市　大通書局影印康熙十九年刻
　　　　　《通志堂經解》本

郭嵩燾　《中庸章句質疑》　臺北市　廣文書局影印中研院藏光緒
　　　　　16年思賢講舍開雕本

康有為　《中庸注》　臺北市　臺灣商務印書館　1987年2月

蔣伯潛　《中庸新解》　臺北市　啟明書局　未註出版日期

王止峻　《學庸類釋》　臺北市　臺灣商務印書館　1971年8月

趙龍文　《中庸今釋》　臺北市　中央警官學校編譯委員會　1960年
　　　　初版

陳兆榮　《中庸探微》　臺北市　正中書局　1975年臺初版

蔡愛仁　《大學中庸精注》　臺北市　正中書局　1982年9月台3版

胡志奎　《學庸辨證》　臺北市　聯經出版公司　1984年8月初版

陳　槃　《大學中庸今釋》　臺北市　正中書局　1984年10月初版

楊祖漢　《中庸義理疏解》　臺北市　鵝湖出版社　1985年9月3版

李昌年　《中庸與周張二程思想之關係》　臺北市　國立臺灣大學中
　　　　國文學研究所碩士論文　1986年

高柏園　《中庸形上思想》　臺北市　東大圖書公司　1990年

陳滿銘　《中庸思想研究》　臺北市　文津出版社　1991年

國立高雄師範學院國文系編輯委員會編　《中庸論文資料彙編》　高
　　　　雄市　復文圖書出版社　1992年

吳康等　《學庸論文集》　臺北市　黎明文化事業公司　1992年

鄭　琳　《中庸翼》　臺北市　文史哲出版社　1993年

吳　怡　《中庸誠的哲學》　臺北市　東大圖書公司　1993年

黃秋韻　《中庸的道德形上學》　臺北縣　輔仁大學哲學研究所碩士
　　　　論文　1994年

史幼屏　《中庸義理型態之定位問題研究》　臺中市　東海大學哲學
　　　　研究所碩士論文　1995年

楊祖漢　《中庸義理疏解》　臺北市　鵝湖出版社　1995年

譚宇權　《中庸哲學研究》　臺北市　文津出版社　1995年

杜　為　《中庸本義》　臺北市　臺灣商務出版社　1996年

蕭　兵　《中庸的文化省察》　武漢市　湖北人民出版社　1997年

杜維明　《論儒學的宗教性──對《中庸》的現代詮釋》　武漢市　武漢大學出版社　1999年

勞思光　《大學中庸譯註新編》　香港　中文大學出版社　2000年

陳科華　《儒家中庸之道研究》　桂林市　廣西師範大學出版社　2000年

貳　四書方面

何晏、邢昺　《論語注疏》　臺北市　藝文印書館影印嘉慶20年南昌府學十三經注疏本

朱　熹　《四書集注》　臺北市　漢京文化事業吳志忠刻本　1983年11月

朱　熹　《四書集注》　臺北市　世界書局　1980年

趙順孫　《四書纂疏》　臺北市　漢京文化事業公司影印通志堂經解本

陳天祥　《四書辨疑》　臺北市　臺灣商務印書館影印文淵閣《四庫全書》本　1983年

張存中　《四書宗旨》　臺北市　中國子學名著集成編印基金會影明鈔本

周汝登　《四書通證》　臺北市　中國子學名著集成編印基金會影國家圖書館藏明崇禎二年鄭重耀刊本

毛奇齡　《四書賸言》　臺北市　臺灣商務印書館影印文淵閣《四庫全書》本　1983年

王夫之　《讀四書大全說》　北京市　中華書局　1989年4月

王夫之　《四書箋解》　臺北市　廣文書局　1977年1月初版

焦　循　《孟子正義》　臺北市　中華書局據學海堂經解本校刊

　　　　　　1966年3月

翟　灝　《四書考異》　上海市　上海古籍出版社《續修四庫全書》
　　　　影印清乾隆刻本　2002年

孫應科　《四書說苑》　上海市　上海古籍出版社　《續修四庫全
　　　　書》本

陳宏謀　《四書考輯要》　臺北市　廣文書局影印清乾隆36年鐫培遠
　　　　堂藏版

程大中　《四書逸箋》　臺北市　廣文書局　1986年初版

錢　穆　《四書釋義》　臺北市　臺灣學生書局　1988年7月再版

謝冰瑩等　《四書讀本》　臺北市　三民書局　2000年8月

王開府　《四書的智慧》　臺北市　萬卷樓圖書公司　1999年5月再版

黃忠慎　《四書引論》　臺北市　文津出版社　2003年3月初版

陳逢源　《「融鑄」與「進程」：朱熹四書章句集注之歷史思維》
　　　　臺北市　政大出版社　2013年

季　本　《四書私存》　臺北市　中央研究院中國文哲研究所　2013年

參　經部方面

孔穎達　《周易正義》　臺北市　藝文印書館影印嘉慶20年南昌府學
　　　　十三經注疏本

伏　勝　《尚書大傳》　北京市　中華書局　1985年

孔穎達　《尚書正義》　臺北市　藝文印書館影印嘉慶20年南昌府學
　　　　十三經注疏本

孔穎達　《毛詩正義》　臺北市　藝文印書館影印嘉慶20年南昌府學
　　　　十三經注疏本

賈公彥　《周禮正義》　臺北市　藝文印書館影印嘉慶20年南昌府學

　　　　　十三經注疏本

賈公彥　《儀禮正義》　臺北市　藝文印書館影印嘉慶20年南昌府學
　　　　　十三經注疏本

孔穎達　《禮記正義》　臺北市　藝文印書館影印嘉慶20年南昌府學
　　　　　十三經注疏本

孫希旦　《禮記集解》　臺北市　文史哲出版社　1984年

高　明　《禮學新探》　臺北市　臺灣學生書局　1978年9月3版

孔穎達　《左傳正義》　臺北市　藝文印書館影印嘉慶20年南昌府學
　　　　　十三經注疏本

司馬光　《孝經指解》　臺北市　臺灣商務印書館影印文淵閣《四庫
　　　　　全書》，1983年

許　慎　《說文解字》　臺北市　漢京文化事業公司　1980年3月

朱彝尊　《經義考》　臺北市　中華書局四部備要本

莊述祖　《白虎通闕文》　收錄於《白虎通》　北京市　中華書局
　　　　　1985年

王引之　《經傳釋詞》　臺北市　臺灣商務印書館萬有文庫薈要本
　　　　　1965年

王引之　《經義述聞》　臺北市　世界書局　1963年4月

俞　樾　《群經平議》　上海市　古籍出版社《續修四庫全書》本

程發軔　《六十年來之國學》　臺北市　正中書局　1972年

林慶彰　《五十年來的經學研究》　臺北市　臺灣學生書局　2003年
　　　　　5月初版

姜廣輝　《中國經學思想史》　北京市　中國社會科學出版社　2003年

黃　焯　《經典釋文彙校》　北京市　中華書局　2006年

肆　史部方面（分類後依作者時代與出版先後排列）

司馬遷　《史記》　臺北市　鼎文書局　1985年

班　固　《漢書》　臺北市　鼎文書局　1978年4月3版

房玄齡　《晉書》　臺北市　鼎文書局　1983年7月4版

沈　約　《宋書》　臺北市　鼎文書局　1984年1月4版

李延壽　《南史》　臺北市　鼎文書局　1985年3月4版

魏　徵　《隋書》　臺北市　鼎文書局　1983年

劉　昫　《舊唐書》　臺北市　鼎文書局　1985年3月4版

脫　脫　《宋史》　臺北市　鼎文書局　1983年11月3版

伍　子部方面（分類後依作者時代與出版先後排列）

管　仲　《管子》　臺北市　臺灣商務印書館影印文淵閣《四庫全書》本　1983年

孔　鮒　《孔叢子》　臺北市　中國子學名著集成編印基金會影印國家圖書館藏明萬曆五年無錫周氏刊本

劉　安　《淮南子》　臺北市　藝文印書館影印鈔宋本《淮南源烈解》

劉　向　《說苑》　臺北市　臺灣商務印書館影印文淵閣《四庫全書》本　1983年

崔　述　《洙泗考信錄》　高雄市　啟聖圖書公司　1972年10月

王先謙　《荀子集解》　臺北市　藝文印書館　1977年

陳奇猷　《韓非子集釋》　臺北市　河洛出版社　1974年

蔣伯潛　《諸子通考》　臺北市　正中書局　1984年

馮友蘭　《中國哲學史》　北京市　中華書局　1961年

阮廷焯　《先秦諸子考佚》　臺北市　鼎文書局　1980年

牟宗三　《政道與治道》　臺北市　臺灣學生書局　1980年4月

牟宗三　《中國哲學十九講》　臺北市　臺灣學生書局　1983年

楊慧傑　《天人關係論——中國文化一個基本特徵的探討》　臺北市
　　　　大林出版社　1981年

唐君毅　《中國哲學原論》　臺北市　臺灣學生書局　1984年

方東美著　孫智燊譯　《中國哲學之精神及其發展（上冊）》　臺北
　　　　市　成均出版社　1984年

劉光義　《莊子處世的內外觀》　臺北市　臺灣學生書局　1984年1月

匡亞明　《孔子評傳》　南京市　南京大學出版社　1990年12月1版

徐復觀　《中國人性論史》　臺北市　臺灣商務印書館　1990年12月

徐復觀　《學術與政治之間》　臺北市　臺灣學生書局　1980年4月
　　　　台1版

盧雪崑　《儒家的心性學與道德形上學》　臺北市　文津出版社
　　　　1991年

李　杜　《中國古代天道思想論》　臺北市　藍燈文化事業公司
　　　　1992年

傅偉勳　《死亡之尊嚴與生命之尊嚴》　臺北市　正中書局　1993年

鐘肇鵬　《孔子研究》　臺北市　淑馨出版社　1993年

陳榮捷　《中國哲學文獻選編》　臺北市　巨流出版社　1993年

陳谷嘉　《儒家倫理哲學》　上海市　人民出版社　1996年

陳　來　《古代宗教與倫理——儒家思想的根源》　北京市　三聯書
　　　　店　1996年

謝仲明　《儒學與現代世界》　臺北市　臺灣學生書局　1997年

杜維明　《儒家思想——以創造轉化為自我認同》　臺北市　東大圖
　　　　書公司　1997年

傅佩榮　《儒道天論發微》　臺北市　臺灣學生書局　1999年

徐克謙　《先秦儒學及其現代闡釋》　南京市　南京師範大學出版社
　　　　　1999年

蒙培元　《中國心性論》　臺北市　臺灣學生書局　2001年

陸　集部方面

呂希哲　《呂氏雜記》　《筆記小說大觀》十八編　臺北市　新興書
　　　　　局　1977年

歐陽脩　《歐陽脩全集》　臺北市　華正書局　1975年

王安石　《臨川先生文集》　臺北市　華正書局　1975年4月

程顥、程頤　《二程集》　北京市　中華書局　2004年

蘇　軾　《蘇東坡全集》　北京市　中國書店　1986年6月

王　柏　《魯齋集》　北京市　中華書局　1985年

朱　熹　《朱文公校昌黎先生集》　臺北市　臺灣商務印書館四部叢
　　　　　刊影印元刊本

陳　善　《捫蝨新話》　北京市　中華書局　1985年

陸　深　《儼山外集》　臺北市　臺灣商務印書館影印文淵閣《四庫
　　　　　全書》本　1988年

崔　述　《洙泗考信錄》　北京市　中華書局　1985年

陶　澍　《校注靖節先生集》　臺北市　河洛出版社　1974年9月

丁福保　《歷代詩話續編》　臺北市　木鐸出版社　1983年9月

王英志　《袁枚全集》　南京市　江蘇古籍出版社　1993年

饒宗頤　《饒宗頤二十世紀學術集林》　臺北市　新文豐出版公司
　　　　　2003年

李學勤　《李學勤文集》　上海市　上海辭書出版社　2005年

柒 其他

王應麟 《玉海》 臺北市 臺灣商務印書館影印文淵閣《四庫全書》 1983年

晁公武 《郡齋讀書志》 臺北市 臺灣商務印書館國學基本叢書 1968年

薛瑄 《讀書錄》 臺北市 臺灣商務印書館影印文淵閣《四庫全書》 1983年

顧炎武 《日知錄》 臺北市 明倫出版社 未註出版日期

錢大昕 《十駕齋養新錄》 臺北市 臺灣商務印書館國學基本叢書 1967年

俞樾 《古書疑義舉例》 臺北市 世界書局 1962年

朱駿聲 《說文通訓定聲》 北京市 中華書局 1984年

胡玉縉 《許廎學林》 臺北市 世界書局 1963年

屈萬里 《先秦文史資料考辨》 臺北市 聯經事業出版公司 1984年

郭沫若 《十批判書》 臺北縣 古楓出版社 1986年

邱德修 《商周用鼎制度之理論基礎》 臺北市 五南出版公司 1989年3月

鍾肇鵬 《孔子研究》 臺北市 淑馨出版社 1993年

楊晉龍 《張以仁七秩壽慶論文集》 臺北市 臺灣學生書局 1999年

龐樸 《郭店楚簡與早期儒學》 臺北市 臺灣古籍出版公司 2000年

丁四新 《郭店楚墓竹簡思想研究》 北京市 東方出版社 2000年

郭沂 《郭店竹簡與先秦學術思想》 上海市 上海教育出版社 2001年

廖名春 《中國學術史新證》 成都市 四川大學出版社 2005年

李學勤、林慶彰等　《新出土文獻與先秦思想重構》　臺北市　臺灣
　　書房　2007年

李　零　《郭店楚簡校讀記（增訂本）》　北京市　中國人民大學出
　　版社　2007年8月

梁　濤　《郭店竹簡與思孟學派》　北京市　中國人民大學出版社
　　2008年

江俠庵　《先秦經籍考》　臺中市　文听閣圖書公司《民國時期經學
　　叢書》　第4輯　2009年

捌　期刊論文

錢　穆　〈中庸新義〉　《民主評論》　第6卷　第16期　1955年8月

陳立夫　〈孔孟學說中之「誠」〉　《孔孟月刊》　第15卷　第11期
　　　　1977年7月　頁3-6

林麗真　〈中庸之要在明誠〉　《孔孟月刊》　第16卷　第3期
　　1977年11月　頁18-22

龔鵬程　〈宗廟制度論略・下〉　《孔孟學報》　第44期　頁255-
　　279

成中英　〈中道、中和與時中──論儒家的中庸哲學〉　《孔孟月
　　刊》　第21卷　第12期　1983年8月　頁26-32

王邦雄　〈中庸在中國思想史上的地位〉　《鵝湖》　第9卷　第9期
　　　　1984年3月　頁23-32

王邦雄　〈中庸的思想體系〉　《鵝湖》　第9卷　第10期　1984年4
　　月　頁13-23

楊祖漢　〈忠恕與中庸〉　《鵝湖》　第9卷　第12期　1984年6月
　　頁28-33

丁原植　〈中庸哲學基本結構之形上探析〉　《哲學論集》　第18期
　　　　1984年8月　頁87-119

李學勤　《竹簡〈家語〉與漢魏孔氏家學》　《孔子研究》　1987年
　　　　第2期

趙書田　〈中庸誠的性命觀與中道思想〉　《中國文化月刊》　第88
　　　　期　1987年2月　頁85-93

鄭　琳　〈就中庸鬼神之為德章說「誠」〉　《孔孟月刊》　第25卷
　　　　第10期　1987年6月　頁24-25

傅偉勳　〈儒家倫理（學）的現代化重建課題〉　《哲學與文化》
　　　　第15卷　第1期1988年1月　頁23-31

呂　凱　〈中庸與孟子相關思想之研究〉　《國際孔學會議論文集》
　　　　1988年6月　頁909-923

黎建寰　〈中庸「道」、「中庸」、「誠」的相互關係〉　《國際孔
　　　　學會議論文集》　1988年6月　頁851-866

金忠烈　〈中庸首章之結構與意義商榷〉　《國際孔學會議論文集》
　　　　1988年6月　頁827-835

謝大寧　〈儒隱與道隱〉　《國立中正大學學報（人文分冊）》　第
　　　　3卷　第1期　1992年　頁121-147

莊慶信　〈中庸形上結構中的天概念〉　《哲學論集》　第26期
　　　　1992年7月　頁111-128

黃忠天　〈莊子的處世哲學〉　《故宮學術季刊》　第10卷　第2期
　　　　　1993年1月　頁129-140

陳榮華　〈從《孟子》和《中庸》揭露一新的詮釋模型〉　《國立臺
　　　　灣大學哲學論評》　第18期　1995年1月　頁111-142

陳福濱　〈儒家傳統倫理思想中的禮樂教化〉　《哲學與文化》　第
　　　　22卷　第10期　1995年10月　頁871-878

趙雅博　〈中庸的天人與政治思想〉　《中國國學》　第23期　1995
　　　　年11月　頁1-15

汪義麗　〈從宇宙論與工夫論看中庸思想的定位問題〉　《國立中正
　　　　大學學報（人文分冊）》　第7卷　第1期　1996年　頁139-
　　　　155

袁長瑞　〈《中庸》一書思想的基本結構及其重要概念的解讀〉
　　　　《哲學與文化》　第24卷　第5期　1997年5月　頁436-453

李學勤　〈荊門郭店楚簡中的《子思子》〉　《文物天地》　第2期
　　　　　1998年　頁28-29

廖名春　〈郭店楚簡儒家著作考〉　《孔子研究》　第3期　1998年
　　　　　頁71

詹世友　〈「中庸」之為至德〉　《哲學與文化》　第26卷　第2期
　　　　　1999年2月　頁140-151

曾春海　〈儒家人文生命的實踐——由「敬」的工夫入路省察〉
　　　　《東吳哲學學報》　第4期　1999年4月　頁149-164

龐　樸　〈竹帛《五行》篇與思孟五行說〉　《哲學與文化》　第26
　　　　卷　第5期　1999年5月　頁469

紀志昌　〈「誠」與「齋戒」——從祭禮到哲學的轉化〉　《哲學與
　　　　文化》　第27卷　第11期　2000年11月　頁1084-1092

葉國良　〈郭店儒家著作的學術譜系問題〉　《臺大中文學報》　第
　　　　13期　2000年12月　頁1-3

梁　濤　〈郭店楚簡與中庸公案〉　《臺大歷史學報》　第25期
　　　　2000年

鄭吉雄　〈試論子思遺說〉　《文史哲》　總335期　濟南市　山東
　　　　大學　2013年第2期　頁63-79

黃忠天　〈《中庸》「愚而好自用章」辨疑〉　《高雄師大學報》

第12期　2002年　頁103-109

黃忠天　〈從《中庸》「素隱行怪」章論儒道二家遯隱哲學的異同〉
　　　　《高雄師大學報》　第14期　2003年　頁169-178

黃忠天　〈《中庸》「齋明盛服」試析〉　《孔孟月刊》　第42卷
　　　　第2期　2003年　頁14-18

黃忠天　〈從《中庸》達孝章談宗廟祭祀與治國的關係〉　《經學研
　　　　究集刊》高雄師範大學　第1期　2005年　頁101-111

黃忠天　〈《中庸》「衣錦尚絅」章辨疑〉　《齊魯文化研究》　山
　　　　東師範大學　第42卷　第5期　2006年　頁93-99

黃忠天　〈《中庸》釋疑──以「慎獨」等九則詞語為例〉　《經學
　　　　研究集刊》　高雄師範大學　第9期　2010年　頁95-114

黃忠天　〈《中庸》釋疑──以「道不遠人」諸章為例〉　《傳統中
　　　　國研究集刊》　上海社科院　第8輯　第5期　2011年　頁
　　　　87-110

黃忠天　〈試從《中庸》論儒家的強者形象〉　《孔孟月刊》　第49
　　　　卷　第9/10期　2011年　頁1-3

經學研究叢書·經學史研究叢刊 0501013

中庸釋疑

作　　者	黃忠天
責任編輯	吳家嘉
特約校稿	林秋芬

發 行 人	陳滿銘
總 經 理	梁錦興
總 編 輯	陳滿銘
副總編輯	張晏瑞
編 輯 所	萬卷樓圖書股份有限公司
排　　版	浩瀚電腦排版股份有限公司
印　　刷	晟齊實業有限公司
封面設計	百通科技股份有限公司

發　　行　萬卷樓圖書股份有限公司
　　　　　臺北市羅斯福路二段 41 號 6 樓之 3
　　　　　電話 (02)23216565
　　　　　傳真 (02)23218698
　　　　　電郵 SERVICE@WANJUAN.COM.TW
大陸經銷　廈門外圖臺灣書店有限公司
　　　　　電郵 JKB188@188.COM

ISBN 978-957-739-919-9
2015 年 1 月初版

定價：新臺幣 380 元

如何購買本書：

1. 劃撥購書，請透過以下郵政劃撥帳號：
　帳號：15624015
　戶名：萬卷樓圖書股份有限公司
2. 轉帳購書，請透過以下帳戶
　合作金庫銀行 古亭分行
　戶名：萬卷樓圖書股份有限公司
　帳號：0877717092596
3. 網路購書，請透過萬卷樓網站
　網址 WWW.WANJUAN.COM.TW

大量購書，請直接聯繫我們，將有專人為
您服務。客服：(02)23216565 分機 10

如有缺頁、破損或裝訂錯誤，請寄回更換

國家圖書館出版品預行編目資料

中庸釋疑 / 黃忠天著.
　-- 初版.-- 臺北市 ：萬卷樓, 2015.1
　　面 ；　公分.--(經學研究叢書)

ISBN 978-957-739-919-9(平裝)

1.中庸 2.注釋

121.2532　　　　　　　　　　103026976